社会学

ソーシャルワーカーのための社会学

岩上真珠・川崎賢一・藤村正之・要田洋江　編

有斐閣

社会福祉基礎シリーズ編集委員
髙橋重宏・岩田正美・北島英治・黒木保博・白澤政和・渡部律子

刊行にあたって

 21世紀がスタートしたいま,社会福祉は大きな転換を迫られている。より複雑化しつつある社会は,個人や家族の多様なニーズに対処しうる社会福祉の理念や制度の再構築を求めているとともに,力量の高いソーシャルワーカーを必要としている。

 わが国の大学教育において社会福祉の専門職養成カリキュラムが統一されたのは,1986年に日本社会事業学校連盟が策定した「社会福祉専門職員養成基準」以降であり,その歴史は浅い。それまでは,専門職教育と謳いつつ実習がなかったり,科目の名称もバラバラであったり,教育内容も大学によって異なっていた。

 1987年に「社会福祉士及び介護福祉士法」が制定され,88年から施行された。そして厚生省(現在,厚生労働省)から「社会福祉士養成施設等における授業科目の目標及び内容」という通知がだされ,統一カリキュラムによる社会福祉士養成教育が行われることになった。その後,社会福祉基礎構造改革が進められる中で,国家資格である社会福祉士の養成カリキュラムの再検討が行われ,2000年度から新たな社会福祉士養成のシラバスが策定され通知された。新シラバスの特徴は,社会福祉基礎構造改革を受け,人権尊重,権利擁護,自立支援などが強調され,ソーシャルワーク実践教育が強化されたことである。

 このような中で,われわれは,ともすれば既存制度の解説を中心としがちな社会福祉士養成のテキストから,より高度な理論,価値・倫理や技術に支えられたソーシャルワーク実践を可能とするような新しいテキストへの転換の必要性を痛感した。

幸いに社会福祉理論研究やソーシャルワーク実践において中心的役割を担う多くの研究者・実務家のご協力を得て，ここに17冊の本シリーズがスタートする運びとなった。

　さまざまな課題，理想と現実との乖離を十分承知の上で，社会福祉士養成に新風を吹き込みたいと決意している。率直なご意見，ご批判をいただきながらよりよいテキストにしていきたい。

　　2001年7月

　　　　　　　　　　　　　　　　　　　　　　　　　編集委員

はしがき

　本書は，ソーシャルワーカー養成のための厚生労働省カリキュラムの改訂に伴った社会福祉基礎シリーズの一冊として編まれた。したがって，今回の主要な改訂点である「社会福祉における人権，権利擁護の重視」「ソーシャルワークの向上」に資するべく，社会学の視点からもその趣旨が生きるものをねらっている。本書は，テキストではあるが，それに強くこだわりすぎず，他方で，社会学の専門度を高めた論文集ということでもなく，現場のソーシャルワーカーが社会学の概念，発想，視点を「使える知識」として身につけられるよう，また問題設定や事例検討の際のヒントとして役立つ知見を含むものをめざしている。

　とりわけ，本書は，ソーシャルワーカーが，直接的な生活問題・社会問題の背後にある社会構造上の問題や社会変動についての理解を深めるとともに，みずからの価値観や行動様式，社会福祉の実状を人権の視点を持って自覚的にとらえ直す力を養っていくことをねらいとする。

　したがって，本書は，ソーシャルワーカーが社会学から学んで欲しいと望む，次の3つの柱から構成されている。すなわち，①社会福祉の問題の背後にある社会構造・社会変動についての理解を深め，②自分たちが社会に関わり，社会現象を作り出しているという視点を手に入れ，そして，③社会的現実を相対化する視点と方法を学び，新たな視点で現実をとらえ直すこと，を柱としている。

　各章を上記の3つの柱に当てはめると，第❶章で，ソーシャルワークと社会学との基礎的な関係について学び，第❷章から第❹章までが①の柱，第❺章から第❼章までが②の柱，第❽章から第❿章までが③の柱，に当たる。なお，第❿章では，人権保障と社

会福祉の歴史についての簡単な記述も加えた。

　また，本書のもう1つの特徴として，ジェンダーの視点がある。ジェンダーとは男女の社会的性差のことであり，具体的には，社会構造と関連して男女に配分され，期待される社会的役割のことだとされる。ケアサービスのあり方を考え，ソーシャルワーカーの役割を理解するうえでも，ジェンダーの視点はきわめて重要であると編者は考えている。したがって，各章では，それぞれにジェンダーに配慮した記述がなされている。

　以上の意図をもって編まれた本書が，たんに試験のためのテキストとしてだけでなく，真に現場で活用できるテキストとして，多くの方々に読まれることを願うものである。

　最後に，執筆者の方々には，多忙な中，本書の趣旨に賛同していただき，快くご協力をいただいたことに，心から感謝申し上げる。また，編者らの怠慢で出版が少なからず遅れたことに対し，早くから論文を寄稿していただいた執筆者の方々には，深くお詫び申し上げるとともに，そのような編者らを出版まで励まし支えてくれた有斐閣書籍編集部の池　一氏に，編者一同心よりお礼を申し上げる。

2002年9月

編　者

執筆者紹介 (執筆順, ＊印は編者)

＊**藤村正之**（ふじむら まさゆき） ……………… ❶章 **1**・❻章 担当
  1957 年生まれ
  1986 年, 筑波大学大学院社会科学研究科社会学専攻博士課程修了, 博士（社会学）
  現　在, 上智大学文学部教授

＊**要田洋江**（ようだ ひろえ） ……………… ❶章 **1**・❿章 担当
  1951 年生まれ
  1977 年, 明治学院大学大学院社会学研究科博士課程中途退学
  現　在, 大阪市立大学大学院生活科学研究科助教授

＊**岩上真珠**（いわかみ まみ） ……………… ❶章 **2**・❷章 担当
  1949 年生まれ
  1977 年, 早稲田大学大学院文学研究科社会学専攻修士課程修了
  1981 年, 駒沢大学大学院人文科学研究科社会学専攻博士後期課程修了
  現　在, 聖心女子大学文学部教授

三本松政之（さんぼんまつ まさゆき） ……………… ❸章 担当
  1954 年生まれ
  1986 年, 中央大学大学院文学研究科社会学専攻博士後期課程修了
  現　在, 立教大学コミュニティ福祉学部教授

平田周一（ひらた しゅういち） ……………… ❹章 **1** 担当
  1954 年生まれ
  1984 年, 上智大学大学院文学研究科社会学専攻博士課程修了
  現　在, 日本労働研究機構主任研究員

吉田素子（よしだ もとこ） ……………… ❹章 **2** 担当
  1965 年生まれ

v

1998年，コロンビア大学社会学部博士課程修了，博士号取得
元，駒沢大学文学部講師

関　礼子（せき れいこ） ………………………… ❹章 **3** 担当
1966年生まれ
1997年，東京都立大学大学院社会科学研究科社会学専攻博士課程修了，博士（社会学）
現　在，帯広畜産大学畜産学部助教授

＊川崎賢一（かわさき けんいち） ………………………… ❺章 担当
1953年生まれ
1980年，東京大学大学院社会学研究科博士課程中途退学
現　在，駒沢大学文学部教授

小宮敬子（こみや けいこ） ………………………… ❼章 担当
1957年生まれ
1995年，北里大学大学院看護学研究科精神看護学専攻修士課程修了
現　在，日本赤十字看護大学看護学部助教授

蘭由岐子（あららぎ ゆきこ） ………………………… ❽章 担当
1958年生まれ
1983年，奈良女子大学大学院家政学研究科生活経営学専攻修士課程修了
現　在，賢明女子学院短期大学生活学科助教授

好井裕明（よしい ひろあき） ………………………… ❾章 担当
1956年生まれ
1985年，東京大学大学院社会学研究科博士課程修了
2000年，京都大学博士（文学）
現　在，広島国際学院大学現代社会学部教授

目　次

1章　ソーシャルワークと社会学 ── 1

1　社会学とソーシャルワークとの関係 … 2
- 1-1　科学・学問/実践知・日常知：学問的営為と社会福祉実践　2
- 1-2　社会学の学問的態度：リアリティ（社会的現実）をいかにとらえるか　5
- 1-3　社会学が果たすべき役割　9

2　ケアへの社会学的接近 … 12
- 2-1　ケアとは何か　12
- 2-2　ライフコースとケア　13
- 2-3　ケアとジェンダー　14
- 2-4　ケアのジェンダー化　15
- 2-5　ケアの社会化と専門化　17
- 2-6　シティズンシップとしてのケア：ケアする権利，ケアされる権利　20

2章　ライフコースと家族 ── 25

1　ライフコースへの着目 … 26
- 1-1　「ライフコース」論の登場　26
- 1-2　ライフサイクルと家族周期論　26
- 1-3　家族へのライフコース的接近　28

2　ライフコースの変化と家族 … 30
- 2-1　少子・高齢化社会のライフコース　30
- 2-2　女性のライフコースの変化　33
- 2-3　多様なライフコースと家族　35

3 個人のライフステージと家族の生活課題............ 38
  3-1 ライフステージと家族　38
  3-2 「標準的」な出来事経験と生活課題　39
  3-3 「標準的」でない出来事経験と生活課題　43

4 ケアと家族............ 45
  4-1 ウェルビーイングの追求　45
  4-2 ケア役割とジェンダー　46
  4-3 家族への社会的サポート　50

3章　地域社会 ── 55

1 生活変動と地域社会............ 56
  1-1 生活課題への対応と地域社会　56
  1-2 産業化と社会生活の変化　58

2 産業都市の誕生と都市研究............ 59
  2-1 都市研究の科学化　59
  2-2 都市社会問題の変容　62

3 都市と農村の社会変動............ 63
  3-1 戦後日本の人口動態　63
  3-2 生活変動と地域の生活課題　68

4 地域社会の実相............ 71
  4-1 地域社会のコンフリクト　71
  4-2 町内会・自治会の課題　72

5 あらたなコミュニティ形成に向けて............ 74
  5-1 異質性のもとでの共同生活の探求　74
  5-2 コミュニティと居場所　75

4章　現代社会の変動 ── 79

1 情報化とサービス産業化............ 80

1-1　情報化，サービス産業化とは何か　80
　　1-2　日本社会におけるサービス産業化の趨勢　84
　　1-3　個人を対象としたサービス産業化　86
　　1-4　日本における情報化の推移　90
　　1-5　情報の個人化　91
　　1-6　情報化の問題点と今後　95

2　医療の社会学 … 99
　　2-1　医療と社会変動：社会問題としての医師‐患者関係　99
　　2-2　医師‐患者関係への関心の歴史的背景　100
　　2-3　社会学における医師‐患者関係論　104
　　2-4　医療の問題への社会学的アプローチ　111

3　汚染・環境問題 … 112
　　3-1　環境問題の見取り図　113
　　3-2　経済成長と公害の激化　114
　　3-3　自然環境の保全と「豊かさ」の質　116
　　3-4　地球環境問題の時代　119
　　3-5　公害と環境問題の現在　122
　　3-6　地球規模で考え，地域レベルで行動する　125

5章　ライフスタイルと文化システム —— 131

1　文化システム … 132
　　1-1　文化システムとは何か　132
　　1-2　国民文化とサブカルチャー　133
　　1-3　グローバル文化システムとローカル文化システム　134

2　ライフスタイル … 136
　　2-1　ライフスタイルとは何か　136
　　2-2　ライフスタイルの2つの起源：個人主義と集団主義　137

2-3 ライフスタイルの現代的意味：消費主義的文脈 139

3 ライフスタイルと関連要因 ……………………………… 140
3-1 階級・階層とライフスタイル 140
3-2 ジェンダー・世代等の社会学的要因の重要性 142
3-3 消費文化，メディア文化，ポピュラー・カルチャー 143

4 ライフスタイル・文化的グローバリゼーション・日本文化 ………………………………………………………… 144
4-1 文化的グローバリゼーションとライフスタイル 144
4-2 日本的ライフスタイルの意味 147
4-3 新しいライフスタイルの必要性：エコロジカルなライフスタイル 149

6章 組織とネットワーク ──────────── 153

1 集団・組織とは何だろうか ……………………………… 154

2 組織分析のいくつかの視点 ……………………………… 156
2-1 組織の内部と外部 156
2-2 ヒエラルヒーからネットワークへ：組織の動態化と流動化 158

3 福祉を動かす組織活動 (1) ……………………………… 161
3-1 福祉多元主義の時代へ 161
3-2 官僚制としての政府組織：政策実施過程と政府間関係 163
3-3 ストリート・レベルの官僚制 165

4 福祉を動かす組織活動 (2) ……………………………… 168
4-1 NPOとボランティア 168
4-2 組織の機能分担とネットワーク 171

5 福祉組織の中で働く/生活する ………………………… 173

5-1 職業であり専門職たる福祉　173
5-2 施設内の管理と自由　176

7章 社会参加
セルフヘルプ・グループという方法 ── 181

1 アスカさんの体験 …… 182
1-1 どん底を経て　182
1-2 セルフヘルプ・グループとの出会い　183
1-3 癒される体験　184
1-4 サポートする立場になって　185

2 セルフヘルプ・グループの概観 …… 186
2-1 セルフヘルプ・グループとは　186
2-2 セルフヘルプ・グループの成り立ち　187
2-3 セルフヘルプ・グループの種類　188

3 セルフヘルプ・グループのなかで体験すること … 191
3-1 孤立感から仲間（コミュニティ）意識へ　191
3-2 誰かを援助することで，自分も支えられる体験　192
3-3 モデルとの出会い　193
3-4 体験的知識の獲得　194
3-5 自分の物語を書きかえる　195

4 セルフヘルプ・グループにおける専門職の関わり … 196
5 おわりに …… 197

8章 社会調査と現実理解 ── 201
1 社会調査の経験 …… 202
1-1 サーベイの経験　202
1-2 サーベイへの「違和感」　205
1-3 異なる「現実」　207

目次　xi

2 フィールドワークという方法 …………………… 210
2-1 もう1つの社会調査の経験　210
2-2 他者理解としてのフィールドワーク　211
2-3 フィールドワークの方法　213

3 フィールドワークの「ちから」 …………………… 216
3-1 インタビュー過程の管理　216
3-2 モデル・ストーリー　217
3-3 啓発する「ちから」　219
3-4 フィールドワークの「ちから」　220

4 ソーシャルワーカーにとっての社会調査 ………… 223

9章 社会問題と差別
整理する知から実践する知へ ―― 227

1 「実態・状態」としての社会問題 ………………… 228
2 「活動・言説」としての社会問題 ………………… 232
3 「問題」としての差別 ……………………………… 235
3-1 差別をめぐる2つの見方　235
3-2 硬直した啓発言説　236
3-3 差別を限定して語ったり,曖昧にしたりする言説　239

4 「生きる手がかり」としての差別 ………………… 244
4-1 "差別の日常"を実感するセンス　244
4-2 "差別する（かもしれない）私"を評価すること　247

5 差別から社会問題を見抜くこと …………………… 249

10章 社会的価値の変遷と人権保障 ―― 253
1 福祉国家の新潮流 ………………………………… 254

1-1 福祉国家の成立と第 2 次世界大戦後の歩み　254
1-2 市民社会の成熟と 1970 年代の大転換　260

2　人権の視点から福祉の場の何が問われたのか… 266

2-1 当事者が問いかけたこと：パラダイムの転換　266
2-2 福祉国家のなかの「官僚制」と「専門職化」から生じる問題と「場の権力性」　270

3　人権の視点から福祉政策の何が問われるのか… 275

3-1 男性中心的な社会政策の問直し　275
3-2 国民国家を基礎とした社会政策の問直しと人権保障　278

4　人権に基づく社会福祉実践を創造する………… 280

4-1 新しいソーシャルワーク実践　280
4-2 社会福祉制度・社会サービスを人間化する社会システムの必要　282

Seminar 社会福祉士試験過去問題 …………………… 287
より深い学習のために ……………………………… 295
索　　引 ……………………………………………… 299

▨▨Column

❶ QOL（クオリティ・オブ・ライフ＝生活の質）　18
❷ 仕事と家庭生活の両立　47
❸ 社会変動連関図式　65
❹ 医療・福祉分野の情報化　97
❺ 日本のポピュラー・カルチャーとライフスタイル　145
❻ クイック社会：マクドナルド化が示す組織の合理性　167
❼ ミステリーに見るアメリカのセルフヘルプ・グループ　189

- ❽ 「注文の多い料理店」という「現実」　208
- ❾ 映画から差別を考える　241
- ❿ オランプ・ドゥ・グージュ　259

1章 ソーシャルワークと社会学

▶マルク・シャガール「私と村」（1911 年，ニューヨーク近代美術館蔵）

本章で学ぶこと

　本書において社会学をはじめて学ぶ人も多いことでしょう。社会学は，政治学・経済学とならんで社会科学の一領域と見なされることもあれば，心理学・教育学とならんで人間科学の一領域と見なされることもあります。その意味では，社会学は，社会と人間に関わる事柄をどちらかに偏ることなく探究していこうとする意欲旺盛な学問だといえるでしょう。本章では，これから本書を学ぶ人のために，まず，社会学とソーシャルワークとの関連について理解を深め，そして，社会と人間の双方の研究に関わる社会学のエッセンスを，社会学の学問的態度と分析枠組み，社会学の果たすべき役割などの点について学ぶとともに，ジェンダー的視点から現代社会におけるケアをめぐる問題について考えます。

1 社会学とソーシャルワークとの関係

1-1 科学・学問/実践知・日常知:学問的営為と社会福祉実践

　社会学とソーシャルワークとの関係は,いずれもその対象を,人間および人々の生活の場としての社会を対象とするという点において,より関連が深いといえよう。では,社会学は,社会福祉研究やソーシャルワークとどのような関係にあるのだろうか。

　それらの間のありうる関係の1つのモデルとして,社会学者のR.M.マッキーヴァーが著した『ソーシャルワークと社会学』という書物がある(MacIver[1931])。両者のおおまかな関係について,彼は次のように言う。「社会学のソーシャルワークに対する関係は,科学のアートに対する関係である」(訳書p.1)。すなわち,社会学は科学の立場に立つものであり,ソーシャルワークはアートの立場に立つものであると指摘するのである。さらに,次のようにも語る。「アートは個別化し,科学は一般化する」(訳書p.2),「科学は手段と目的との関係について語り,人生の目的については何も語らない」(訳書p.6),「アートは常に科学よりも一歩先んじているからであり,その一歩を科学自体は肯定も否定もしないのである」(訳書p.11)。

　ここでマッキーヴァーが語っていることは,実践に関わる「技術体系」と技術体系を生み出す「知識体系」について語っているということができるかもしれない。社会学は科学として一般的問題の問題分析を強く志向して知識を生み出し,ソーシャルワークは個別事例の実践としての問題解決を強く志向して実践のための技術を生み出す。したがって,ソーシャルワークは大胆に価値の領域に踏み込

んでいくのである。この社会学とソーシャルワークとの関係を，高峰登山にたとえれば，社会学が食料や機材補給のためのベースキャンプで，ソーシャルワークが頂上アタック隊ともいえるだろう。アタック隊には目的のために冷静な認識とともに，天候やルートへの臨機応変の判断が求められる。そこにはある種の役割の違いがあるといえる。では，その違いを，「知の体系」の問題として考えてみるとどうなるであろうか。

人間の「知の体系」を3つの同心円のように分ける考え方がある。最も広いのは，私たちが日々感じたり経験したり，またイメージする中で作り出される日常の知識，すなわち「日常知」の段階である。次にくるその中の円は，ある経験によって確認できる知識同士を結びつけて体系化していった「学問」の段階である。最後にくる最も狭い円が，何らかの実験や実地調査などで検証可能な命題によって構成される「科学」の段階である。私たちが持つ知の全体像は，**日常知・学問・科学**という3つの広狭の同心円によって作られ，その内部にいくほど条件が厳しくなるかわり確実な知見となっていく。これらの同心円の重なりで考えた場合，社会学は科学を志向する要素が強いが，社会福祉研究は科学と学問の中間にあることこそ，その存在意義であるとも考えられるのである。さらに，実践たるソーシャルワークにおいては，科学的な検証としては証明できないが，実践家たちの優れた経験に基づく知識（**実践知**）が体系的に存在しているのである。

その意味では，社会福祉研究が極端に科学的であることに強くこだわりすぎる必要もないのであろう。科学より検証の基準をゆるやかにすることでも成立しうる知識の体系が学問である。科学に含むことは難しいとしても，美学や演劇学などの芸術学が実践的な学問として成立するということも，社会福祉研究の位置と類似していよ

う。そして，優れたソーシャルワーカーによる優れた実践は，マッキーヴァーが述べるとおり，まさしく人間関係を豊かに織り成していくアート（**創造的実践**）そのものなのである。

マッキーヴァーは1つの理念的・抽象的な形として，ソーシャルワークと社会学の関係をアートと科学としてとらえようとしたわけだが，実践に関わる「技術体系」と技術体系を生み出す「知識体系」の両者の具体的な関係に目をやることによって，現代社会における両者の現実的なあり方を想定していくこともできる。

社会福祉に関わる現象の背景要因を理解していこうとするとき，社会学のいくつかの研究領域の知見がその理解を支えていくことがある。私たちの生活が高齢化や情報化・国際化などの現代社会の大きな変動のただなかにあるということは，社会学における現代社会論を応用することで理解可能であろう。また，社会福祉の制度や実践が必要とされるのは，これまで私たちの生活を支えてきた家族や地域社会の変容によって，生活問題の解決が達成できなくなってきたからであり，家族社会学や地域社会学・都市社会学の知見はその変容の性質の理解を大いに助けていくだろう。さらには，社会学が中心となって開発してきた社会調査という研究方法は，問題の社会的全体像をとらえようとする統計調査，個々人の人生の中に問題のからまりを見ようとする生活史調査などの形で，社会福祉研究を実証面から下支えしているといえるだろう。これから読んでいただく本書全体の構成は，そのような社会学から社会福祉研究の理解を助けると考えられるものをピックアップして配置している。

1-2　社会学の学問的態度：リアリティ（社会的現実）をいかにとらえるか

[1]〈ありのまま〉に見ること　　社会学を本格的に学んだ学生が，それ以外の人たちと話をすると，「ずいぶん皮肉屋だね」と言われることが多い。「斜に構える」とも言われたりするわけだが，それは角度を変えて言えば，一般的に考えられている視点とは異なる視点から物事を見ているととらえ直すこともできる。私たちは何ものにもこだわらずに物事を見ているようでいて，じつは特定の時代や立場からのものの見方，特定の国や地域からのものの見方，性別や年齢，社会環境などのものの見方に左右されている。その意味で，私たちは知らず知らずのうちに身につけた色メガネで物事を見ているのである。

たとえば，犯罪でつかまる逮捕者が増えたというとき，多くの人は犯罪者が多くなって困った世の中になったと考えるかもしれない。しかし，社会学は逮捕者が増えたというとき，もしかして，犯罪者をつかまえる警察官が増えたことが理由なのではないかとも考える。すなわち，犯罪が増えたのではなく，逮捕率があがったととらえるのである。なぜなら，増えた警察官たちが自分たちの存在意義を証明するため，職務熱心に働けば働くほど逮捕者は増加していくからである。このような視点は，近年の児童虐待，老人虐待，ドメスティック・バイオレンス（夫婦間暴力）など家族内で暴力が増加しているとされることも，暴力をふるう実態が顕著に増加したのか，それとも影に隠れていた事象が明らかになってきたのか，どちらなのかということを問うていく発想を生み出すことになるだろう。

また，電車の中で老人など身体の不自由な人に席を譲るような状況が発生したとき，譲るか譲るまいか，私たちの心の中でおおいに葛藤が生じることがある。これは，道徳心が衰えたからなのだろう

1　社会学とソーシャルワークとの関係

か。社会学ではそのようにばかり考えることはない。さまざまな人たちがうずまく都会を生き抜くためには，周囲の人たちすべてに気を配って生きていくことはできない。そのため，私たちは見知らぬ人たちと摩擦を起こさないよう配慮しつつ，他方で相互に深い関わりにならないよう通りすぎていくことを暗黙のルールとしている。配慮と無関心の絶妙なバランスの下にある，そのような行動は「儀礼的無関心」とも言われ，「ストレンジャー・インタラクション」(stranger interaction) と呼ばれる現象群の1つである。そのことは電車の中でも変わらない。すなわち，席を譲れないのは，他者への配慮が足りない結果なのではなく，他人に注目してそれに対応しようとする行為が都会を生き抜くルールに違反するからなのである。そんなことはないという人もいるかもしれない。それなら，席を譲った人がその場を離れることが多いのはなぜだろうか。それは，席を譲る・譲られる行為で発生した社会関係を，必ずしも親しくない，見知らぬ人同士で話をしたりして維持するのが容易ではないからであろう。

　このように，社会学の1つの学問的態度は，起こっている現象をその現象だけに着目するのではなく，その現象が起こっている社会状況や異なる行動の論理にも着目し，それらの間の両者の相互の関係にまで着目していこうとする点にある。社会学はなにもひねくれた見方を推奨しようとしているのではない。物事を〈ありのまま〉に見ようとした結果，それが世の中の多くの人が色メガネで見ていることと異なっているために，ヘンな学問と思われてしまうのである。

　大事なことは事実を虚心坦懐に見ていくことなのだが，その事実を〈ありのまま〉に見つめていくということはそれほど簡単ではない。したがって，〈ありのまま〉という社会的現実（リアリティ）を

いかにとらえるかが，社会学の重要なテーマでもあり，そのための研究技法がさまざま開発されてきたのである。たとえば，社会調査による統計解析法や，事例研究での意味解釈法などがそれである。

[2] 社会現象分析の3レベル：社会的行為・社会集団・社会構造

それでは，人間と社会に関わる事柄に関心を持つ社会学が，現象と社会状況の関係を〈ありのまま〉に分析していこうとするとき，どのように料理をするのだろうか。簡潔にいって，そのときの1つの方針は，社会現象に着目する際に，それを構成する[**社会的行為－社会集団・組織－社会構造**]という3つの分析レベルを想定していくことである。それは，社会現象を見ていくときの焦点の絞り方の変化ともいえよう。たとえば，その3つのレベルは，日本をとらえようとするときに，天気予報のアメダスの衛星から遠目に全体を見ようとするのか，ヘリコプターに乗った上空から航空写真を撮るように接近しようとするのか，その現場を歩きながら街並みの感覚を感じようとするのかという焦点の置き方の違いに置き直すことができる。社会的行為がよりミクロに焦点を絞り込んだレベルであるし，社会構造が社会全体をマクロにとらえようとするレベルである。

実際の社会現象にあてはめて考えてみよう。ある人が自動車は安全運転が大事だから，30 km以上スピードを出すのをやめようと考えたとする。個々人の社会的行為レベルで考えるなら，そのことは是とされるだろう。しかし，高速道路をそのスピードで走ろうとすると，その行為は80 kmで走ろうとする他の多くの自動車にとってきわめて迷惑なのろのろ運転となりうる。社会的行為レベルで是とされることでも，それが社会集団・組織レベルになると否定される行為ともなるのである。さらに，多くの自動車が快適に高速道路を走れるようにと全国の高速道路網を整備しても，その経費の早期回収のために高速道路の利用料金を高くするなら，それを嫌って高

速道路利用が伸びないということもありうる。社会集団・組織レベルでの行為を支えるべく社会構造上の制度対応を行ったとしても，その結果が社会的行為レベルでは否定されることもありうる。

このように，人々が作り出す社会現象はどのレベルに着目するかによって異なる様相を示してくる。したがって，社会現象の意味や働きをどこかのレベルで固定的に考えるのではなく，他のレベルでの意味合いにも十分に配慮をして，その現象を理解していくことが大事になろう。もちろん，それらのレベルは個々バラバラなのではなく，相互に関わりあっている。そのため，それらの異なる分析レベルの間をつなぐ概念として，社会学には「**創発特性**」(emergent property) という考え方がある。それは，あるレベルで1つひとつの要素が合わさっていくことによって，元々の要素にはなかった新たな特性が付け加わって社会現象が複雑化していくことを示している。したがって，レベルが異なる水準の現象には，前のレベルでは見えなかった，あるいは現れなかった特徴が新たに起こったり，付け加わったりすると考えられるのである。これには，理科でいう化学反応を考えてもらってもいいし，毛利元就の「3本の矢」の話のように，1本ではもろい矢も3本集まれば簡単に折れない効果を持つということがそれに該当しよう。

私たちは，ふだん，現象に合わせて［社会的行為－社会集団・組織－社会構造］のどこかのレベルにこだわって物事を見る習慣を身につけてしまっている。社会学は，そのような凝り固まったものとは異なるレベルからの見方を提示することによって，ふだんの見方ではない別の世界がありうることをも提示するわけである。社会学的に考えていくというとき，この3つのレベルを即座に意識できるようになっていこう。

1-3 社会学が果たすべき役割

では、ソーシャルワークや社会福祉研究と社会学が重なりつつ異なる役割を分業的に担うとすると、社会学は一般的にどのような役割を果たしていくべき、あるいは期待できるものなのだろうか。もちろん、それらの役割は社会学に限ったことではなく、学問一般の働きであるといえるかもしれない。そのような包含関係も意識しつつ、4点を確認していこう。

第1点。日常生活の中で働き、生きていくというのは、そう容易なことではない。したがって、社会福祉の施設や在宅、相談の現場で働く人たち、生活上の問題を抱える人たちにとって、みずからの仕事や生活の全体を見渡して物事を考え整理するという時間さえ確保できない場合が多い。したがって、研究者の側の重要な役割として、実務家がハードでヘビーな勤務生活を送るがゆえにできないみずからの仕事の全体的認識、生活上の問題に悩み苦しむ人たちの生活実態の全体的把握を補完していくということがあげられる。現場で起こっていることの数値的確認、その流れやプロセスの点検、2つ以上の事象の間で気づかなかった関連の発見などの作業が、具体的な作業として大いに求められる。もちろん、たんなる物理的な時間の少なさの問題にとどまるのではなく、研究者たる他者が介入することでの実務の世界内部の見直しということも重要な働きとなろう。むろん、研究者の側も実務の世界に接近することにより、その世界を理解するための自己変革が求められる。

第2点。私たちはあらゆることで無限にアイデアを思いつくわけではない。そのため、みずから活動や実践を行おうとする際、今・ここにいる自分を離れて、いつかの時代、どこかの地域の誰かの経験や知恵に多くを学ぶことが必要である。研究者が国際比較研究を行って、海外で行われている制度や実践の紹介をしたり、歴史研究

を行って，過去に行われた実践の価値を新たに発見したりすること，また国内における先端事例の紹介・普及の促進ということは，すべて他者に学ぶという姿勢につながっていくものである。今・ここで行われている制度や実践がありうるすべてなのではなく，別の可能性があるのだという認識は重要であろう。他方，異なる場所・地域や異なる時代の制度や実践も，そこでのさまざまな社会状況や社会関係の中で有効に機能していたということを忘れるべきではない。そのような社会状況や社会関係といった背景要因への認識を欠いたままの制度や実践の導入は，できもしないことを要求される抑圧の体制を推進するにすぎない場合もあるのである。

　第3点。社会学には「**潜在的機能**」という考え方がある。私たちが特定の社会現象をめぐって，よく目にし理解している「顕在的機能」ばかりでなく，その裏側で当事者も気づかない異なる働きがなされていないかを見定めていこうとするところに，潜在的機能という考え方の意味がある。たとえば，ボランティアの拡大をめざして，声を大にして活動参加の必要性を訴えかけるとき，人はその声の大きさに遠ざかっていくことがある。また，バリアフリーを進めていくことが，そのバリアを克服して残存能力を維持していた人たちの残存能力を衰退化させていくこともあるという声があったりする。私たちがよかれと思ってやったことが，結果としてマイナスの効果を及ぼすことがあるわけである。そのとき，意図がよければ結果が悪くても，それで仕方がないというわけにはいかない状況もありうる。人々の生活を保障していくというよき結果を求めつつ，それに付随する潜在的なマイナス効果はないか，意図のよさに安住して結果の効果を冷静に見ていないことはないか，そんなことに目配りしていく必要があるだろう。

　第4点。私たちは1つの価値観に安住することなく，常なるそれ

の問直しが求められる。社会福祉の現場はさまざまな厳しい状況におかれているために，1つの思想やスローガン，キーワードに頼り，それにこだわることで解決の可能性を求めていきたいと考える傾向がある。たとえば，「人間らしい生活」という観点から求められた「施設から在宅へ」という方向は，個別事例に考慮することなく，ひとたびそれがスローガンとなり何が何でも在宅で生活することが大事であるとされ，結果として野垂れ死にのようになっても在宅なら本望だなどということはやはり乱暴であろう。在宅を可能な限り続けるとしても，場合によっては，施設や病院に移ることが人間としての尊厳を守るために必要なときもある。また，障害者のためのノーマライゼーションという発想はさらに，健常者にとっても障害者にとっても有益なユニバーサル・デザインという考え方へと発展しているように，1つの価値観を含み込む新たな価値観が提起されることは常であり，望ましい価値観であってもそれを固定的なものととらえることは問題である。ある価値観は，それ自体がそのまま正しいと考えるのではなく，その価値観がどのような状況にあるときに最も意義深いのかをセットにしながら考えていく必要があるだろう。

　以上，社会学とソーシャルワークとの関連について，また社会学のエッセンスを，その学問的態度と分析枠組み，社会学の果たすべき役割などの点から考察してきた。社会学の知見を科学的知識として記憶の中にとどめるのではなく，ソーシャルワーク実践の中でどのように使える社会学として位置づけていくか。その際に，社会学をソーシャルワークにどのように生かしていくのかということとともに，ソーシャルワークの世界を見直し，自己反省していくために社会学をどのように役立てていくのか。以下に続く本書の諸章の視点や取組み，経験の中から，そのようなことを学びとっていっても

らえればと思う。

2 ケアへの社会学的接近

2-1 ケアとは何か

ケアとは、個人のウェルビーイング（良好な状態）を維持するための心身両面への配慮のことであり、それが他者から提供される場合にはケア・サービスと呼ばれる。ケア・サービスには主として、家族などから私的に提供されるものと、地方自治体や国など、公的な機関が提供するものとがある。またその中間に、民間の営利・非営利組織の提供するさまざまなタイプのケア・サービスがある。

さて、日本では「ケア」という用語はまだあまりなじみがない。「ケア」という言い方は1980年代くらいから浸透しはじめたが、これまで、ケアの対象者に応じてケアの内容を区別し、しばしば、育児（child care）、介護（care for elderly）、あるいは介助（care for handicapped persons）などと使い分けられることが多かった。そうした使い分けは今日でも一般的に行われており、たんに「ケア」という場合は、高齢者に対する「介護」に特定して狭義にとらえる傾向がある。ちなみに、日本で「介護」という用語が公的に登場するのは、63年の老人福祉法においてであるが、用語自体が普及するのはもっと後である（厚生省［2000］）。諸外国では、育児も介護も、広い意味でのケアに含まれ、ときに文脈において使い分けられることはあるものの、あえて区別されていない。そこで本章では、「ケア」を広義にとらえ、育児、介護、介助などを包摂する用語として位置づけておきたい。

2-2 ライフコースとケア

ライフコースとは，個人が社会のなかで生きていくうえでの，役割と結びついた生涯にわたる軌跡である。人が，生まれてから死ぬまで，特定の歴史時間をどのように生きていくのかということに学問的関心が寄せられるようになったのは，とくに1970年代からであるが，こうした関心の台頭の背景には，発達心理学と社会学における社会変動と人間発達，および家族に関する方法論をめぐる60年代以降の議論に加えて，とくに日本では，急速な高齢化社会への動向がある。日本は，70年に65歳以上の人口割合が7％を超え，高齢化社会の様相を呈してきたと同時に寿命の延びも著しく，80年代半ばには平均寿命が男女ともに世界第1位となった。個人が，特定の時代における社会的・文化的状況のなかで，誰とどのような関わりをもって生きていくのかというライフコースの問題は，具体的に個人の人生が飛躍的に延びてきたことと，それに伴って，とくに退職後の人生をどのように設計するのかという，世間的関心によっても喚起されてきた事情がある。

そうした背景において，日本においてはケアの議論はまず「老親介護」の問題として登場した。高度経済成長後，サラリーマン世帯が増え，「専業主婦」層が生み出されるにつれて，「専業主婦」としての娘，嫁には，親もしくは夫の親の介護が，暗黙の期待として「織り込まれ」たのである。その意味でケアの問題は，担い手も受け手も，第1に「女性問題」としての様相を帯びていた。法制上の家制度廃止から四半世紀，核家族化が進むなかで，嫁ー姑問題が介護をはさんで新たなテーマで再燃したのである。

しかし，1980年代に入って「女性の社会進出」が活発化しはじめると，この問題は，初期とは異なる様相を帯びることとなった。すなわち，暗黙のうちに介護の担い手として期待されていた女性た

ちが，必ずしも専業主婦ではないという事態である。そこで，80年代以降「ケアと仕事との両立」が，あらたな，そしてより根本的なテーマとして浮上してきた。実際，ケア役割を果たすために仕事を続けるのかやめるのか，また，どのような形で続けるのかといった，仕事とケア役割をめぐる問題が，とりわけ女性のライフコースにおける大きな論点となってきている。

2-3 ケアとジェンダー

今日，ケアをめぐってなされている議論の焦点の1つは，ジェンダーとの関連である。すでに指摘したように，これまで，子どもや高齢者の世話に代表されるケア役割は，もっぱら家庭内の女性たちによる母，妻，娘，嫁役割，すなわちジェンダー・ロールとして位置づけられていた。それは，日本に限らず欧米でも，「近代家族」といわれる18世紀後半以降の家族像において顕著に見られる傾向である。とりわけ，産業化の進行のなかで中産階級の女性たちが「専業主婦」化するにつれて，子育てに専念する母，親や祖父母を世話する娘や嫁など，「ケアの担い手としての女性」という理念は理想化され，長い間，そうした価値を女性自身も内面化してきた。言い換えれば，ケアとは家庭内で女性が提供すべきものであり，そのことは「夫が外で働き，妻が家庭を守る」性別分業システムにおいて，「女性らしさ」と結びついた象徴的な意味を持っていたのである。

しかし，1960年代後半からの家族や社会の変動は，女性「だけ」がケア役割の遂行者であることに挑戦するものであった。のみならずそれは，ケアに関する従来の考え方を根本的に問い直す動きを含んでいた。60年代以降の家族変動の特徴を要約すれば，男女の役割の柔軟化，男女平等化，個人化である。こうした家族変動の方向

性は，脱性別分業化を促し，相対的に自立した男女が対等な立場で家族をつくることを押し広げた。女性の社会進出，男性の家事・育児参加の促進は，従来の家族内ケアの担い手を再編成する動きであるとともに，さらには，一人親家族や，長期にわたるシングルでの生活などの家族の多様化は，家族がもはや基本的なケア提供の基盤にはなりえないことを認識させた。つまり，男女の役割再編成過程と家族の多様化という動向のなかで，80年代以降，①ケア役割は男女がともに担う（**ケアのジェンダー化**），②ケア役割が家族以外から提供されることも視野に入れる（**ケアの社会化**），という2つの方向が明確に打ち出されてきたのである。

2-4 ケアのジェンダー化

「育児をしない男を父とは呼ばない」という1999年の厚生省少子化対策キャンペーンは，育児に関する「親役割」の遂行を男性にも期待するという明確なメッセージであった。これは，ケア役割がどのように男女によって担われるべきかを示したものであり，ジェンダーを曖昧にしたままで暗黙裡に（あるいは自明のごとく）女性に割り当てていた従来のあり方との訣別を示している。この新しいケアの引受け方と明確なジェンダー認識を，**ケアのジェンダー化**と呼ぶ。

ケアのジェンダー化はまた，誰がケアを引き受けるのかを明確に論じるものでもある。男女によって役割を区別しないことをジェンダー・フリー（ジェンダーにこだわらない）ということもあるが，今日，とりわけケア役割の議論のうえでより重要なことは，いったい誰がそれを行っているのかということをはっきりさせる（ジェンダーに敏感になる）ことだという認識がEUを中心に広まっている（岩上［2001］）。

このことは，たとえばケア役割の場合，どちらがやってもよい，

もしくは，やれる方がやる，という曖昧な表現では，既存のジェンダー・バイアスは解消されないまま再生産されるという過去の事実からの反省に基づいている。育児，介護，介助といった役割を，真に男女のものにしていくためには，なぜ女性がそれをやっているのか，なぜ男性はやらない（もしくはやれない）のかといったことについて，大いにジェンダーにこだわって論ずるべきだという考え方である。実際，育児休暇や介護休暇，あるいは病児の看護休暇など，具体的な施策を立てるにあたっては，**このジェンダーに敏感な視点**はきわめて重要である。ちなみに，男女共同参画型社会の構想は，仕事でも家庭でも，またその他の分野においても，男女がともに社会の役割を引き受けていこうとするあらたな枠組みの提案であり，そこにおいて**ジェンダーに敏感な視点**はもっと強調されるべきである (Dulk et al. [1999]，岩上 [1998])。

そもそも，ケアがどちらのジェンダーによって担われているかといった議論には，**アンペイドワーク**（無償労働）の担い手としての女性という，これまでの性別分業のあり方が問題視されている背景がある。育児や介護，病人の世話など，家庭で女性たちが引き受けてきたケア・サービスは，金銭的報酬のない，またそれゆえに際限のない労働とされてきた。それは「愛の労働」とみなされ，道徳的には称揚されたが，もっぱら男性たちが引き受けてきた**ペイドワーク**（有償労働）に比べ，「割の合わない」シャドウ・ワーク（陰の労働）でもあった。性別分業の見直しとは，女性がケアを引き受けないことではなく，男性もケアを引き受けることである。

ケアとは，多かれ少なかれ「愛の労働」，すなわち支払いのない労働である。とりわけ，家庭で提供されるサービスはそうである。そうであるならば，この大いなる「愛の労働」を男女がともに引き受けるようにすべきである。要するに，いま問われているのは，男

性もアンペイド・ワークを引き受ける理念とシステムを、いかに形成しうるかということである。男性が父として育児をし、また夫として、息子として介護をすることが、ライフコースにおける「ふつうの役割」になること、このことが、「**ケアのジェンダー化**」における1つの帰結である。

2-5 ケアの社会化と専門化

とはいえ、病人の看護がすでに家庭だけでは無理なように、これまで提供されてきたさまざまなケアは、家庭外の機関や人々からも提供されるようになっている。すなわち、**ケアの社会化**である。人々が相対的に長寿になるなかで、少子・高齢化が進み、かつ男女がともに就労するようなライフスタイルのもとで、これまでのような家庭でのケア提供ができにくくなっているうえに、ケアが多様化し、また期待されるケアの質も向上して、これまでどおりのケアだけでは十分とはいえないと人々は感じはじめている。つまり、より専門的なケアへの期待も大きくなってきている。

こうした趨勢は、ケアの社会化と専門化ということができるが、新しい状況のなかで、育児にせよ、介護にせよ、また病気やけがの予後や、特段の配慮が必要な家族員への介助にせよ、専門的な知識や技術を備えた専門スタッフによるサービス提供が、いまや不可欠となっている。それはたんに、家庭的なケア・サービスを補完するという以上に、より高次のケア提供への要請である。社会が豊かになり、人々の生活水準が向上し、そして何よりもみずからのQOL（クオリティ・オブ・ライフ＝生活の質）を高く維持したいと思う人たちが一般的になるなかで、そうした要請は当然であろう。ただ、高齢化が進み、より高次のケアへの期待値が上昇するなかで、そのために個人と社会がどのような財政的基盤を確保できるのかというも

Column ❶　QOL（クオリティ・オブ・ライフ＝生活の質）

　個人が「幸せに」生きていくうえで何が必要かを考える視点の1つに，QOLがある。QOLの考え方は，個人を生活者としてとらえ，生活がさまざまな要素から成る複合的なシステムだという前提に立って，個人がおかれている状況を把握しようというものである。QOLの構成要素には，基本的に，個人の幸福感の達成（個人次元での満足）とそれを可能にする社会システムの整備（社会次元での充足）の双方が含まれると考えられており，こうした視点は，今日，福祉の実践において注目されている。

　QOLを見ていく場合には，環境的視点，経済的視点，社会的視点，心理的視点の，4つの視点の統合が必要とされている。これらはそれぞれ，人間が生きていくにあたって重視されるべき領域でもある。生理的生存から始まり，安全・安定，社会的帰属，尊敬・自我の欲求を経て自己実現に至るマスローの欲求5段階説は，QOLの尺度化の場合にもあてはまる。QOLはまた，人権が保障され，あらゆる分野への参加機会が保障されていることが前提とされており，その意味で，女性や高齢者，マイノリティ・グループなど，さまざまな社会的カテゴリーにおける権利擁護にも適用することができる。

　QOLに似た概念として，ウェルフェアやウェルビーイングがあるが，これらのいずれも，個人の心情や価値観への配慮にまで踏み込んだサポートの必要性を重視しており，個人の生活に対して，経済的な支援はもちろん，人権を基軸にすえた社会的，心理的な支援を組み込んだ福祉の枠組みづくりが，21世紀の目標とされている。

う1つの大きな問題が横たわっている。

　一方，専門的ケアを提供する側も，それが職業であり，また営利活動である以上，質のよいサービスを，いかに低コストで提供できるかという問題と，つねに直面することになる。そこで，みずから

の専門性への自負と所属する組織や機関の要求とのはざまで悩むことも珍しくはない。専門ケアラーは，職業としてのケアをいかに確立するかという，新たな課題にも対応していかなければならない。

ケアの専門家はまた，提供するサービスに関しての知識や技術とは別に，ケアの対象者を理解することも必要である。誰しも固有のライフコースがあるが，とくに年齢を重ねた人は，それまでの経験，人とのつながり，ステータスへの配慮が必要である。誰にもかけがえのない過去の積重ねがあり，歴史がある。ある知人が憤慨しながら語ったことは，その知人の父親が「患者」となったとたん，「父は誰でもないただの『患者』となった」というのである。父親が，それまで身をおいていた社会的バックグラウンドを剝奪され（彼は長年教育にたずさわってきた校長だったが），まるで何の経験も持たない子どものように扱われていたことに，娘として彼女は涙を浮かべて憤っていた。このエピソードからも示されるように，ケア対象者の社会的経験を尊重し，相手のライフコースを理解したうえで，ケア対象者の人格的尊厳を損なわないよう配慮する姿勢が，専門ケアラーには求められている。と同時に，専門ケアラーにとっては，家族との関係調整も対処すべきもう1つの「仕事」である。

さて，専門家によるケアとは別の，ケアの社会化に関する第2の領域として，地域およびボランティア・ネットワークに支えられた，ケアラー同士の自主的な協力がある。これは，育児に関してはかなり広範に試みられているようだが，介護を含めその他のケアについては，対象者のライフコースが多様なこともあって，一部地域を別にして，まだ十分に展開されているとは言いがたい。以前にはどこでも見られた「ご近所同士のちょっとした心配り」程度からまず始めることによって，自立した社会の新しいケア・サービスの形として，ケアラーとケア対象者，およびケアラー間での自主的なネット

ワークづくりが，市民レベルで活発化することが期待されている。

2-6 シティズンシップとしてのケア：ケアする権利，ケアされる権利

それに際して，新しい発想として「**市民の権利としてのケア**」がある。「市民」という概念は日本ではあまりなじみがないが，欧米では18世紀以来の長い歴史がある。過去2世紀の間，その概念は繰り返し議論され，そのつどあらたな視点での解釈が積み重ねられて今日に至っている。とりわけ1990年代に入ってからは，ジェンダーとならんで，「ケア」の側面でも，あらためて市民としての権利，すなわち**シティズンシップ**が議論されている (Bussemaker [1999])。

この，新たなシティズンシップの概念を構成するのは，誰にも与えられるべき個人の権利と，誰にも要請される自己責任である。従来，シティズンシップの議論では，「その国の国籍を生まれながらに有している，職業を持った健康な成人男性」が暗黙の前提であった。そこでは，移民，失業者，障害者および病人，子ども，青年，老人，そして女性は枠組みから排除されていた。というよりも，それらのカテゴリーの人々は，社会に対して責任を持てる立場にあるとは想定されていなかった。彼らの権利は，「健常な有業成人男性」を介して擁護される仕組みであった。シティズンシップをめぐる20世紀後半の議論は，もっぱら，この枠組みの拡大をめぐるものであったといってよい。とくにこの四半世紀にヨーロッパでは，移民や女性をめぐる社会保障や社会政策上の議論を通して，「正規の」シティズンシップの適用を，一定の年齢に達したその社会の全構成員に拡大する方向性を強めてきた。

そうした流れのなかで明確になってきた理念の1つは，「誰にも社会参加の道を開く」というものである。この場合の「社会参加」

とは，必ずしも職業社会への参加だけをいうものではないが，基軸はそれである。事実，1980年代から EU では，移民や青年はもとより，女性，障害者，老人に対する社会参加促進のアクション・プログラムが準備され，熱心に取り組まれてきた。とりわけジェンダーに関しては，EU委員会の過去5次にわたる男女機会均等推進アクション・プログラムを通じて，社会における男女の権利と責任の分担を，性別分業型のそれから転換すべく努力が続けられてきた（岩上［1995］）。

その過程で最も議論が重ねられてきたのは，ケアの役割をどうするかということであった。性別分業型社会においては，女性が家族内で担ってきたこの役割をめぐって，男女が同等に社会参加する枠組みへの転換のなかで，2つのテーマが浮上した。それは，①家族内で男女がどのようにケアを分担するか，②家族と社会がどのようにケアを分担するか，というものである。この2つのテーマは，ケアをシティズンシップの1つとして位置づけるということのなかで，ケアする権利とケアされる権利として展開されることと結びついている。

私たちは一般的に，ケアされる権利とケアする義務というとらえ方をする。しかし，基本的にすべての社会成員に「市民としての権利」を位置づけようとする考え方においては，ケアすることは，義務であると同時に権利でもある。

このことが，最も端的に示されたのが ILO で 1981 年に採択された「家族的責任を有する男女労働者の機会及び待遇の均等に関する条約」（ILO156号条約）で，ここには育児や介護に従事する男女労働者の**家族的責任**を認め，それゆえそうした責任を有する労働者が，父として，また母としての責任を果たす権利を雇用側が保障することを義務づけている。つまり，仕事を持つ親が育児をすることを権

利として社会全体で保障する体制を整えはじめたのである。シティズンシップを男女が同等に有するとすれば、ケアの役割を男女が同等に引き受けるのは当然であり、それを遂行することを雇用者は妨げてはならないという論理である。言い方をかえれば、子どもは親から（母からも父からも）ケアされる権利がある、というものである。病児の看護も、老親の介護もこの延長上に位置づけられる。育児休業や病児の看護休暇、また介護休暇などは、家族的責任を有する男女労働者の「ケアする権利」の一環とみなされている。

ただし、ヨーロッパでは「家族的責任」という場合は、ふつう子どもに対する親の責任を指しており、老親を扶養したり介護したりする責任は含まれていない（岩上 [1996]）。高齢者に対するケア・サービスはもっぱら国と社会の責任とされており、その意味で、「ケアされる権利」をシティズンシップ、すなわち「市民としての権利」として位置づけているのである。とはいえ、理念はともかく、家族（配偶者や子どもたち）が実際に高齢者ケアを担っているのはヨーロッパでも同じであり、高齢者のケアをめぐる社会と家族の実質的な分担のあり方や、ケアの質の向上に関して、まだまだ熱い議論が続けられている。

ところで、日本ではケアに関して、育児にせよ、介護にせよ、障害者の介助にせよ、まだ家族義務としての側面ばかりが強調されているように思われる。「権利としてのケア」という視点をもっと積極的に取り入れることによって、提供する側も受ける側も、ケアを前向きに位置づけ、より幅広いサポート体制を整えていく論拠を見出せるように思われる。シティズンシップの観点に立てば、「仕事と家族責任の両立」を図るためにも、他方でケアの社会化を促進するのは当然のことである。これらの議論の途上において、EUで積み上げられてきた「ケアは社会存続のための人類の責務」という認

識を深く受け止めて，日本でも，性別分業的な枠組みの延長にある家族中心のケアから脱皮し，ケアを社会成員すべての責務として位置づけた，ケア体制の新たな枠組みづくりが求められている。

● 演習問題 ●

1 社会福祉実践のなかで，社会学やソーシャルワークがそれぞれどのような働きをすることがよい結果を生み出すかについて，援助対象となる人の生活や意識についての理解がもっと必要だと感じた場面や，かかえた問題の困難さに援助対象の人も悩み，仕事の同僚も処遇に迷っている場面などを思い浮かべ，具体的に考えてみよう。

2 以下の例に見るような社会現象のキーワードを思い浮かべ，それが，社会的行為－社会集団・組織－社会構造の3つのレベルにおいて，おのおのどのような現象として現れているか考えてみよう。

〈例〉高齢化，情報化，外国人，少年犯罪，男女平等，資源回収，心のケア

3 これまで，なぜ家族内の女性が育児や介護といったケアの役割を引き受けてきたのか，考えてみよう。

4 個人のウェルビーイングを重視したサポートとはどのようなものか，具体的な場面をあげて考えてみよう。

■ 引用文献 ■

岩上真珠［1995］「EUの子育て支援の方向性」『家族研究年報』第20号

岩上真珠「1996」「EUの新家族政策」『時の法令』第1528号

岩上真珠［1998］「オランダのパートタイム就労政策」『家族社会学研究』第10巻第2号

岩上真珠［2001］「EUのジェンダー政策——拡大するジェンダーパースペクティブ」『明星大学社会学研究紀要』第21号

厚生省［2000］『厚生白書』平成12年版

Bussemaker, J. (ed.) [1999], *Citizenship and Welfare State Reform in Europe*. Routledge.

Dulk, L. den, A. van Doorne-Huiskes, and J. Schippers, (eds.) [1999], *Work-Family Arrangements in Europe*. Thela-Thesis.

MacIver, R. M. [1931], *The Contribution of Sociology to Social Work*. Columbia University Press.（小田兼三訳［1988］『ソーシャルワークと社会学』誠信書房）

2章 ライフコースと家族

▶寄り添う2人のライフコース

本章で学ぶこと

家族はライフコースに応じて変化し，異なるライフステージでは異なる課題を有します。個人のライフコースもまた，性別，地域，階層，そして時代に応じて差異が見られます。この点がライフサイクル論と異なる見方です。本章では，個人のライフコースを軸に，家族をダイナミックにとらえる視点を強調していますが，それはまた，個人のライフコースの多様性を認識し，それに対応して，多様な家族を多様なるままに受け入れるという立場でもあります。家族の課題のうち，現在最も注目されているのが子育て，介護などの「ケア」の問題ですが，これはまた，家族と社会におけるジェンダーの問題とも結びついています。ケアは今日，家族の課題であるとともに，最も重要な社会の課題ともなっていますが，ケアする者とケアされる者のウェルビーイングを図ることを目的に，ソーシャルワーカーとしてどのように個人と家族に関わっていくべきかを学んでください。

1 ライフコースへの着目

1-1 「ライフコース」論の登場

　人は，生まれてからさまざまな人との関わりのなかで成長し，年齢を重ね，老いていく。ライフコース研究の先駆者の１人であるエルダーは，ライフコースを「個人が年齢別に分化した役割と出来事を経つつたどる人生行路」(Elder [1977] pp.279-304) だと言っている。つまり，個人はさまざまな出来事を経験し，さまざまな役割を持ちながら社会と結びついて生きており，個人が生きるその全過程が「**ライフコース**」ととらえられる。

　個人が経験する出来事には，入学，卒業，就職，結婚，子どもの出生，配偶者の死など，一定の年齢でかなり多くの人が経験することが予測されるその社会における「標準的出来事」と，事故や災害，失業など，ある特定の状況におかれた人だけが経験する「非標準的出来事」がある。どちらも個人のライフコースを形づくっている。また，ライフコースの構成要素には，具体的にいつ，どのような経験をしたか，どのような役割を持ったかという客観的側面とともに，個人がそれに対してどのような評価を下したかという主観的側面も含まれる。

　ともあれ，人の一生を社会のあり方と結びつけて理解しようとする「ライフコース」の考え方は，生涯発達理論，ライフサイクル論などを源泉として，1960 年代に提起されるようになった。

1-2　ライフサイクルと家族周期論

　ところで，家族研究とまず結びついたのは，ライフサイクル論である。ライフサイクルとは，元々は生命科学の分野における個体の

系統発生を示すもので、時間の経過とともに成長、成熟、衰退する「生命周期」を意味するが、発達心理学における人間の発達過程の研究に援用されて以来、幅広く用いられるようになった。ライフサイクル論は、結婚から始まる家族の形成、子どもの誕生、成長過程に即した家族の拡大、子どもの離家・自立過程と、また夫婦だけに戻るという家族の縮小過程を経て終焉に至る、家族の発達段階を説明する枠組みとして発展し、家族周期論として結実した。

その端緒となったのが、イギリスの労働者家族の経済状態を調査したロウントリーの『貧困の研究』(1901年)である。ロウントリーは、家族の経済状態には、時間の経過につれての加齢と家族形態の変化に伴うサイクルがあることを、この研究ではじめて実証したのである（図2-1）。家族周期論はその後、主としてアメリカにおいて、ギャルピンやソローキン、さらにはヒルなどによって発展していった。

ところが、家族研究において一定の成果をあげてきた家族周期論も、1960年代後半になっていくつかの方法的行詰りにさらされる

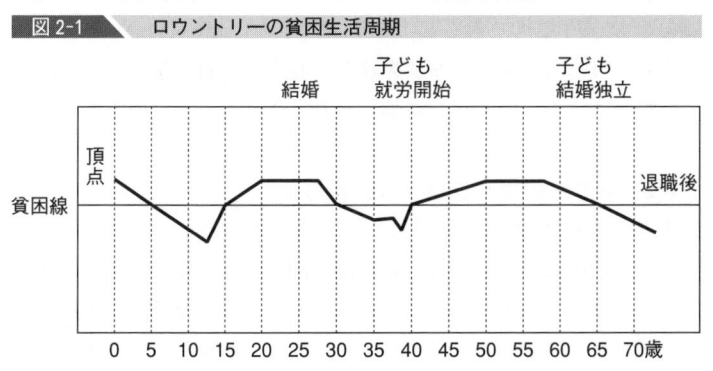

図 2-1　ロウントリーの貧困生活周期

(出所) 正岡［1995］p. 79 より転載。(Rowntree, B. S.［1901］, *Poverty : A Study of Town Life*. Macmillan. p. 137)

ようになった。というのも,家族周期の各段階設定は,制度的な「典型」の家族を唯一のモデルとしたものであり,個人は結婚後基本的に1つの家族に所属することが前提であった。しかし,ベトナム戦争,公民権運動など60年代以降の激動のアメリカ社会を背景にして,夫婦の約4割が離婚し,そのうちの4分の3が再婚するという現実の前に,個人が生涯にわたって,ただ1つの家族内の連続した各段階を一定の順序で規則的に推移するという前提は,大きく見直しを迫られることになった。

他方,発達心理学の分野でも,子ども期と青年期に集中して従来ほとんど視野に入れられてこなかった成人期以降の発達研究が1960年代以降進み,歴史的・社会的条件のもとで,成人期には非連続的な発達が見られることが次第に明らかになった。そして,そうした研究を通じて,発達の多方向性・可変性が強調され,人間発達と社会環境条件とのたえざる相互作用に関心が向けられるようになってきた。こうして,それまでの発達研究を見直す生涯発達研究と連動しながら,ライフサイクル論および家族周期論のあらたな展開として,70年代に入ると「ライフコース」(life-course)という枠組みにおける人間発達や家族発達が,心理学,教育学,社会学,そして精神医学の分野で活発に論じられるようになったのである。

1-3 家族へのライフコース的接近

男女とも20代半ばで結婚し,その後何人かの子どもが生まれ,どの子も順調に自立し,また結婚は1回きりで,互いに唯一の伴侶として夫婦で生涯を全うするという「典型」が,離婚の増大などで現実的に揺らぎはじめるにつけ,「典型」を基盤として家族を考察する家族周期論への方法的疑問が生じ,同時にライフサイクル論自体に対しても,文化や社会的条件に関わりなく,一定の時間がたつ

とある段階から次の段階へとみな同じように移行するという，その斉一的な枠組みに対する反省や批判が高まった。それまでは，離婚や早い時期の死別は例外とみなされ，考察からはずされたり，ときには「病理」とされていたが，結婚した2組に1組が離婚を経験するような事態において，それはたんに逸脱や例外という扱いではすまされなくなってきたことに加えて，DINKS（ディンクス：double income no kids）やシングル・マザーなど，多様なライフタイルが「個人の選択」として容認されるようになるにつれ，個人の多様な生き方を踏まえて家族を考察しうるあらたな枠組みが必要となった。

「ライフコース」論は，そうした「個人」を基軸とするあらたな枠組みに対応するものである。つまり，ライフコースとは個人がたどる非斉一的な「道筋」であり，個人がどのような「道筋」をたどるかは，その個人の生きた時代や社会によって異なる。これは，「個人」および個人を取り巻く社会・文化的環境の影響を強調する視点が提起されたことを意味している。家族周期論では，まずモデルとなる「典型的」家族が想定され，個人はその「家族」に含まれて夫，妻，あるいは父，母などの何らかの役割を果たすとされていたが，ライフコース論では，家族もまた個人が取り結ぶ多様な社会関係の1つであり，そうした社会関係は加齢に応じて変化するという考え方に立つ。

つまり，「含まれる家族」から「つくる家族」への視点の転換である。それゆえライフコース論では，「個人」が生きている時代や，個人を取り巻く社会的環境，個人が取得するさまざまな家族外の役割によって，家族との関わり方も異なるという，個人と家族および社会とのよりダイナミックな関係が強調される。こうしたライフコース的な枠組みに立つかぎり，家族研究もまた，時代の変化や1人ひとりの個人の期待や欲求のあり方に，より敏感にならざるをえな

いのである。これは，家族研究の方法的個人化といってもよい。

2 ライフコースの変化と家族

2-1 少子・高齢化社会のライフコース

ライフコースが注目されるようになった社会的要因の1つに，社会の個人化，多様化の趨勢とならんで，平均寿命の飛躍的な延びがあげられる（図2-2）。つまり人生の持ち時間が延び，その生き方について個人も社会もともに「模索する」必要が生じた。とくに，急激に長くなった人生後半をいかに生きるかというあらたな課題を，人々は突きつけられるようになった。多くの先進社会にとって，それは20世紀の根本的課題であるといえるが，とりわけ日本では，20世紀を4分の3ほど過ぎたあたりからにわかに生じてきた緊急不可避の課題となった。

ここ四半世紀に日本社会は，他の先進社会と同様，少子・高齢化という大きな人口動向にさらされることになった。とはいえ，たんに個々人が長生きするようになった（長寿化）というだけではただちに高齢化社会とはならない。高齢化社会とは，その社会の総人口に占める65歳以上の人口（老年人口）が一定の割合を超えた社会をいう。通例では，7％を超えると高齢化社会の入り口にさしかかったといわれ，14％に達するあたりから本格的な高齢社会としてとらえられるようになる。ちなみに，現在（2001年）日本の老年人口の割合は18％弱で，将来的には30％を超えるといわれている（表2-1）。

こうした人口高齢化の要因としては，もちろん長寿化も関わってはいるが，何よりも出生率の低下（少子化）が大きいといわれている（図2-3）。さらに，その少子化の最も大きな要因が，未婚・晩婚

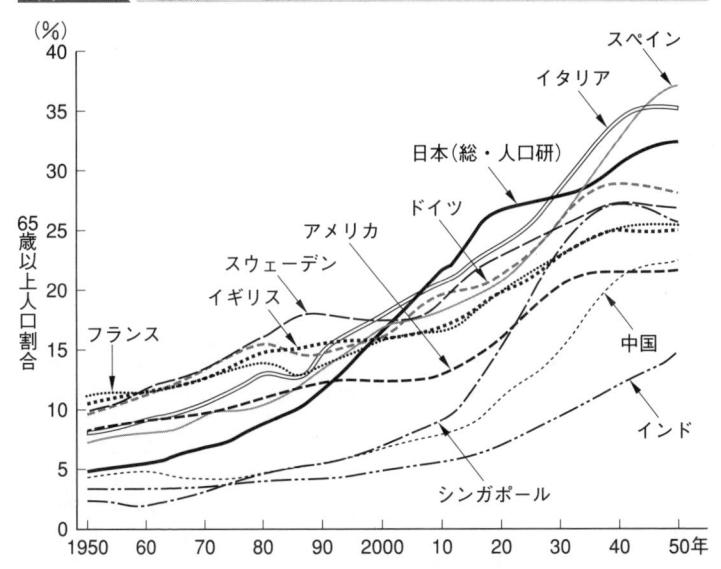

図 2-2　主要国の65歳以上人口割合：1950〜2050年

（資料）UN, *World Population Prospects : 1998* による。日本（総・人口研）は，総務庁統計局『国勢調査』および国立社会保障・人口問題研究所『日本の将来推計人口』（1997年1月推計）による。
（出所）国立社会保障・人口問題研究所 [2000]。

化とされている。要するに，男女とも結婚が遅くなり，それに対応する形で出産が遅くなり，産む子ども数が相対的に少なくなることが，社会の少子・高齢化を促進しているとみなされているのである。

さて，少子・高齢化という人口動向のなかで，ライフコースは全体としてどのように変化したのだろうか。まず，①ライフコース全体が長くなり，人生後半に高齢期が出現した。次に，②結婚および出産時期が相対的に遅くなり，③出産期間は短縮した。また，高学歴化，生活水準の向上，女性の社会進出などとも関連して，④子どもが未婚のまま長期に親元にとどまるようになり，その結果，⑤親

表 2-1　将来推計人口の年齢構造に関する指標：1995〜2050 年

年次	人口割合（％）			平均年齢（歳）	中位数年齢（歳）	従属人口指数（％）			老年化指数（％）
	0〜14歳	15〜64歳	65歳以上			総数	年少人口	老年人口	
1995	15.95	69.49	14.56	39.6	39.7	43.9	23.0	20.9	91.2
96	15.66	69.25	15.10	39.9	40.0	44.4	22.6	21.8	96.4
97	15.38	68.97	15.65	40.3	40.4	45.0	22.3	22.7	101.8
98	15.11	68.70	16.19	40.7	40.7	45.6	22.0	23.6	107.2
99	14.86	68.44	16.70	41.0	41.0	46.1	21.7	24.4	112.4
2000	14.66	68.10	17.24	41.3	41.3	46.8	21.5	25.3	117.6
01	14.52	67.69	17.79	41.6	41.6	47.7	21.4	26.3	122.5
02	14.40	67.29	18.30	42.0	42.9	48.6	21.4	27.2	127.1
03	14.33	66.91	18.76	42.3	42.1	49.4	21.4	28.0	130.9
04	14.29	66.61	19.10	42.5	42.4	50.2	21.5	28.7	133.7
05	14.28	66.13	19.58	42.8	42.6	51.2	21.6	29.6	137.1
10	14.35	63.61	22.04	44.1	43.9	57.2	22.6	34.6	153.6
15	14.19	60.60	25.22	45.3	45.5	65.0	23.4	41.6	177.7
20	13.69	59.46	26.85	46.3	47.3	68.2	23.0	45.2	196.2
25	13.08	59.53	27.39	47.1	49.0	68.0	22.0	46.0	209.3
30	12.70	59.33	27.97	47.7	50.0	68.5	21.4	47.1	220.2
35	12.68	58.33	28.99	48.1	50.5	71.4	21.7	49.7	228.5
40	12.91	56.14	30.95	48.3	50.5	78.1	23.0	55.1	239.8
45	13.09	54.93	31.98	48.5	50.0	82.0	23.8	58.2	244.3
50	13.07	54.63	32.29	48.6	49.9	83.0	23.9	59.1	247.0

（注）　国立社会保障・人口問題研究所『日本の将来推計人口』（1997 年 1 月推計）による各年 10 月 1 日現在の推計人口（値）。
（出所）　国立社会保障・人口問題研究所［2000］。

としては子どもの扶養期間が延び，さらに，⑥長寿化した老親への扶養も生じることとなった。ある研究者は，この⑤と⑥を同時に引き受けることになった中年世代を，負担が大きいという意味で「サンドイッチ世代」と呼んだ。これらの変化は，当然，家族のあり方や家族関係，および家族役割に影響を与えることとなった。

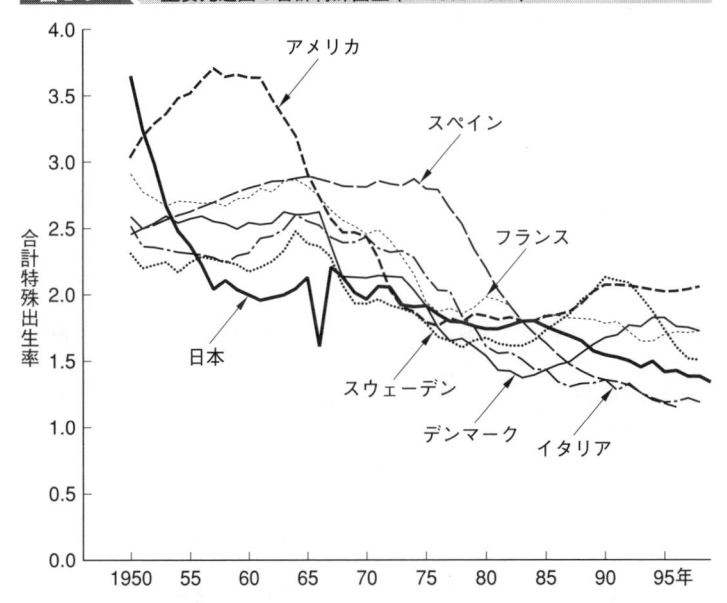

図 2-3　主要先進国の合計特殊出生率：1950～99 年

（資料）　UN, *Demographic Yearbook* および Council of Europe, *Recent Demographic Development in Europe and North America* による。
（出所）　国立社会保障・人口問題研究所［2000］。

2-2　女性のライフコースの変化

この半世紀に大きな変化を遂げたのは，女性のライフコースであろう。とりわけ1970年代以降，その変化は急激で，多様である。

女性のライフコースの変化は，まず，教育上の経歴において現れた。教育期間が相対的に延びたのは男性も同様であるが，半世紀前まで男性と異なる教育システムにおかれていた女性たちにとって，ここ30年間での高学歴化はめざましいものがある。女性の教育上のチャンスが拡大したことは，卒業後の進路に影響を与えた。卒業後に女性も仕事をもつことが一般的になり，そのことが結婚の意味

表 2-2　結婚持続期間別, 妻のライフコースの分布：第 10 回（1992 年）と第 11 回（1997 年）

(%)

地　域	妻のライフコース	結婚持続期間							
		0〜4 年		5〜9 年		10〜14 年		15〜19 年	
		10 回	11 回	10 回	11 回	10 回	11 回	10 回	11 回
全　国	一貫就業コース	32.7	36.5	22.3	25.9	21.0	24.0	24.6	24.3
	再就業コース	2.9	2.9	14.2	15.9	25.7	32.0	35.1	38.8
	専業主婦コース	53.8	54.5	46.6	51.4	32.0	36.7	18.6	27.7
人口集中地区	一貫就業コース	30.0	37.1	19.1	24.6	14.4	19.2	18.6	18.4
	再就業コース	2.8	2.5	12.3	13.6	22.8	30.7	35.3	37.9
	専業主婦コース	57.1	55.7	51.6	55.8	40.5	42.5	22.9	34.1
非人口集中地区	一貫就業コース	41.3	35.2	28.5	28.6	31.4	33.5	33.3	33.2
	再就業コース	3.2	3.9	18.0	20.9	30.3	34.5	34.8	40.3
	専業主婦コース	43.7	51.3	36.8	42.0	18.8	24.9	12.3	17.5

(注)　1)　本調査でのライフコースの定義。
　　　一貫就業コース：結婚前就業, 出生児なしは調査時点就業・出生児ありは出生時就業, 調査時点就業。
　　　再就業コース：結婚前就業, 出生時不就業, 調査時点就業（出生児ありのみが対象）。
　　　専業主婦コース：結婚前就業, 出生児なしは調査時点不就業・出生児ありは出生時不就業, 調査時点不就業。
　　2)　「その他のライフコース」の表中記載は省略してある。
(出所)　厚生省人口問題研究所［1993］および国立社会保障・人口問題研究所［1998］。

と結婚後の生活のあり方を変えた。そして, 仕事と結婚生活をめぐって, いくつかのライフコースの選択肢が女性の前に提示されることになった。そうしたなかで, 結婚（もしくは出産）後は仕事をやめるいわゆる「専業主婦コース」と, 結婚後一時期仕事をやめ, 子どもが大きくなったら再び仕事をするという「再就業コース」の選択が目立つ。また, 結婚・出産後もずっと仕事を続ける「一貫就労コース」は, いまだ少ないとはいえ, 徐々に増えてきている（表2-2）。

　こうしたライフコース上の変化は, 個人の結婚のタイミングに影

響を与えただけでなく，夫婦のあり方や，家族役割にも影響を及ぼした。結婚後どのコースを選ぶかということは，どのような家族役割を引き受けるかということと連動することになるからである。

　たとえば，「専業主婦コース」を選べば，家事や子育ての役割が夫よりも大きくなりがちであり，逆に，そうした役割は夫より妻の役割だと思っている女性は，「専業主婦コース」を選ぶ確率が高いと予想される。もっとも，これは夫婦である男女の勢力関係の問題でもあり，より勢力が大きい方が望むコースにもう一方が従うということも十分ありうる。男女の勢力関係には，ふつう，その社会の構造が強く反映しており，これまで，性別分業システムが強く残る社会のなかで，職業領域を中心に男性がより大きな勢力を保持し，その結果家庭内においても，経済関係において夫がより優位に立っていた事実は否めない。現在でも社会の基本的な構造がまったく変わったわけではないが，女性のライフコースが実際に変化してきたということは，社会全体の構造（とりわけ性別分業システム）の変化の反映として注目される。

2-3　多様なライフコースと家族

　たとえば，1980年代に生まれた人がたどるライフコースは，彼らの祖父母が子どもだったころ（1920〜30年代）には考えられなかったものである。第1に，誰しもこんなに長生きをするとは予想していなかった。第2に，長期にわたって教育を受けることは一般的なことではなかった。女性に関してはとくにそうである。第3に，男子には兵役期間があり，男性は自分自身の人生とそれとの折合いをつけなければならなかった。第4に，女性（の親）は「良縁」を望むことが「当然」であり，女性にとって良縁とは安定した収入のある男性との結婚を指していた。第5に，子どもは4，5人が「ふ

つう」で,「きょうだいのなかで子どもは育つもの」であった,等々。祖父母の世代にしてみれば,自分たちが生きていくなかで「人生」の標準的なあり方が大きく変わってきたことを,身をもって実感したことであろう。

つまり,ライフコースとは,基本的に「時代」の影響下にある。したがって,生きた時代が異なれば,「標準的な」ライフコースも異なる。このことが,ライフコース研究において「コーホート」間比較が取り入れられる理由である。コーホートとは,同一の出来事(「出生」「卒業」「結婚」など)を同じ時期に経験した統計的な集団のことで,たとえば同じ年に生まれた人々は,同じ「出生コーホート」に属することになる。

とはいえ,たとえ同じ時代に生きていても,社会的属性によって物事の経験の仕方は異なる。それは,祖父母の世代においてもそうであっただろう。性別,育った地域,親の階層,学歴,職業などによって,ライフコースにはそれぞれ異なる傾向が見られる。先の,コーホートの違いによる差異とならんで,同一コーホート内においてもこうしたある種の構造的差異が存在する。ライフコースとは「個人」の選択の結果であるが,そうした「選択」は,先にも述べたとおり,個人が生きた時代や,個人の社会的属性と無関係ではありえないのである。ライフコース・アプローチではたしかに多様性に配慮するが,「多様性」とは,たんに「いろいろある」ということではなく,社会の構造的層化の結果もしくは反映としての側面と,より多くの選択肢にアクセスできる自由度の増大としての側面との,2つの意味がある。今日,その2つの意味で「個人のライフコースは多様である」とみなされている。

さて,多様なライフコースを前提とすれば,そうした個人のライフコースに沿って営まれる家族のありようもまた多様でありうる。

さまざまな家族は個人のライフスタイルの反映でもあるが、ライフスタイルとしては「結婚しない」というスタイルもありうる。個人は、たいていある家族に生を受けるが、そうした生まれながらに与えられ、個人が位置づけられた家族を「定位家族」という。また、ある時点で結婚して夫婦としてのパートナーシップを形成し、子どもを産み育てていく家族を「生殖家族」という。今日、個人は通常この2種類の家族を経験するとされているが、その経験の仕方は多様でありうる。なかには、「生殖家族」を生涯経験しない人たちもいる。結婚しても子どもを持たない人、結婚しないで子どもをもつ人など、個人の家族経験もまた、多様化しているといえる。

　「家族」はけっして「夫婦と子ども」から成り立つものばかりではない。逆にいえば、子どもはつねに実の父と母に育てられるとは限らない。また、それが「理想」であるとも言い切れない。子どもにとっては、「身近な大人」として誰がいるかは大きなことだが、要は、それが誰であれ、子どもにとって「安全で、快適であること」である。

　今日、定位家族に期待されているのは「形態」でも「血縁関係」でもない。子どもにとって最も重要なセーフティ・ネットとしての機能である。定位家族に関してはいま、その機能を誰が、どのように担うのかが問われている。他方、生殖家族に関しては、夫婦の役割分担が最も大きな課題である。家庭を維持する責任、親としての責任を、男女がそれぞれ、他の役割とどのように調整するのかが、現代の家族における根本課題であろう。女性のライフコースの変化もじつはこの点をめぐって生じてきたのであるが、変化するのは女性だけでいいのであろうか。この点は、後に検討してみたい。

3 個人のライフステージと家族の生活課題

3-1 ライフステージと家族

個人が加齢していくに際しては、ただ、だらだらと年を重ねるというのではなく、いくつかの段階が設定できる。この考え方はライフサイクル論と同様であるが、ライフコース論においては、この段階設定には、年齢的に個人差があること、個人のおかれた社会環境条件によって異なること、さらに、文化的条件によっても異なることが含意されている。

個人の一生をいくつかの時期に区切るとすれば、①乳幼児期、②児童期（子ども期）、③青年期、④成人前期、⑤成人後期（中年期）、⑥老年期という区分がよく用いられる（高島・岩上・石川［1994］p.25）。この区分は、発達心理学からの援用であり、基本的には加齢に沿ったものだが、体力や身体的能力には個人差があり、また、それぞれの段階がいつからいつまでという点においても、とくに青年期以降では、個人差に加えて、それは社会の構造や文化によっても左右されるので一律の尺度化はできない。

それぞれの**ライフステージ**には、しばしば対応する「発達課題」が存在するが、社会生活に関してのものは、必ずしも全員が対象とはなりえないものもある。たとえば以前には、「成人前期」の発達課題として「結婚と新しい家庭の形成」があったが、この「課題」は今日では必ずしも普遍的とはいえない。「発達課題」には社会的期待が投影されているが、年齢や出来事に対する社会的規範は多様化しており、そのことが規定的な「発達課題」の設定を困難にしている。

とはいえ、家族のありようと期待される機能を考察するには、上

述のライフステージは便利な指標である。なぜなら，家族への関わりは加齢に伴って変化するものであり，「発達」という動的な視点を組み込んだライフステージの考え方は，具体的な家族の課題を検討する際には有用である。もちろん，人生のある時期から家族生活をしなくなる人もいるし，また，結婚するかしないか，いつ結婚するか，何回結婚するかは，今日では個人の選択に委ねられたことであり，あらかじめのモデル設定はできない。ここでの検討は「標準的出来事」の，「オン・タイム」での標準的推移（つまり，経験率50％以上の出来事経験に関する経験年齢の中央値もしくは平均値の組合せ）を目安にしている。「オフ・タイム」での経験や，経験率の低い出来事，あるいは非標準的出来事の経験と家族との関わりと課題に関しては，のちに検討する。

3-2 「標準的」な出来事経験と生活課題

上記のライフステージの設定に従って，ステージごとに想定される家族の標準的な生活課題について見ていくことにしよう。

[1] 乳幼児期　　まず，乳幼児期であるが，この時期は次の児童期とならんで，個人にとって家族が最も必要かつ重要な時期である。家族制度はこの時期のためにあるといっても過言ではない。子どもの発達にとって，他者との安定的な関わりが不可欠であり，子どもは安全と安心をまず家族から提供されるべきである。人間発達の土台づくりとして，家族と社会の責任は重大である。この時期には子ども自身への社会的サポートというよりも，新しい生命の人間発達の重責を担う親（家族）へのサポートが考慮されなければならない。

[2] 児童期　　次に，児童期（通常は小学生を指す）においては，安全と安心の提供という家族に期待された課題は基本的には

前の時期と変わらない。一方この時期には，発達的には家族外の他者との関係の広がりが期待されており，子どもは異なる種類の関係を学ぶことになり，その結果，受容や拒絶，ときには排除といった困難な世界も経験することになる。親は，新しい世界にとまどっている子どもを受け入れ，子どもが多様な関係をきちんと自己の世界に位置づけられるよう手助けをしてやる必要がある。とかく親は，この時期には「しつけ」の名目でみずからの判断を絶対のものとして子どもに押しつけがちだが，親の判断は判断として，子ども自身の判断を尊重し，また子どもが自分で判断する能力を培うように支援することが重要である。この時期の家族の課題は，子どもが将来「自立した個人」となるように，その道筋をつけてやることである。この視点がこれまでの日本の家族には欠けており，そのツケが青年期以降の「自立」の問題にもつながっていると思われる。

[3] 青年期　　　青年期とは元々，曖昧なステージである。いつから始まりいつ終了するか，明確な基準がないのは今日に始まったことではない。ただ年齢的には12〜14歳の思春期あたりから，最終的に教育期間を終えるあたりまでと考えられている。この終了時点をめぐっては，高等教育の普及で教育終了時期が法定成人年齢の20歳を超えることがしばしば生じるようになった結果，多くの「青年」が，「法的には大人」だが「社会的には一人前ではない」というアンビバレントな状態にさらされている。さらに「精神的に未熟」という事態がこれに加わり，現代の日本の青年はいってみれば三重苦の状態である。

青年期は基本的には未婚の時期と考えられており，したがって家族としては定位家族がこれに関わるが，家族の課題とは，この青年の「三重苦」状態の緩和であろう。つまり，社会的にも，精神的にもきちんと「自立」させ，不要の干渉を行わないことである。今日

の青年期は制度的にほぼ10年間にもわたる長い期間が想定されているので、青年期の初め頃と終わり頃とでは、家族への関わりもかなり異なる。したがって、親は徐々に、そして確実に子どもの自立を促すスキルを学ばなければならない。青年期とは基本的に「自立」をめざす時期である。自立はまず「親離れ」から始まる。親はそれを受容し、支える責任がある。理念的には、ライフコースにおいて青年期ほど「家族」から遠ざかる時期はない。この時期の家族の課題は、青年に基本的安全を提供しながら、自立を促すことにつきる。その意味では家族もまた「受け入れつつ、突き放す」というアンビバレントな課題を抱えているのである。

[4] 成人前期　　成人期の開始にあたっては、かつての通過儀礼のように、青年期からの訣別を示す明確な基準や時機設定があるわけではない。学校を卒業していわゆる「社会人」になることが1つの目安と考えられるが、「社会人」の定義自体曖昧である。また、それに関連する出来事である「卒業」「就職」「経済的独立」の時機も必ずしも一致しない。従来、20代、30代を中心とする成人前期における家族の課題とは、若い成人が結婚して家族をつくること、新しい夫婦間の関係を調整すること、および親になることなど、もっぱら「生殖家族」を前提としての課題が想定されていた。

今日では、そうした課題とならんで、20代、30代の未婚の子とその親という「定位家族」の課題も浮上してきている。日本では近年、年齢的にも20代あるいは30代に達し、最終学校を卒業して就職をしている若者が、いつまでも定位家族である親元にとどまり、物心両面で親への依存を続けている状態が見られ、もはや青年期とはいえないが従来の成人期とも異なる「ポスト青年期」とでも呼びうる、あらたかつ特異なライフステージが注目されている（宮本・岩上・山田［1997］）が、これは、青年期における家族の関わり

と連動するテーマでもある。

[5] **成人後期**　　この時期は年齢的には40代，50代が念頭におかれており，この時期で想定されているのは，標準的には，子ども教育期もしくは子ども自立期の生殖家族である。したがってこの時期は，子どもの立場に立てば，児童期および青年期，さらに成人前期の一部と世代間でステージが重なることになる。すなわち，前述の [2] と [3]，および [4] で指摘した親の課題がそのまま，このステージにおける生殖家族の課題でもある。さらにいえば，子どもとの関係とならんで，家庭責任をめぐる夫婦の関係の調整も大きな課題である。また，従来ほとんど視野に入れられてこなかったが，高齢化社会のなかで，同居であれ別居であれ，子どもとして高齢になった親をどう支えるかという課題も出現してくる。その意味でこの時期は，子どもへの責任と親への義務という2つの課題を突きつけられる「サンドイッチ世代」なのである。

[6] **老年期**　　この最後のステージにおいては，誰とどのように暮らすかということが最も大きな課題である。「子どもに囲まれた幸せな老後」という神話は過去のものとなり，高齢世代自身がみずからのライフスタイルを主張しはじめた。「子どもや孫に囲まれる」ことが必ずしも当人の望むライフスタイルではないことも多くなった。「一人暮らし」も増えた。この段階での最大のポイントは「健康状態」であろう。発達的にいえば，長い人生の最後のこの段階が「体力」「キャリア」および「人生に対する志向」において最も個人差が大きくなる。多様な高齢者の自己実現を尊重し，子家族と社会がそれを支えていくことが，このステージでの課題である。

3-3 「標準的」でない出来事経験と生活課題

ところで,何度も述べてきたように,個人のライフステージと家族ステージの組合せはじつのところかなり多様である。たとえば,結婚が30代の終わりで,40代で子どもを持つと,自分の年齢段階と家族のステージとは「標準」とはかなりずれることになる。60代で子どもがまだ10代という場合もありうる。「標準」では「老年期」にあたるが,彼/彼女自身は「退職」「みずからの健康」「配偶者との死別」といった「老年期」の課題と同時に,「中年後期」に期待された「子どもへの責任」と,場合によれば「親の扶養」という課題を背負うことになる。

こうした「オフ・タイム」現象は,「結婚」「出産」が規範的な出来事ではなくなり,かつ人生の持ち時間が延びた,すなわち時間の裁量が比較的容易になった社会では,しばしば起こりうることである。実際,この四半世紀,全体的な傾向を見ても,家族ステージの推移は個人のライフステージの後方へとずれ込みがちである。もっとも,「オフ・タイム」が標準より「遅い」場合ばかりとは限らない。10代での結婚・出産もありうる。彼らは,それらの出来事を想定された時期より「早く」経験したのであり,その結果「青年期」を一気に飛び越えることになる。

従来,「オフ・タイム」での経験は人生を困難にすると思われていた。少なくともライフコース論においては,「課題」への対処には「オン・タイム」より多くのエネルギーが投下されることになると考えられた。たしかに,10代での結婚,10代での親の死,30代での配偶者との死別という「早い」経験や,あるいは30代での初就職,40代での初婚,40代での初めての子といった「遅い」経験など,その社会が想定する「標準的な」時期から「オフ・タイム」での出来事経験は,年齢階梯的な社会制度との折合いをそのつど当

事者がつけなければならず，個人はそれに対処するためのエネルギーを相当要したであろう。社会の支援があまり期待できない時代では，そうした「より困難な」課題の対応へは，家族・友人・隣人などのサポートが不可欠であった。

今日でも，基本的には，その構造は変わっていないと思われるが，ただ今日では，「標準的な」出来事経験に対する年齢規範が曖昧になってきたこと，また同時に，年齢階梯的な社会の構造が崩れはじめてきていることなどから，数十年前と比べると，親の死などいくつかの出来事を除けばオフ・タイムによる「支障」は小さくなっているかもしれない。

さらに，一部の「非標準的」出来事経験への位置づけも変化してきた。たとえば，離婚，結婚をしない出産（シングル・マザー），再婚などは，「大多数が経験する」出来事ではないし，また社会が「期待する」出来事でもないゆえに，非標準的な出来事とされている。しかし，これらの出来事を経験する割合は近年上昇している。かつてライフサイクル論では「逸脱」として無視されたこれらの出来事を各ライフステージと重ね合わせれば，そのいくつかで，「離婚後の子どもとの関係」「経済生活の立直し」「再婚後の子どもとの関係」など，さらに多くの下位課題が浮上する。こうした課題解決のために家族と社会がどのように対応するかが，あらたなテーマとなっている。

非標準的な出来事にはまた，失業，転職，再就職，災害など，たとえ経験率は低いとはいえ個人のライフコースと家族生活に大きな影響をもたらすものも多く，もしこれらがたんに「個人的」経験の次元ではなく，特定の時代，地域，性別，年齢，職業，学歴に何らかの特徴的な傾向を示すものであれば，それは，家族と社会に関わる社会現象として普遍性をもちうる。

要するに，個人と家族との関係は，加齢とともに変化するだけでなく，社会の構造や個人の経験のあり方によってきわめて多様でありうる。「家族」はけっして一枚岩的な不変の集団ではない。個人は，ライフステージごとにさまざまな家族役割をもつと同時に，それぞれの個人が他と異なる課題を抱えてもいる。また，たとえ家族の生活課題は類似していても，それへの対応の仕方は，その時点での個人の年齢，健康，経済状態，人的資源のあり方などによって多様でありうる。個人は，それぞれに努力して家族をつくり，家族としての課題を果たしている。少なくとも家族へのアプローチに際しては，「これが理想の家族だ」というモデルは存在しない，ということを肝に銘じておくべきである。それが個人のウェルビーイング（well-being）を考える原点である。

4 ケアと家族

4-1　ウェルビーイングの追求

　人は誰でも，安心して，幸せに生きていきたいと望む。また，人生が実り豊かなものでありたいと願う。ライフコース論の基盤はそこにある。ただ，「安心」「幸せ」「実り豊かな人生」の「中身」はさまざまでありうる。マズローは，基本的安全から自己実現まで，人は何段階かの層化した欲求構造をもっているという説を提示した（Maslow [1962]）。生命が脅かされないという，最も基本的な欲求が満たされてこそ，次の欲求を感じることができ，そうして到達する最終的な欲求が自己実現だとされる。したがって，マズローのいう欲求構造の頂点に位置する「自己実現」とは，安全，安定，安心などの欲求充足を経て，みずからがそうありたいようにあること，とでもいうことができようか。いま，福祉の分野でいわれる**ウェル**

ビーイングの考え方も，この「自己実現」にきわめて近い。どの個人も「生命が脅かされることなく，人とつながり，安心して，自分らしく生きる」ことを支援することが，福祉の最も基本的な目標であらねばならない。

　ところで，このウェルビーイングの概念には，もう1つの源泉として「基本的人権」がある。すなわち，どの個人にも与えられている人間の尊厳に関わる権利である。家族は，個人のウェルビーイングの追求を支援する現実的な基盤であるとみなされている。とくに子どもは，家族によって第一次的にウェルビーイングが保障され，守られるべきである。その家族によって虐待を受け，生命の安全までもが脅かされている事態は何としても防止しなればならない社会の責務であるが，そうした事態が起こる背景には，子育ての担い手が母親だけに任され，母親自身が抑圧されていることがあることもしばしば指摘されている。**ケア**は，個人のウェルビーイングを支えるために提供されるものであるが，そのために，ケアの担い手のウェルビーイングが損なわれるという事態は，構造的に矛盾している。そこで，個人のウェルビーイングの追求という観点から，ケア役割をめぐるジェンダーの問題を考えてみたい。

4-2　ケア役割とジェンダー

　今日，人々が家族に期待している役割には，大きく分けて3つあるという。1つ目は，精神的なやすらぎ，2つ目が子育て，3つ目が高齢者の介護である。すでに述べたように，ライフステージに応じてこれらの必要度および期待度は異なるが，これらの期待自体が矛盾をはらんでいるといえる。たとえば，孤立無援で子育てに従事している母親は，家族に「精神的やすらぎ」を感じているのだろうか。また，四六時中目が離せない状態で親の世話をしている中年の

Column❷ 仕事と家庭生活の両立

　男女共同参画型社会構想の中心的なテーマの1つである。「男は仕事，女は家庭」という性別分業型の社会およびイデオロギーと訣別し，男女ともに「仕事も家庭もバランスよく」生きるという，あらたな社会の枠組みが示されるようになった。1980年代からEUなど先進国を中心に女性の社会進出が促進され，それに伴って標記の用語は，まず女性に対しての，ついで男女を問わず「市民としての個人」に対しての政策上のモットーとされた。80年代にいち早くこのテーマを社会政策として打ち出したのはデンマークであるが，今日では日本を含め，ほとんどの先進諸国において重要な政策目標とされている。

　この政策の背景には，女性の社会進出促進に伴う子育てをめぐる議論がある。女性の社会進出を妨げているのは，子どもは女性（母親）が家庭で育てるべきという規範が根強いからであり，家庭生活におけるジェンダーに偏った役割観をまず払拭すべきであることが議論された。そこで打ち出されてきたのが，働く男女の家族責任に関する国際規約（ILO第156号条約，本文中の説明参照）の制定と，育児休業や介護休業などの諸制度の整備，および雇用場面でのフレックスタイムやパートタイムなどの多様な働き方の積極的な導入である。こうした社会的な子育て支援の推進に加えて，これらはたんに女性にだけ適用されるのではなく，男女ともに適用されるべきだとのジェンダーに関する合意形成が90年代を通じて徐々になされてきたことも大きい。

　日本では仕事と家庭生活の両立の問題は，子育てだけではなく，高齢者（親）の介護の問題ともからめて論じられることが多く，これまで女性の役割とされてきた介護役割を，男女が，家族と社会を通じてどのように分かち持てるかということが議論の焦点となっている。

娘（あるいは嫁）は，家族をやすらぎの場と思っているのだろうか。ここには，家族内でのケア役割をもっぱら担当してきた（させられてきた）立場の視点が欠落しているように思われる。

　子育てにせよ，介護にせよ，「家族」に期待されているケア役割を具体的にはいったい誰が担っているかというと，たいていは女性であったし，いまでも基本的にはそうである。近代家族では，家庭内の家事，育児，病人や高齢者の世話は「女性の役割」と位置づけられた。男性は家庭外で働き，女性は家庭内の仕事に従事するという性別分業の制度が，200年前「近代社会」において確立したのである。それ以来，「育児」も「高齢者の世話」も女性が提供すべきものとされた。じつのところ，「精神的なやすらぎ」でさえ，女性は提供者でこそあれ享受者とみなされてはこなかったのである。

　ここ数十年，女性のライフコースが変化してきたのはすでに述べたとおりだが，多様なコースを選びうるようになったことを選択性の増大と見て評価する反面，結局，女性の方が家族的責任を果たすために仕事の持ち方を調整している結果だとする見方もある。日本の場合，女性の社会進出が進んだとはいえ，まだはっきりとM字型就労曲線を描いており，それを裏づけるように，「理想のコース」も「現実のコース」も，「結婚・出産で退職をして，子どもが大きくなってから再び仕事をする」という再就職タイプが最も高い割合を占めている（図2-4）。ちなみに，妻に対して夫が望むコースも同様である。もし，「子育ては女性が担う」ことが望まれるのなら，そのことによって女性のウェルビーイングが損なわれ，ひいては子どものウェルビーイングが危うくなることのないように，家族および社会のサポートが必要であろう。他方，「仕事を続けたい」と希望する女性に対しては，「仕事も子育ても」十分に行えるよう，家族の協力はもちろん，制度的なサポートが不可欠である。

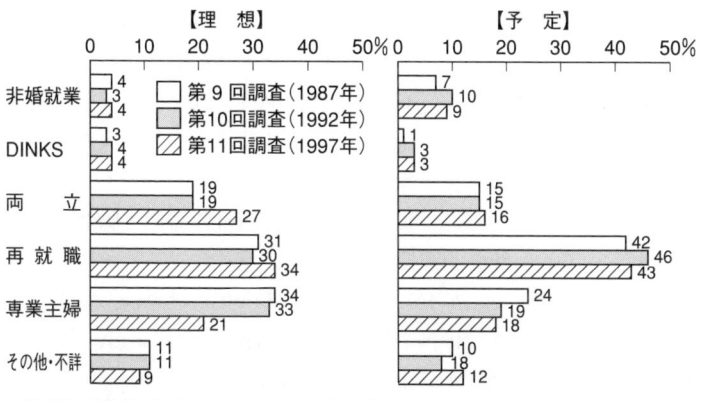

図 2-4　調査年別にみた，未婚女子の理想・予定のライフコース

【理想】　　　　　　　　　　【予定】

	第9回調査(1987年)	第10回調査(1992年)	第11回調査(1997年)
非婚就業（理想）	4	3	4
非婚就業（予定）	7	10	9
DINKS（理想）	3	4	4
DINKS（予定）	1	3	3
両立（理想）	19	19	27
両立（予定）	15	15	16
再就職（理想）	31	30	34
再就職（予定）	42	46	43
専業主婦（理想）	34	33	21
専業主婦（予定）	24	19	18
その他・不詳（理想）	11	11	9
その他・不詳（予定）	10	18	12

（出所）　国立社会保障・人口問題研究所［1999］。

　高齢者の介護にしても同様で，日本では以前も今も「在宅介護」を第1としているが，その潜在的な人的資源は，相変わらず家族である。「在宅介護」を支えるのは，何よりも行政，医療機関，地域，そして家族であるべきであるが，日本では，それはただちに「家族介護」と結びつき，それゆえに，在宅介護の担い手はもっぱら「妻や嫁や娘」と受け止められがちである。たまに夫や息子が仕事をやめて介護にあたれば，それは「美談」となる。

　いずれにしても，これまで**ジェンダー**に大きな偏りのあったケア役割に対して，今日，より平等なジェンダー間での配分が求められている。そのためには，ケアには，する権利とされる権利があることを認識し，「する・される」の両方の権利が男女平等のものとなるように制度化するとともに，ケアの社会化を促し，家族が無償で行うケアと，専門家が職業として有償で引き受けるケアとの組合せを進めていく必要がある。女性であれ男性であれ，ケアすることが「美談」であってはならないのである。

4　ケアと家族

4-3 家族への社会的サポート

家族は，ライフステージに応じてさまざまな課題を持っている。すでに見てきたように，ケア（子育て，病人の看護，高齢者の介護など）は，ライフステージを通じて家族に期待されている主要な課題の1つである。とはいえ，高齢期が長期化する一方，核家族化と少子化，およびシングルなど多様なライフスタイルの受容で，これらの課題を遂行するための「家族」内の人的資源は総じて脆弱になっており，こうした社会的背景をふまえて，家族によるケアに対しては外部からのサポートが不可欠である。そうでなければ，家族生活を営む個々人のウェルビーイングが損なわれる（とくに弱い「部分」にしわ寄せがいく）可能性が高いからである。

まず，子育てに関しては，子育ては基本的に親の権利であり責任でもあると位置づけ，男女が十分に親の権利を行使し，責任を果たすことができるように，制度と意識の改革を進める必要がある。子どものウェルビーイングの視点からみれば，「親」からのケアの提供は，実親であろうが継親もしくは養親であろうが，また同居であろうが別居であろうが，親の側の事情にかかわらず保障されなければならない。この考え方は「子どもの権利」の観点から EU のほとんどの国で採用され，法的整備も行われている。ところで，親が子どもをケアするためには，仕事もしくは職場との調整が不可欠だが，1981年に ILO（国際労働機関）は，子どもが一定の年齢に達するまでは，子どもをケアする親の責任を重要な「家族責任」とみなし，男女労働者が家族責任を果たす権利を規約に定め（156号条約），子どもをもつ男女（親）に対して，仕事と家庭生活の両立支援を打ち出している。

次に，もう1つの大きなテーマである高齢者（老親）の介護であるが，先進諸国では基本的に，これは家族というよりも社会の課題

であるという立場をとっている。とはいえ実際には，介護に家族が一定の役割を果たしていることはたしかであり，とくに在宅介護の場合には欧米でも娘の役割は大きい。直系家族の伝統のある日本では，かつては家を継ぐ長男が親と同居し，長男の妻（嫁）が夫の親を介護するという規範が存在していた。家制度のなくなった今日では，介護の担当者は「長男の妻」という規範は弱まったとはいえ，嫁がダメなら娘へとその対象を転化させつつ，相変わらず「家族内の女性」が引き受ける構図は根強く見られる。

そうしたなかで，介護される高齢者のウェルビーイングと介護する家族メンバーのウェルビーイングとは，介護が長期化すればしばしば深刻な葛藤状態に陥り，両者ともにウェルビーイングが損なわれることが指摘されている（春日［2000］）。2000年4月から日本でも介護保険制度がスタートし，高齢化社会のなかで高齢者のケアの問題は，最も中心的な社会の課題になりつつあるが，何よりも相対的に弱い立場の高齢者のウェルビーイングがまず保障されるような家族と社会の連携が望まれる（図2-5参照）。高齢者は，長いライフコースの経験を経て，つまり「人生の物語」をもってそこに存在しているのであり，家族も専門ケアラーも，そうした「物語」への配慮を忘れてはならない。

これまで述べてきたように，ケアは家族の大きな課題である。しかし，その課題の遂行には，多くのサポート（家族外資源の導入）が必要である。ケアが社会で対応すべき問題として共有されるためにはまず，それが母親とか，妻とか，あるいは嫁，娘といった，特定の家族メンバーによって引き受けられるものという考え方から解放されなければならない。これまで，それはもっぱら家族内の女性に期待されてきたゆえに，ケアはジェンダー問題として大きな領域を占めていた。今後，ケアの問題は，家族の課題としてばかりでなく，

図 2-5　介護保険制度周知のポスター

(出所)　厚生省［2000］『厚生白書』平成 12 年版。

社会全体の課題として議論されるようになると思われるが，私たちは 21 世紀社会において，よりジェンダーに敏感に「ケアする権利とケアされる権利」を自覚しながら，ライフコースを通じてさまざまな家族の絆を取り結んでいくことを学ぶ必要があるのではなかろうか。

● 演 習 問 題 ●
1　ライフコース論がなぜ登場し，また，それはどのような考え方か，説明してみよう。

2 章　ライフコースと家族

2 あなた自身のライフコースに即して、ライフステージの変化に応じての、個人と家族の関わり方の違いについて述べてみよう。

3 個人のライフコースに即したサポートのあり方について、例をあげて考えてみよう。

4 家族におけるケア役割をめぐって、いま最も話題となっていることについて、グループで話し合ってみよう。

■ 引用文献

春日キスヨ［2000］『介護にんげん模様』朝日新聞社

厚生省人口問題研究所［1993］『平成4年第10回出生動向基本調査（結婚と出産に関する全国調査）第Ⅰ報告書　日本人の結婚と出産』研究報告資料第7号

国立社会保障・人口問題研究所［1998］『平成9年第11回出生動向基本調査（結婚と出産に関する全国調査）第Ⅰ報告書　日本人の結婚と出産』研究報告資料第13号

国立社会保障・人口問題研究所［1999］『平成9年第11回出生動向基本調査（結婚と出産に関する全国調査）第Ⅱ報告書　独身青年層の結婚観と子ども観』研究報告資料第14号

国立社会保障・人口問題研究所［2000］『人口統計資料集2000』研究資料第299号

高島秀樹・岩上真珠・石川雅信［1994］『生活世界を旅する』福村出版

正岡寛司［1995］『家族過程論』放送大学教育振興会

宮本みち子・岩上真珠・山田昌弘［1997］『未婚化社会の親子関係』有斐閣

Elder, Glen H., Jr. [1977], "Family History and the Life Course." *Journal of Family History*, 2 (4).

Maslow, A. H. [1962], *Toward a Psychology of Being*. Van Nostrand.（上田吉一訳［1979］『完全なる人間』誠信書房）

3章 地域社会

▶近代的な都市の景観も人々の絶えることのない生活を基盤に成立している。
（共同通信社提供）

本章で学ぶこと

本章は，まずマクロな視点から産業化に注目し産業革命に始まる都市化過程に関する英米での研究の歩みやその成果を紹介します。ついで戦後日本の都市と農村をめぐる人口動態について政策との関連から概観します。社会変動は生活者として地域で暮らす人々にさまざまな影響を与えます。現代社会における地域社会の実相として社会変動がもたらした生活変動と生活課題に対する地域の社会集団・組織の対応について福祉施設 – 地域社会コンフリクト事例や町内会・自治会の今日的課題などを通して見ます。人々は新たに生じる生活課題へどのように対応していけるのか，居場所という観点からあらたなコミュニティ形成に向けての課題について見ます。

1 生活変動と地域社会

1-1 生活課題への対応と地域社会

今日の地域社会は，生活上の連帯性や共同性の基盤が脆弱化してきており，人々は社会変動の影響を受けつつ，地域での**生活課題**へのあらたな対応を迫られている。生活課題はそのままの形では解決すべき共通の社会的課題として認識されることはない。解決の必要性が社会のなかで争点化し，社会的な解決の必要性についての合意が形成されたとき，公共政策の課題として認識されることになる（古川［1997］）。

社会変動は生活にさまざまな影響を及ぼし，それらによって人々は一方で生活のあり方を規定されながらも，他方で人々は変化に対して主体的な対応のあり方を模索しつつ日々の生活を営んでおり，「生活のあり方は，経済社会によって一方的に規定されるのではなく，社会環境の変化を受けとめ，自らの内に集約しつつ変貌する自己組織的な性格を帯びている」といえる（中川［2000］p.88）。

生活者としての地域住民の生活課題への対応は，地域社会がそれぞれの経緯をたどるなかで形成してきた生活環境のもとで利用可能な社会資源の動員によって可能になる。生活環境は産業構造や人口構造などの当該社会の変動状況に規定されており，また生活課題への対応にあたっての社会資源の活用の仕方は，生活者がその生活をおくっている地域社会の生活文化と生活様式によっても規定される（図3-1参照）。生活文化とは，その地域に生活する人々に内面化された規範を含む，行動や意識を規定したり方向づけたりする価値体系のことである。

ところで，都市化の進展は**都市的生活様式**の全般化をもたらした。

図 3-1　生活変動と地域社会

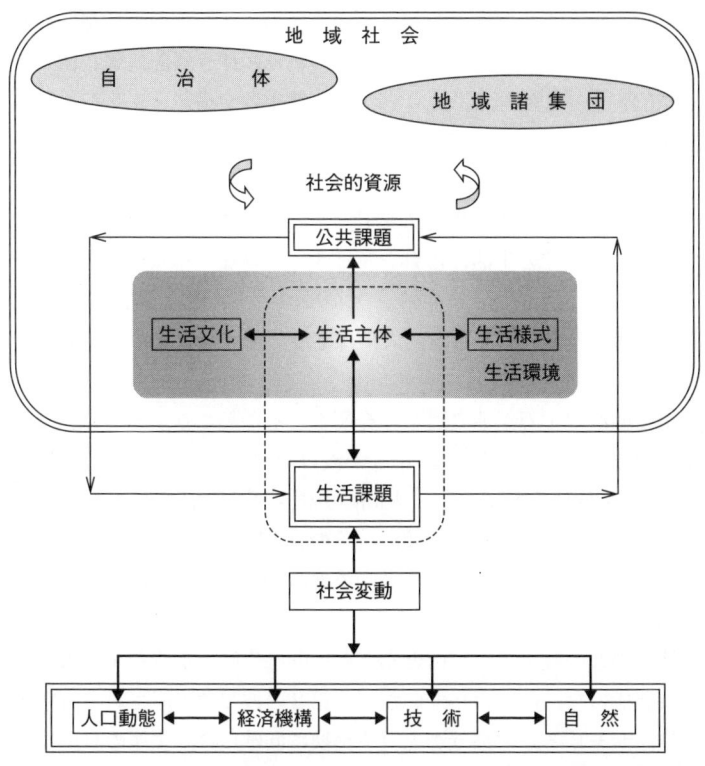

```
地域社会
　自治体　　　　地域諸集団
　　　　社会的資源
　　　　公共課題
　　生活文化 ⇔ 生活主体 ⇔ 生活様式
　　　　　　生活環境
　　　　生活課題
　　　　社会変動
人口動態 ⇔ 経済機構 ⇔ 技術 ⇔ 自然
```

森岡清志によれば都市的生活様式とは，共同的生活問題が専門的サービスによって処理されるような専門的処理システムによって，共同問題の専門的処理行うことを原則とする生活のあり方とされる。この都市的生活様式に対して，個別的生活課題の解決・達成に関わるパターンを，**都市的生活構造**という。

生活構造は，都市社会学では個人の社会参加構造として論じられてきたが，森岡は都市的生活様式論と生活構造論とを統合し，生活

構造をとくに都市的生活構造と呼び，生活課題の達成に伴う資源動員に焦点をあてる概念とした。都市住民のみずからの生活課題の解決・達成に関わる生活構造は，生活の営みに伴う資源処理が個人の選択的・選好的処理であることから，都市社会構造と文化システムを媒介する概念として位置づけられた（森岡[1990]）。

1-2 産業化と社会生活の変化

まず，地域での生活に影響を及ぼすマクロなレベルでの社会変動過程について見ることにする。アルビン・トフラーが1980年に著した『第三の波』によると，人類は2度の巨大な変化の波を経験した。

第1の波は1万年前の農業の発明とともに起こり，第2の波は産業革命とともに始まった。第3の波はいま起こりつつある段階で「新しい家族様式を招来し，人間の労働と愛と生活の新しい道をひらき，新しい経済と新しい政治抗争の幕を開けるが，なにものにも増して新しい意識を導入するものである」とし，すでに部分的に存在すると述べている。

第1の波の経済では，ほとんどの人間は生産と消費を1つの生活維持機能のなかに融合していたが，第2の波では生産される食糧，財貨，サービスの大部分が売買や交換に向けられ，生産の目的は自己消費から交換に変わり，経済全体が「市場化」された。

トフラーによると産業革命は新しい科学技術と社会制度と情報手段を持ち，そのすべてが緊密に組み合わさってみごとな統一を持つ社会制度を作り上げると同時に，「見えない巨大なくさび」が人間の生活を生産と消費という2つの面に引き裂き，その結果古い社会の底にあった統一を引き裂き，経済的緊張，社会的抗争，心理的苦痛に満ちた生活を現出させたとする。

産業革命の衝撃は地域社会の生活にも及ぶ。第1の波の社会のエネルギー源が，水力，風力などの広範囲に散在するものであったのに対し，第2の波の社会のそれは特定の地域に存在する化石燃料であった。すなわち分散したエネルギー源から集中したエネルギー源に依存することとなり，エネルギー体系と生産制度と流通制度は，相互に関連しあい社会の変化を促した。集中した化石燃料への依存は，生産の場を都市に集中させ巨大都市の発展をみたのである（Toffler［1980］pp.26-89）。産業革命の結果まったく新しい型の都市である**産業都市**が誕生した。

2　産業都市の誕生と都市研究

2-1　都市研究の科学化

　産業都市には，その基盤としての工業の発展の側面を光とすれば，同時に影の側面としてさまざまな**都市問題**が存在していた。19世紀のロンドンは急成長を遂げ，過密による都市環境の悪化，貧困層の増大などが社会問題として認識されはじめた。

　この当時の都市の下層社会の実相をロンドンを対象として社会踏査という方法によって明らかにしたのがチャールズ・ブースである。ブースは，①貧困の空間分布について地図を利用して示したこと，②一定地域における社会階級と社会諸制度との関係についての関心を持っていたこと，③社会踏査によって得た資料を操作し原因を発見しようと試みたことの3点において社会学への貢献をなしている（Easthope［1974］）。彼の貧困調査は，産業社会に特有な貧困という社会現象を，一定の限界があるとはいえ，はじめて社会的レベルにおいて「科学的」方法を通して実証したこと，またその実態を「数量化」したこと，さらにそれを絵画的に表現することに成功したこ

と，また「貧困線」という概念をはじめて提示したことによって評価される（阿部［1994］）。

アメリカにおける資本主義経済の進展とともに急成長を遂げた都市シカゴを対象としたシカゴ大学の社会学者たちは都市研究の科学化を進めた。初期**シカゴ学派**は，プラグマティズム哲学を理論的支柱としながら社会問題の解決に深く関わっており，それらの調査研究はすべて「臨床社会学」と呼びうるものであった（藤沢［2000］）。

シカゴ都市社会学を象徴する言葉である「**社会的実験室としての都市**」は，「社会的実験室としてのセツルメント」の転じたものであり，シカゴ大学社会学科草創期の実践的な関心は，セツルメント活動と社会学との連関を重視するものであった（大澤［1993］）。1889年にジェーン・アダムズらによって社会改良運動に基づく奉仕活動のためにシカゴ市の居住環境の劣悪な地域に創設されたセツルメントハウス，ハル・ハウス（Hull-House）においては，フローリアン・ズナニエツキとの共著『ヨーロッパとアメリカにおけるポーランド農民』で知られるウィリアム・トマスが，ジョージ・ハーバート・ミードらと講義を行うなど，移民問題，黒人問題，地域社会の改善，売春問題，女性の参政権等の問題に深く関わっていた（藤沢［2000］）。

またハル・ハウスが1893年に取り組んだ周辺のスラム街調査は，ブースの都市調査をモデルとし，移民居住区を悉皆調査し結果をマッピングして示した。その社会認識の方法は「ハル・ハウスが社会問題に対処するために必然的にもたらされたものであったと同時に，近隣スラム住民へとおくりかえされ現実的・実証的な社会認識が彼らの自己認識となるべく指定された」ものであり，シカゴ大学社会学科の大学人との関連においてシカゴ都市社会学の端緒をなすものとされる。それは「シカゴ社会学が発展させてゆくことになる方法

論,コミュニティへの着目,参与観察・生活史・共感的省察といった質的方法,そして人口要因や地理空間へのマッピングという定量的技法をすでに開発した」内容としてもつものであった(大澤[1993] pp.170-71)。

シカゴ学派は資本主義発展期の都市化に伴う都市の社会的諸現象の病理的側面に着目した研究を進めた。都心に隣接した地区を遷移地帯(zone of transition)と呼び頽廃的地域と性格づけたアーネスト・バージェスの**同心円地帯理論**,各地を渡り歩く労働者であるホーボーの研究,ネルス・アンダーソンの『ホーボー』(1923年),フレデリック・スラッシャーの『ギャング』(1927年),ハーベィ・ゾーボーの『ゴールドコストとスラム』(1929年),理論仮説として日本の都市社会学研究にも大きな影響を与えたルイ・ワースの「**生活様式としてのアーバニズム**」(1938年)などが知られている。

またシカゴ学派の大都市シカゴの研究に対して小規模な都市を対象にひとつの複雑な相互関係をもつ単位とした研究として,リンド夫妻の**ミドルタウン調査**やロイド・ウォーナーの**ヤンキー・シティ研究**が知られる。

ミドルタウン調査は,1924〜25年と35年の2回にわたりアメリカの典型的な中西部の都市,インディアナ州マンシーを対象に行われ,生計の維持,家庭生活,子どもの教育,余暇の利用,宗教行事への参加,コミュニティ活動への参加という6つのカテゴリーによって産業化の過程におけるその動態を参与観察法を用いて観察した。

ヤンキー・シティ研究は,1930年から35年にかけてマサチューセッツ州ニューベリポートを対象に参与観察法による調査を行い,コミュニティを階層という視点から分析し,また外部資本の進出が伝統的な社会関係に与える影響などを明らかにした。

2-2 都市社会問題の変容

　産業化に伴う社会変動過程という観点からの初期の都市研究には，問題地域や貧困層を対象とするものが多くみられた。都市社会問題は「資本主義の社会問題」として初期段階から存在したが，古典的社会問題の特徴は，問題群がある特定の階級・階層を担い手とする点にあった（吉原［1988］）。特定の階級・階層の抱える問題は，空間的にも反映され**スラム（slum）**としてセグリゲーション（凝離）され，特定地区に問題は凝集して発現した。またリンド夫妻やウォーナーらのコミュニティ・スタディは，中産階級に観察の目を向けた最初の社会学的研究として重要である（Easthope［1974］）。

　資本主義発展期の都市化過程に対して，成熟段階を迎えた都市が衰退に向かうという逆都市化過程で生じる問題が**インナーシティ問題**である。それは1970年代に都市の衰退現象とともに先進資本主義諸国の大都市に共通する都市の新しい現象として注目されるようになった。新しい現象は，都市自体の衰退と大都市中心周辺部のインナーシティ（旧市街地）での社会的荒廃を特徴とし，インナーシティ問題は後者に強調点をおくイギリスでのネーミングである。大都市の衰退は，重化学工業からハイテク産業への産業基盤や地域間構造の転換，脱工業化の進展といった一国レベルでの経済・社会変動を背景とする現象である。衰退期の大都市のインナーシティでは，経済基盤の弱化，都市基盤施設の老朽化，社会的諸条件の悪化，エスニック・マイノリティや高齢者の滞留，高い失業率と貧困層の密集などの，多様で複合的な要因による社会問題が発生し，福祉的な課題も多い。

　イギリスでのインナーシティ問題は，当初は繁栄している社会において問題を抱えた家族や個人が引き起こす不適応問題とみなされてきた。しかし，その後の調査でそのような見方から，国内外での

経済的基盤の変化にむしろその要因はあるとし，貧困問題のそれも資本主義的システムの下での資源をめぐる競争の結果としてあり，産業社会の成熟化がそれらの背景をなすと考えられるようになった（成田[1987]）。

1970年代以降，国際分業は先進国，中進国，途上国という段階的な関係に応じてそれぞれ中核，半周辺，周辺という位置づけをもった新しい**重層的なパターン**に変化し，さらに東西冷戦終結により経済の地球規模化が進展し，生産，流通，消費が国家の枠を超え，経済活動やそれに伴う社会現象が世界的規模で展開される**グローバリゼーション**が進行しあらたな状況が生まれている。

3 都市と農村の社会変動

3-1 戦後日本の人口動態

第2次世界大戦後の日本での都市社会問題は，高度経済成長が本格化しそれに伴う都市化が進展した時期にみられ，さらに1970年代に入り高度経済成長の歪みや全般的都市化の矛盾が顕在化し，それが生活問題＝生活困難として一挙に噴出するようになった（吉原[1988]）。ここでは，まず戦後の社会変動過程と地域との関わりについてみることにする。

戦後復興において産業基盤の整備が工業地帯を中心に進められた結果，しだいに大都市圏と地方との格差が生じ，その是正が求められるようになった。過密問題は，工業化過程において都市的産業が発達するのに伴い農村部から都市部へ，とくに大都市圏に人口が急速かつ過度に流入することの結果生じる，さまざまな社会問題であり，生産基盤，生活の基礎条件の厳しい農山漁村における人口の大量かつ急激な流出による過疎問題の対極をなすものである。日本で

図 3-2　人口移動の推移

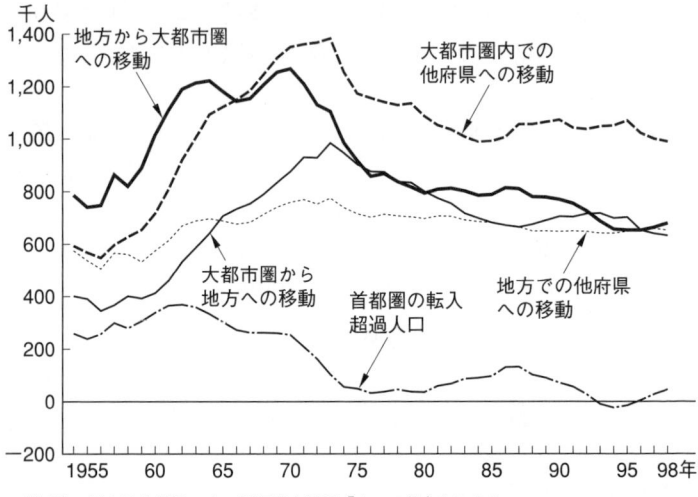

（グラフ中の凡例）
- 地方から大都市圏への移動
- 大都市圏内での他府県への移動
- 大都市圏から地方への移動
- 首都圏の転入超過人口
- 地方での他府県への移動

（資料）　国立社会保障・人口問題研究所編「人口の動向」による。
（出所）　（財）矢野恒太郎記念会編［2000］『数字でみる日本の100年』改訂第4版，国勢社。

は1960年代の高度経済成長期にこの両極化現象が始まり，今日でも国土政策上の大きな課題となっている。

そのため1962年の**全国総合開発計画（全総）**に始まる拠点方式の国土開発が行われ，以後69年の**新全総**，77年の**三全総**，87年の**四全総**，そして98年には第5次全総にあたる「**21世紀の国土のグランドデザイン**」が策定されてきている。しかし，東京圏を主軸とする国土構造は基本的には変化が見られていない。一極一軸型の国土構造のなかで各地域ごとの生活課題は異なった形で生じている。

産業基盤の整備や工業化の推進は，人口動態などにも大きく影響を及ぼしている（コラム参照）。高度経済成長期を支えた労働力は，農村からの大量の移動によるものである。そしてこの大量の労働力の，一方での農村からの流出，他方での都市への流入は，それぞれ

Column ❸ 社会変動連関図式

　産業革命に始まる社会の変動過程について十時厳周は変動連関図式によって整理した。この図式は，技術革新の衝撃力とそれを受け止めながら社会を変化させない方向に強く作用する在来規制力間相互の拮抗関係を分析するためのものである。すなわち「技術革新は経済機構を否応なしに変革し，新しい経済機構は人口動態（人口増加，地域間・職業間移動等）の変動を誘発し，それが社会機構（家族・村落・都市・企業等における人間関係）を変化させ，政治組織（投票行動・政党組織・権力配分等）を変革させ，価値体系（価値観，人生観，世界観等）をも変化させていく，中期，長期の一連の連続的な変動過程の筋道を示している」が同時に，価値体系，政治組織，社会機構における在来状況の諸々の規制力が，あるときには変革を推進する力となり，またあるときには変化に対する足枷として作用するという種々の状況を示している。1970年代以降は，世界を凝縮した1つのシステムとして考えるグローバルな視点が必要であるとし，それは図のように表示される（十時厳周［1992］「現代社会の社会変動」同編『現代の社会変動』慶應通信）。

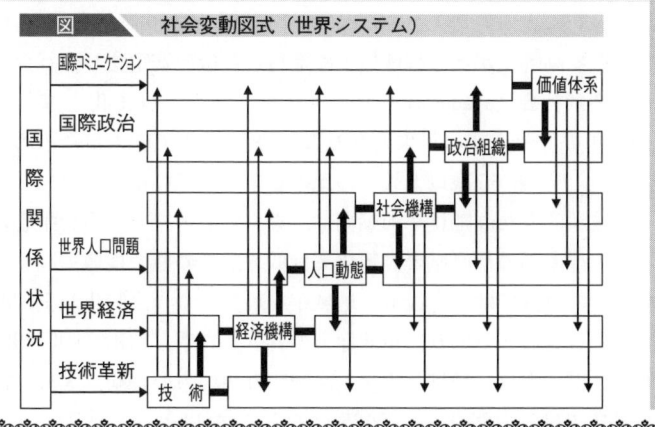

図　社会変動図式（世界システム）

（国際関係状況：国際コミュニケーション，国際政治，世界人口問題，世界経済，技術革新／技術→経済機構→人口動態→社会機構→政治組織→価値体系）

3　都市と農村の社会変動

の地域の社会生活を変容させた。都市への人口の集中をみた都市化過程は，高度経済成長期における第1次産業から第2次，第3次産業への産業構造の転換とそれに伴う雇用者増加の過程でもある。都市を中心とした経済成長と雇用先の増大は，青年男女の就職や進学に伴う転出を促した（図3-2参照）。

日本における社会変動の趨勢は，人口の**高齢化**，**少子化**，高学歴化，経済の低成長化，国際化の進展などによって特徴づけられる。このような趨勢のもとでとくに注目されているものの1つが高齢化である。平成12年版『厚生白書』には「新しい高齢者像を求めて」という標題が付されている。この白書に依拠しながら高齢化の動向について見てみる。一般に，高齢化率は65歳以上人口が総人口に占める比率，すなわち老年人口比率によって示されるが，1947年の4.8％から次第に上昇し，50年4.9％，60年5.7％，70年に7.1％，80年9.1％，90年12.0％と変化し，そして2000年には2187万人で総人口の17.2％にあたる。日本は，70年代に高齢化率が7％を超えて高齢化の進展しつつある社会とされる**高齢化社会**（aging society）に入ったのち，95年には14.6％となり高齢化率が14％を超えて高齢化がある程度以上に進行した後の安定化した社会とされる**高齢社会**（aged society）を迎えた。一方で少子化も進行し，2000年の0～14歳の年少人口の数は1860万人で総人口に占める割合は14.7％と65歳以上人口の比率を下回っている。

地域別にみた高齢化率の動向は，東京，名古屋，大阪を中心とする3大都市圏の都府県の高齢化率は低く，その他の地域で高くなっている。白書では「今後も，地域差を維持しつつ高齢化が全国的に進行する見通しであり，東北地方の青森，岩手，秋田や中国四国地方の島根，山口，徳島，愛媛，高知，九州地方の長崎，大分，宮崎，鹿児島では，高齢化率が2025年で30％を超えると見込まれてい

図 3-3　都道府県別高齢化率の推移

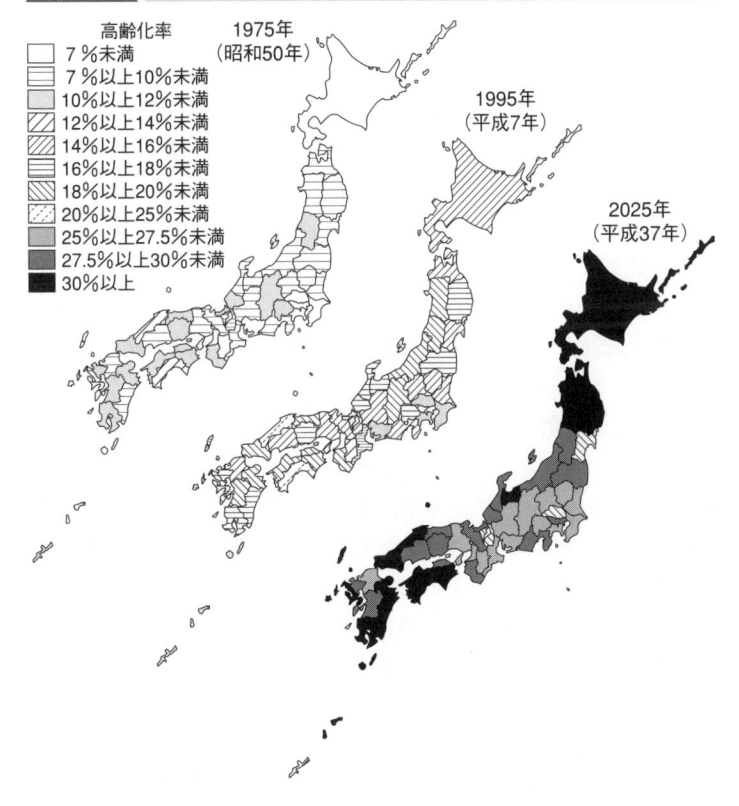

高齢化率
- 7％未満
- 7％以上10％未満
- 10％以上12％未満
- 12％以上14％未満
- 14％以上16％未満
- 16％以上18％未満
- 18％以上20％未満
- 20％以上25％未満
- 25％以上27.5％未満
- 27.5％以上30％未満
- 30％以上

1975年（昭和50年）
1995年（平成7年）
2025年（平成37年）

（資料）　1975，95年は総務庁統計局「国勢調査」，2025年は国立社会保障・人口問題研究所「都道府県別将来推計人口（平成9年5月推計）」。
（出所）　平成12年版『厚生白書』。

る」とし，全国平均の約15〜20年を先取りするものであると指摘している。また世帯主が65歳以上の高齢世帯が一般世帯に占める割合は，2020年にはすべての都道府県で30％以上となり，40％以上となる県が7県になるとする（図3-3参照）。

3　都市と農村の社会変動

高齢化の進展が遅かった3大都市圏では，今後急速な高齢者人口の増大が予想される。その背景には，終戦直後に生まれた第1次ベビーブーム世代が，進学や就職で地方から流入し，そのまま定着をみたことがある。この大量に流入した世代の人口の住宅確保のためにニュータウン開発が行われたが，それらの地域では今後高齢者向けのサービスや施設の需要が予想される。また地方都市では，政令指定都市を中心市とする大都市圏や県庁所在地などの人口の多い都市での顕著な高齢者人口の伸びが予想されている。1936年から50年生まれの世代では，70〜85％近くまでが雇用者で，退職した雇用者の地域社会での関わり方なども課題として指摘されている。

3-2　生活変動と地域の生活課題

　これまでに見てきた社会変動過程を経て成立した今日の**都市型社会（urbanized society）**にあって，生活を営むうえで生じるさまざまな課題に対する共同・協働的対応のための「場」（社会的空間）の再編や形成が求められている。都市地域のみでなく農村地域でも地縁，血縁に基づく伝統的な相互扶助を支える基盤が弱体化し，新たな相互支援関係の構築が課題となっている。

　都市地域では急激な人口集中に伴うさまざまな生活課題への制度的専門的対応が迫られ，農村地域でも農家の生産と生活の基礎的条件となり，また共同を前提として成立していた集落の生活環境維持機能や自治の機能が衰退し，さらに農家自体の「家」としての側面も弱体化するようになった。だが農村社会はそのおかれた社会的経済的条件に適応しながら生産の基盤となる社会関係をその根底部分において維持してきた。家産維持観念に見られる「家」の論理や「ムラ」を基盤とする伝統的な社会関係，社会慣行の残存が，生活課題への制度的専門的対応，たとえば福祉サービス利用の必要性を

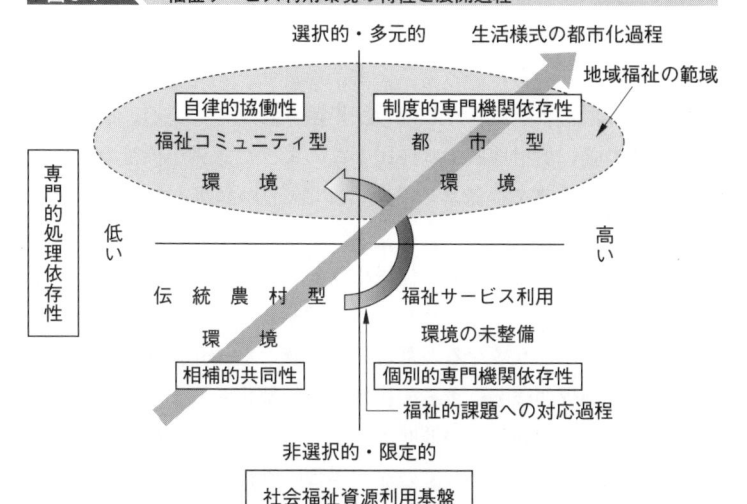

図 3-4　福祉サービス利用環境の特性と展開過程

```
           選択的・多元的    生活様式の都市化過程
                   │          ／
                   │        ／  ← 地域福祉の範域
      ┌─自律的協働性─┐ ┌─制度的専門機関依存性─┐
      │ 福祉コミュニティ型 │ │   都 市 型    │
      │    環  境     │ │   環  境     │
      └──────────┘ └──────────┘
 専  低　────────────────────── 高
 門                 │
 的                 │
 処      伝 統 農 村 型    福祉サービス利用
 理         環　境       環境の未整備
 依      ┌─相補的共同性─┐ ┌─個別的専門機関依存性─┐
 存                      └─ 福祉的課題への対応過程
 性
               非選択的・限定的

           ┌──────────────┐
           │ 社会福祉資源利用基盤 │
           └──────────────┘
```

潜在化させてきた（柄澤・三本松［1993］）。

図 3-4 は，**生活様式の都市化過程**の進展に伴う福祉サービス利用環境について専門的処理依存性の高低と社会福祉資源の利用環境の選択可能性とを軸に整理したものである。福祉的な課題への対応は，伝統農村型環境にあっては，親族や近隣関係を中心とした互酬的関係性のなかで解決が図られてきた。農山村に代表される伝統的な地域社会での関係性は，個々の家族成員を超えた家としての関係を基盤とする地縁的あるいは血縁的な社会関係が形成されている。それに加えて家族構成員のそれぞれが，それぞれの人生のさまざまな過程のなかで経るライフステージにおいて地縁的関係を構築している。したがって伝統農村型環境にあっては相補的共同性が特性となる。だがこのような環境での生活課題は，個人の人権という観点から見た場合潜在化しがちである。すなわち，家としての世間体を守るた

めには「寝かせきり」や「老人虐待」という形で人間としての尊厳性や人権が侵害されたりしがちである。福祉に対するその重要性の認識が深まりつつある一方で，いまだ福祉サービスの利用が「家」の恥と受け取られることはしばしば指摘されてきている。とくに，伝統意識の強い農村地域では住民のこのような意識が福祉の利用を避けさせ，障害者や高齢者の介護は，「家」の私事として対応をみてきたのである。

　都市化が進展するとともに住民相互の直接的つながりのもとでの生活課題への対応は困難になり，人々はそれらへの対応を専門的処理機関に委ねるようになる。たとえば家族のもつ介護機能が社会福祉施設などの専門機関によって代替され外部化するようになる。この場合，都市化や高齢化の進展がいまだ深刻ではなく福祉サービスの利用環境が制度的に整っていない場合には福祉ニーズを有する者の個別的対応とならざるをえない。だが現実には福祉の充実が焦眉の急を告げる課題とされる今日においてさえも，いまだ福祉ニーズが生じた場合，まず家族内でその対応を図ろうとすることが多い。家族内で可能な限りのところまで対応が図られ，その後はじめて社会福祉専門機関に委ねられることになる。これはその社会的基盤としての家族や地域における社会関係の弱化がしばしば指摘される都市地域においても社会的な拘束力が弱化したとはいえ，「世間体」といわれる相互監視のまなざしが社会福祉サービスの利用を妨げているからである。

　今日の状況は，介護保険制度の導入により福祉課題への対応を制度的専門機関に依存する都市型環境の整備が進められている段階といえる。介護保険制度の場合，いまだ各自治体によって取組みに差異が見られる。サービスを利用するための条件は全国同じであるが，必要なサービスを利用できるかについては自治体間で格差が見られ

るため，それまで住んでいた自治体からよりよい介護条件を得られる自治体へ移住する「介護移住」が見られるようになり，市町村の介護力を指数化しランキングする試みも見られる。

　高齢社会を迎え公的な制度的専門機関のみに依存していくことが困難となるなかで，福祉サービス供給システムの多元化が図られてきている。一方では民間事業者の福祉分野への参入による有料のサービス提供が行われているが，他方では，非営利組織によるボランタリーな形態での福祉サービスの供給体制も整いつつある。それをここでは自律的協働性に基づく福祉コミュニティ型環境と呼ぶことにする。コミュニティ形成の課題について論じるに先立ち，その形成のための与件となる地域社会の実相について見ることにする。

4　地域社会の実相

4-1　地域社会のコンフリクト

　地域が福祉において焦点化する文脈として，たとえば社会福祉施設と地域社会との間で見られる緊張関係や紛争事態のように，地域住民の福祉に対する見方と社会福祉関係者の認識のズレを要因とする場合がある。

　一方では，ノーマライゼーションの理念が福祉関係者に浸透し地域における福祉の展開が進められていったが，他方では1970年代後半以降において，社会福祉施設の新設などの際にそれらが「**迷惑施設**」であると地域住民によってみなされるという現実に直面した。地域住民は福祉の推進という総論には賛成するが，福祉施設が自らの近隣に立地するという各論になると迷惑な存在としてみなし，反対という立場に立ったのである。このような現実は社会福祉関係者に，自らの「福祉は善きもの」という「性善説」福祉観，施設と地

域社会との関係を強化しようとする社会福祉施設の社会化論に潜む「住民啓蒙」意識を自己反省的に認識させた。すなわち，地域においては福祉実践に特権的立場は与えられなかったのである。このような事態をわれわれは**社会福祉施設－地域社会コンフリクト**と呼んだ（古川・庄司・三本松［1993］）。近年においても，「毎日新聞調査」によれば精神障害者の社会復帰施設や作業所，グループホームなどの新設において地元住民による反対が，この10年間に全国で少なくとも83件，延べ107施設で起きていたという。このうち計画どおり設置できたのは，わずか2割だったとされる（『毎日新聞』1999年2月20日）。なお住民による迷惑な存在としての認識の対象は，各種の社会福祉施設だけではなく諸福祉サービス利用者，ホームレス，外国人労働者などにも向けられている。このような人々が排除されることなく，コミュニティのメンバーとして包摂されるような関係性の構築が課題となるが，ある限られた範域でのコンフリクトの際に，当該地域の意見の集約的な表出の場となることが多いのが，**町内会，自治会**である。次にわが国の地域社会組織として最も一般的な組織である，町内会，自治会について見ることにする。

4-2　町内会・自治会の課題

　町内会，自治会は農村部では区，部落会などと呼ばれることもあるが，ごく少数を除いてほとんどの市町村に存在している。町内会は，「生活集団」「生活地自治体」「共住集団」「住縁アソシエーション」などとして定義されるが，そこに共通するのは「町内会が個人や家族では充足できない生活要求を地域レベルにおいて充足するために形成された集団であるという」ことが含意されている点である（菊池［1990］p.222）。2つの大きな特徴は，個人ではなく世帯単位の任意加入であるが，多くの場合自動的ないしは半強制的加入であ

ることと，同一地域で2つの町内会が重なり合うことがないことである。このような特徴のために生じる問題点もある。町内会を特集した新聞連載記事（『朝日新聞』1998年9月9～11日，11月5日，8日）には，その負の側面が紹介されている。

「『ごみ出し拒否』いまどき村八分？」「加入しない人を差別」「翼賛体制だ」「脱会したら嫌がらせ」「行事手伝わぬと罰金」「町の顔役が牛耳る」などが各回の記事の見出しとして付けられている。その内容は，たとえば，町内会加入率85％の市が古紙などの回収のために市費で設置した「拠点収納ボックス」の管理を町内会に委託したが，ある町内会が「未加入の方のごみは引き受けかねます」という文書を出した。市は非加入者のごみの受入れも要請したが町内会長は非加入の夫婦に対し「あの夫婦は自分勝手だ。町内会で管理している街路灯の電気代も払わない。清掃などの奉仕活動にも出てこない。そんな非加入者の面倒まで，どうしてみなけりゃならんのか」と語ったという。一方の非加入の住民は「任意団体の町内会にゆだねたことが間違い」という。

神奈川県の主婦からは，伯父の葬儀に際して町内会の下部組織である隣組の手伝いを断ったが「組のきまりだから」とされ，手伝いにきた人々への謝礼や食事代などで出費がかさんだこと，また長野県の女性からは町内会の草刈り，側溝掃除，雪かきなどの欠席に対して1回3000円の出不足金が罰金として取られることなどが紹介されている。さらに脱会した事例では，「おまえなんか市民じゃない」と言われたり，脱会後ごみ出しを認めないなど地域ぐるみの嫌がらせを受け，人権救済の申立てに至ったものなどがある。

9割近くの加入率を維持してきたといわれる町内会も，住民意識の変化によって加入を促すためのコマーシャルが登場した。仙台市の連合町内会長会が作ったもので，加入率が下がったために一人暮

らしの若者を対象としたものであった。1999年6月に市内1300人の町内会長を対象に行ったアンケートでは「ごみの出し方などを巡る問題で，アパートなどの共同住宅に住む若い世代と，古くからの住民との交流不足に悩むケースが多いことがわかった」としている（『朝日新聞』2000年4月10日）。わが国の代表的な地域組織である町内会もあらたなあり方が求められているといえる。

5 あらたなコミュニティ形成に向けて

5-1 異質性のもとでの共同生活の探求

共同性の成立は連帯意識を強め生活文化を作り出すが，その前提として同質性が重視されやすく，異質な存在に対する排除行為につながることもある。しかし，生活文化は行動や意識を改変しあらたな価値形成の可能性も持っている。異質な存在としての「外国人」との共生の試みについて町内会が自治的な機能を果たしている事例を見てみよう。

愛知県豊田市の保見団地（3000世帯）は，自動車関連産業に職を求めて1987年頃から外国人の入居が始まり，全住民1万1000人のうちの約3割を日系ブラジル人が占めるという集住地区である。97年に，当時の区長（自治会長）らが行政に提出した冊子には「深夜に窓を開け騒ぐ」「ベランダでバーベキューをして消防車が出た」などの異文化との摩擦の事例が紹介されている（「あしたを紡ぐ——隣にある国際社会」『日本経済新聞』2001年1月5日）。この保見団地での自治会長による日々の取組みがドキュメンタリー番組「自治会長奮闘す」（『NHK人間ドキュメント』2000年8月10日）でも紹介され，日本人住民から寄せられる苦情やごみ出しなどの生活マナーをめぐる摩擦に対応したりする姿が描かれている。そこでは日本人側は日

系ブラジル人が増えるにつれてごみ出しマナーが悪くなったと主張,一方いつも疑いの目で見るのはやめてほしいというブラジル人がおり,「日本人は何かことがあればブラジル人というそういう目で物事を見ると,ブラジルの人にしてみれば日本人は悪いことをすればブラジル人と,こういう物の見方をしている。要するに,ブラジルの人も,日本の人も,そこに一つの心の壁ができている,要するに感情的になっている」と語られている。このような事態に対し日本人とブラジル系住民との話合いの場を自治会が設けるなど共生の道を探ることが試みられている。この事例では自治会のもつ**地域管理の機能**と**自治**のあり方が提示されているように思われる。

5-2 コミュニティと居場所

最後にコミュニティ形成の課題について検討する。日本でコミュニティ形成の必要性が認識されたのは1960〜70年代のことである。高度経済成長に伴う急激な都市化の進展は大都市やその周辺部,さらには農山村における地域問題を引き起こし,住民運動も多く見られた。地域社会の諸問題への対処能力が問われるなかで,コミュニティ形成に向けての諸政策が打ち出された。

この文脈においてコミュニティは形成されるべきものとして位置づけられ,理念目標的概念としての役割を担っていた。

家族に残った情緒安定機能も,家族の個人化や時間的・空間的な生活の分節化の進展によりその役割が弱化し,また家族機能の外部化が進展するなかで,それらの受け皿としての機能を果たす場の構築が期待されつつある。コミュニティは,居住地域を離れた場でのネットワークに参加できない人々にとって近接性という地理(物理)的条件のもとでの集団帰属を保障し,精神的な安定を提供する場として位置づけられ,家族の担ってきた機能を部分的に担う可能

5 あらたなコミュニティ形成に向けて

性をもつ。地域福祉の展開により介護面での福祉的対応が今後充実したとしても孤独や社会的孤立感は個々人の内面に関わる問題となる。

この問題を考えるとき，**自立生活**の意味の問直しは重要である。単純な意味での自立生活の強調は他者への依存を否定的にとらえる。都市的生活では「直接的共同性・透明な共同性を駆逐することを通して，諸個人を共同態の枠から解き放し，個人の私的自由を確立」した。都市の共同生活に媒介的に帰属することによる私的主体性の確立である（森岡［1990］）。この私的主体性は市民社会論での自立した個人像とは異なるものであるが，個的生活レベルでのサービス選択の主体，私的自由の実践主体ではありうる。都市社会に生みこまれた受動的な個人ともなりうる存在であり，みずからの**居場所**を見出せない場合もある。今日の社会では主体的で積極的な生き方が望ましい価値や態度として強調される。他者との関わりを好まない人々に対して，もしそのことを理由として負のレッテルを貼るならばあらたな排除行為を引き起こすことになりかねない。

居場所は相互に異質な特性をもつ人々が，社会変動のもとであらたに生じる課題や地域に潜む生活課題を共有し公共課題として位置づけていくための自律的協働のあり方の基盤をなすものであると考える。それはわれわれが生活を営むうえでの意味付与と関わる社会的空間であり，日々の生活を送るうえでの具体的な行動や諸活動が営まれる物理的な生活環境としてとらえられる側面と，その空間の上に成立する社会的な関係性の側面とがあり，個人と社会との間の双方向的な関係性の接点としての機能を果たす。

人々にとって地域は，自らの生活のすべてを，あるいは一部を営むために欠くことのできない場である。自らの選択による場合もあれば，選択の余地なく住む場合もあるが，共通のあるいは異質の価

値や考え方を持ちながら，ある社会的空間を共有することで，そこに存在する人々の間に直接的・間接的な相互の関係性が生じる。このことに自覚的であるべきだと考え，他者への依存を前提とした自立のあり方を「**自立的依存**」（古川［1994］）と呼ぶ。コミュニティ形成において求められることは，異質な存在を排除しないことと人々のゆるやかな関わり（自立的依存）の承認である。この条件を充たしつつボランタリーな個人や集団を担い手とする自律的協働のもと，あらたな連帯の場としての**包摂する**コミュニティを構築していくことが地域に生きるわれわれに課せられている課題である。

● **演習問題** ●
1 社会変動に伴う生活課題に対して地域や諸個人での対応のあり方の違いが生じる理由について説明してみよう。
2 産業化のもとでの都市の発展や社会問題に対する都市研究の成果について整理してみよう。
3 資本主義発展期の都市社会問題と成熟段階でのそれらとの相違点について整理してみよう。
4 戦後日本の人口動態と国土政策上の課題について論じてみよう。
5 地域社会の実相を踏まえてコミュニティ形成にあたっての課題について分析してみよう。

■ 引用文献

阿部實［1994］「チャールズ・ブースと『貧困調査』」石川淳志・橋本和孝・浜谷正晴編『社会調査——歴史と視点』ミネルヴァ書房
大澤善信［1993］「ハル・ハウスと社会学者ジェーン・アダムズ」吉原直樹編『都市の思想』青木書店
柄澤行雄・三本松政之［1993］「農村高齢者福祉対策に対する農協組織の役割と可能性」『協同組合奨励研究報告』第19輯
菊池美代志［1990］「町内会の機能」倉沢進・秋元律郎編『町内会と地域集団』ミネルヴァ書房
中川清［2000］『日本都市の生活変動』勁草書房

成田孝三 [1987]『大都市衰退地区の再生』大明堂
藤沢三佳 [2000]「医療と臨床社会学のパースペクティブ」大村英昭編『臨床社会学を学ぶ人のために』世界思想社
古川孝順・庄司洋子・三本松政之編 [1993]『社会福祉施設－地域社会コンフリクト』誠信書房
古川孝順 [1994]『社会福祉学序説』有斐閣
古川孝順 [1997]『社会福祉のパラダイム転換』有斐閣
森岡清志 [1990]「都市生活の共同性と個別性」倉沢進・秋元律郎編『町内会と地域集団』ミネルヴァ書房
吉原直樹 [1988]「都市社会問題史」東京市政調査会編『都市問題の軌跡と展望』ぎょうせい
Easthope, G. [1974], *A History of Social Research Methods*. Longman Group. (川合隆男ほか訳 [1982]『社会調査方法史』慶應通信)
Toffler, A. [1980], *The Third Wave*. William Morrow. (徳岡孝夫監訳 [1982]『第三の波』中公文庫)

4章 現代社会の変動

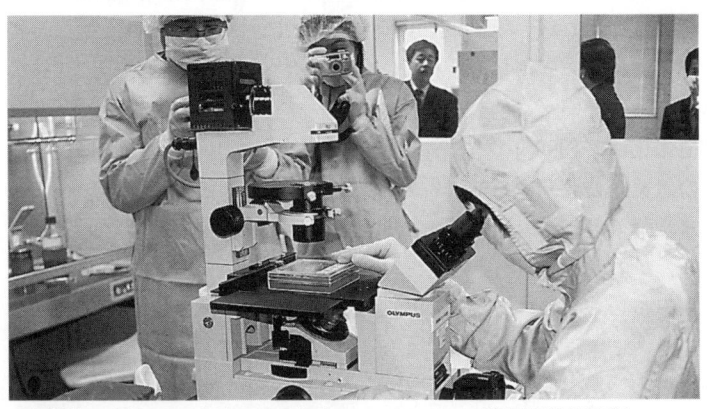

▶報道陣に公開された再生医療の拠点，BIOセンター（共同通信社提供）

本章で学ぶこと

　現代の社会ではさまざまな変化，社会変動が起きています。本章では，産業のサービス化，情報化，医療の変化，環境問題を取り上げ，解説しています。これらの問題は，産業構造や技術の変化だけにとどまらず，社会のさまざまな側面に影響を及ぼし，私たちの生活，そして社会福祉の現場にも重要な意味を持っています。また，相互に関連性を持っていることにも注目しなければなりません。

　これまで，日本の経済成長は工業化によって支えられてきましたが，現在，第3次産業への転換，とくにサービス産業の充実が求められています。一方，本章で取り上げているように，日本の急速な工業化は環境問題という負の遺産を私たちに残しました。この問題は，福祉に携わる人々にとっても重要な課題です。また，医師と患者の関係は，しばしば，一方的な従属関係となり，患者は自分に対してどのような医療処置が行われているのかわからないというケースが見られます。こうした関係を打破し，患者の利益になる医療が行われるために情報化，情報公開が求められています。

1 情報化とサービス産業化

1-1 情報化,サービス産業化とは何か

私たちの住む日本社会は,高度の産業化を遂げたが,今なお,変動を続けている。そして,変動する社会に対して,日々,新しい名称,キーワードが与えられる。本節で扱う,社会の情報化,サービス産業化という言葉も,そうしたキーワードの1つである。とくに情報化は,1990年代以降のパーソナル・コンピュータ(パソコン)の急速な普及,**インターネット**の発達に伴い,最も話題となっている言葉であり,マスメディア等を通してこの言葉を聞かない日はないといっていいだろう。

しかし,社会の情報化,サービス産業化のいずれも,かなり以前からさまざまな場面で議論されてきた。そして,どちらの概念も,**産業化**という社会変動,産業社会の歴史と深く関わっている。

社会学では,その重要な研究分野である近代化論,産業化論という分野で,社会が産業化する過程,および,その社会的影響が論じられてきた。産業化の定義にはさまざまなものがあるが,最も広く知られているのは,W. E. モアによるものである。彼は,産業化を「経済的生産における非生物的動力源の広範な使用」と,生産様式の変化に着目して定義した(Moore [1963])。この定義の背後には,18世紀後半から19世紀にかけてのイギリスで始まった産業革命以降の工業化された社会を産業社会とすることが想定されている。

富永健一は,モアの産業化の定義を最も狭い意味の工業化だとして,より詳細に産業社会の趨勢を論じている(富永 [1988])。産業化によって,第1次産業から第2次産業への移行,工業化が進展する。このような変化は,第1次産業から第2次産業への労働力の移

行のみならず，社会の分業体系にも影響を与える。すなわち，多くの人々が，それぞれ異なる役割を果たしながら，同時に協力し合う大規模な官僚制組織が発達する。そして，大規模な工場，官僚的な組織の発達に伴い，運輸・通信業，商業，サービス業などの第3次産業の発達が促されるのである。

産業活動を第1次産業，第2次産業，第3次産業の3つに分けることを，生産様式という観点から整理すると，第1次産業に属するものは原材料を作り出す産業，第2次産業は材料を加工する産業，そして，第3次産業は製品の流通等に関わる残余の部分である。具体的には，農業，林業，漁業は第1次産業に，鉱業，建設業，製造業は第2次産業に，これら以外の産業，電気・ガス・水道等の供給業，運輸・通信業，卸・小売業，金融・保険業，不動産業，サービス業，そして公務が第3次産業にそれぞれ分類される。

モアが定義する産業化された社会とは，産業構造の中心が第2次産業にある社会を意味している。そして，広義のサービス産業化とは，産業構造の中心が第3次産業に移行する現象をいう。しかし，前述のように，第3次産業のなかには，卸・小売業のようにサービス産業とは異なるものが含まれている。したがって，狭義のサービス産業化とは，第3次産業の中でもサービス産業（運輸・通信業，電気・ガス等の供給業を含む）の従業者が増加し，その経済活動が拡大することをいう。

アメリカの社会学者，ダニエル・ベルは産業社会の次に来るであろう社会，「**脱工業化社会**」(post-industrial society) がどのような社会になるかを予見しようとした (Bell [1973])。ベルによれば，脱工業化社会とは，工業生産を中心とした経済を基盤とした社会ではなく，サービス産業を中心とした社会を意味している。そのような社会では，労働力の中心は，物を生産する仕事（ブルーカラー職）か

ら，事務職，専門職等からなるホワイトカラー職へと移行し，とくに，専門職，知的技術職が重要となる。このように，まず，第1次産業から第2次産業へ，続いて第2次産業から第3次産業への就業者の移動が起きるのである。

サービス産業化が経済学にとって持っている意味は，このような労働力の移動だけではない。サービスが，第2次産業で生産され，卸・小売業の中において流通する「モノ」としての製品と比べて異なった特徴を持っているのである。「モノ」としての製品と違い，サービスは物理的な形がなく，不定形である。また，形がないので貯蔵することができないし，サービスは生産されると同時に消費される。第2次産業を中心とした社会における生産様式の典型は，自動化された工場で同じ製品を大量に生産することであり，できるだけ安い経費で大量の製品を生産できれば，生産性が高いとすることができた。しかし，サービスは不定形であり，ニーズも多様であるので，工業製品と同様に生産性を計測することはできない。

「**情報化**」という概念は，サービス産業化の場合よりも定義することが難しい。そもそも，情報という概念自体が，さまざまな形で定義される。同時に，情報は，人間が社会生活を営むうえで不可欠なものであることは，今に始まることではない。複数の人間が互いに情報を交換することによって，私たちの社会は成り立っており，文字を持たない社会でさえも，人々は情報を交換して社会生活を営んでいる。

ここでは，情報化という言葉を，情報伝達技術の進歩，普及という観点から議論したい。冒頭で述べたように，近年議論されている情報化とは，コンピュータ技術，**インターネット**といった，新しい，**情報技術**（information technology，しばしば IT と略称される）の発達を意味しているからである。

近年進行している,コンピュータの発達に伴う高度情報化社会を予想した代表的な研究として,アメリカの歴史学者,ジャーナリストであるトフラーによる『**第三の波**』をあげることができる(Toffler [1980])。同書は,来るべき近未来の社会では情報革命が起きると想定して,(当時としては)大胆な予言を行い,ベストセラーの1つになった。しかし,情報革命について論じたトフラーの議論も,これまで述べたような産業社会論と同じ歴史観に依拠している。

　彼は,人類の歴史に,大きく分けて3つの波があると考えた。最初のものは,農耕文化の波であり,人類は,農業を行うようになって1つの場所に大勢の人々が定住し,社会と呼べる共同体を形成するようになった。17世紀から18世紀にかけて,すなわち,産業革命が始まった時期に出現した第2の波が工業化である。もちろん,それ以前にもさまざまな手工業は存在したが,この時期の工業化の波は,かつてないほどに大規模なものだった。産業革命に先立って,ガリレオ・ガリレイ,ニュートン等が近代科学を確立した。さらに,18世紀になるとワットの蒸気機関などの実用的な工業技術が開発され,この工業技術を利用した「**産業革命**」は,人類社会の生産様式,社会構造を大きく変化させた。

　そして,第3の波が情報化である。トフラーは,第3の波への転換点を1950年代半ばのアメリカに求めている。この時期アメリカでは,事務職従事者,専門職従事者等から成るホワイトカラー層とサービス産業従事者の数が,製造職,労務職等に従事するブルーカラー層の数を上回った。このことからもわかるように,トフラーのいう情報化社会とはサービス産業化社会でもある。注意しておかなければならないのは,数多くの事務職従事者,専門職従事者は,製造業を営む企業のなかでも働いており,ホワイトカラー層が増加し

たからといって，一概にサービス産業化したとはいえない。トフラーが，ホワイトカラー層の増加を指標としてあげたのは，これらの人々は，直接，モノの生産に携わるのではなく，情報や知識に関わる仕事をしていると考えたからである。

1-2 日本社会におけるサービス産業化の趨勢

第2次世界大戦後，日本社会は，製造業が大きく成長し，めざましい経済発展を遂げたが，**サービス産業化**は，1970年半ば頃から急速に進んだといわれている。73年に起きた第1次石油危機をきっかけとして，多くの企業が経営の合理化に乗り出し，警備，清掃などの業務を外部の対事業所サービスを行う会社に委託するようになった（小林［1999］）。同時に，複写機等の事務機が普及した。80年代半ば頃からはコンピュータ，ワード・プロセッサーが事務所で使われるようになり，OA（オフィス・オートメション）と呼ばれた現象が進行した。同時に，こうした事務機のレンタル，保守などを行う企業が増加した。こうした変化に伴い，80年代には，「サービス経済化」「ソフトノミックス（ソフトとエコノミックスを合わせた造語）」といった言葉が頻繁に使われるようになった。

具体的に，サービス産業化の趨勢を見てみよう。図4-1は，産業別に雇用者の比率の推移を見たものである。1970年には，すでに，第3次産業の従事者は全体の約47％を占め，第2次産業従事者（35.2％）を上回っている。しかし，製造業に従事する就業者が最も多く，全体の30％近くを占めていた。一方，第1次産業，すなわち農林漁業で働いている人々の占める比率は2割を切っている。第1次産業人口は，以降も減少を続け，99年現在，約5％である。

1970年以降，第3次産業，とくにサービス産業の従事者の比率は着実に増加を続けた，94年には24.0％となり，同年の製造業従

図 4-1　産業大分類別就業者の推移

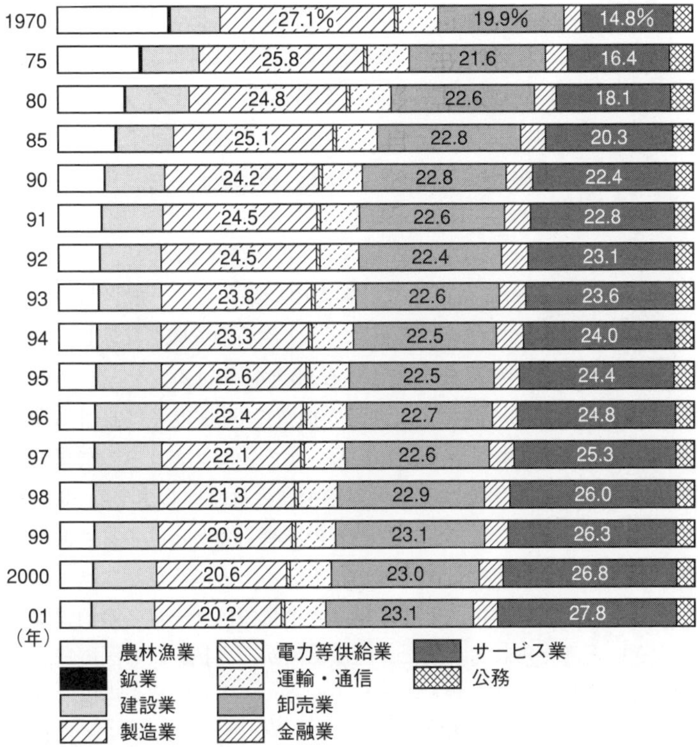

年	製造業	卸売業	サービス業
1970	27.1%	19.9%	14.8%
75	25.8	21.6	16.4
80	24.8	22.6	18.1
85	25.1	22.8	20.3
90	24.2	22.8	22.4
91	24.5	22.6	22.8
92	24.5	22.4	23.1
93	23.8	22.6	23.6
94	23.3	22.5	24.0
95	22.6	22.5	24.4
96	22.4	22.7	24.8
97	22.1	22.6	25.3
98	21.3	22.9	26.0
99	20.9	23.1	26.3
2000	20.6	23.0	26.8
01	20.2	23.1	27.8

凡例：農林漁業／鉱業／建設業／製造業／電力等供給業／運輸・通信／卸売業／金融業／サービス業／公務

(出所) 総務省「労働力調査」。

事者の比率 23.3% を上回った。製造業従事者は絶対数では増加したが，その比率は徐々に小さくなっていった。90年代半ばになると，製造業従事者は絶対数でも減少を始め，96年には，卸・小売業従事者の比率をも下回るようになる。

1 情報化とサービス産業化

1-3　個人を対象としたサービス産業化

　サービス産業は，今や，日本の産業構造の中枢を占めるようになったが，当初，増加したサービス産業の多くは対事業所サービスだった。1984年の調査によると，従業員が30人以上の規模の製造業事業所の90％以上が，対事業所サービス業者に外部委託を行っていた。委託業務を多い方からあげると，輸送，給食，警備，信用調査，清掃などである（佐和［1990］）。

　しかし，1980年代以降，個人のサービス消費量が増加する。図4-2は，総務庁が行っている家計調査の結果から，一般世帯の品目別の消費の推移を見たものである。第1次石油危機を経験し，すでに高度経済成長期を終えたとされる75年における，サービスの消費量は全体の3割に満たず，世帯の消費の50％近くは食料品等の非耐久財で占められている。しかし，その後，サービスの消費量は次第に増加し，近年では非耐久財の消費とほぼ同じ水準の40％台で推移している。ここで，家計調査の調査対象からは単身者世帯と農林漁業に従事する世帯が除外されていることに注意しなければならない。これらの世帯，とくに単身者世帯ではサービスの消費はより大きいと考えられる。また，医療保険から支払われる医療費，公的な教育にかかる教育費も除かれており，こうした点を考慮すれば，すべての世帯における現在のサービス消費は，50％近くに達していると推測できる。

　私たちの生活は，さまざまなサービスを受けることによって成り立っている。日常生活において欠くことのできない，ガスや水道，電気などを供給する企業はサービス産業に含まれる。また，私たちは，毎日，テレビやラジオ，新聞あるいは電話といった情報サービスを利用している。公的，私的を問わず，教育機関への支出もサービスの消費に含まれる。余暇活動の多くも，サービス産業なしには

図 4-2　世帯の消費の推移

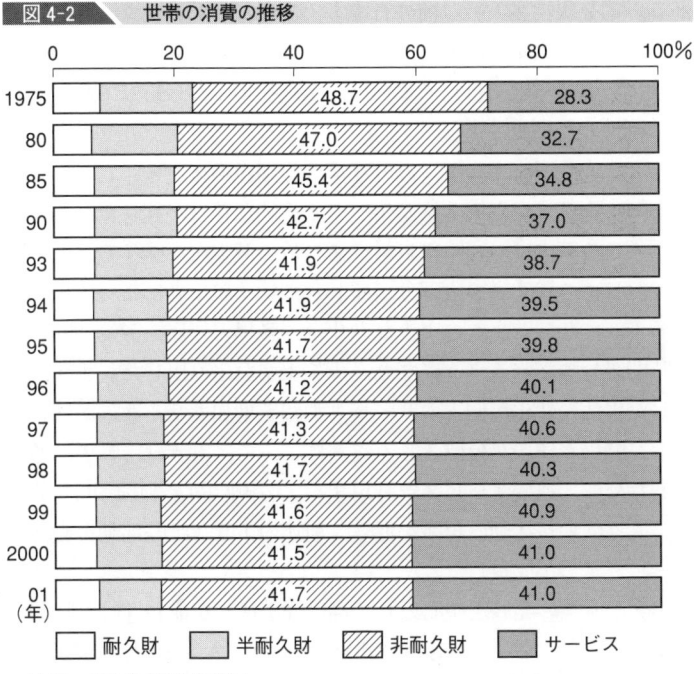

年	耐久財	半耐久財	非耐久財	サービス
1975			48.7	28.3
80			47.0	32.7
85			45.4	34.8
90			42.7	37.0
93			41.9	38.7
94			41.9	39.5
95			41.7	39.8
96			41.2	40.1
97			41.3	40.6
98			41.7	40.3
99			41.6	40.9
2000			41.5	41.0
01			41.7	41.0

（出所）　総務省「労働力調査」。

成り立たない。たとえば，私たちが休日に旅行に出かけようとする。その際，目的地に行くために飛行機や，鉄道などの運輸サービスを利用する。そして，目的地では，ホテルや旅館などの宿泊施設，あるいはさまざまな観光施設を利用する。これらは，すべてサービスの消費にあたる。もちろん，旅行以外の余暇活動，たとえば，映画を見に行ったり，音楽のコンサートに出かけたりするのもサービスの消費である。

　高度経済成長期と同時に起きた重要な社会的変化は，企業に雇われて働く「雇用者」が就業人口の多くを占めるようになったことで

ある。第2次世界大戦以前の日本も,高度な産業社会だったが,それでも,第1次産業に従事する人々は就業人口の半数以上を占めており,その多くは,自営あるいは,土地を地主から借りて耕作を行う半自営の農民だった。

第2次大戦が終了して,高度経済成長期を迎えると,日本においても第1次産業から第2次産業への本格的な移行が起きた。第1次産業人口の減少は,同時に自営業者の数の減少を意味する。この時点で,日本の就業者の大部分が雇われて働く雇用者によって占められるようになった。このような変化は,職場と住居,労働時間と余暇時間が分離されるようになり,専業主婦を生み出した。まず,こうした生活の変化が個人のサービス消費を増加させるきっかけとなった。職場と住居が分離されることによって,人々は,職場に通勤するために,運輸サービスを利用する。労働時間と余暇時間の分離も,人々に余暇活動の認識を促し,前述のような余暇活動を支えるサービス産業が成長した。

第2次産業の発展を中心として高度経済成長を成し遂げた時期の日本は,モノの消費が拡大した時代だった。たとえば,1960年代から70年代にかけての豊かさの象徴は,自動車,クーラー,カラーテレビ(頭文字をとって3Cと呼んだ)を所有すること,すなわち,工業製品を消費することだった。その後,第1次石油危機を経て,かつてのような急速な経済成長は見られなくなったが,それでも,順調な成長は続き,日本国民の生活は物質的には豊かになったといってよい。70年代から80年代にかけて,「日本人の働き過ぎ」を反省しようとする考えが多くなり,ゆとり時代であるとか(飽戸・松田［1989］),「物の豊かさから心の豊かさ」へといったスローガンが,あちらこちらで唱えられるようになった。

1980年代以降の個人サービス消費の増加の一因として,余暇活

動が活発になったという変化が考えられる。しかし、個々人の**生活時間**を詳しく見てみると、余暇活動に割かれる時間は、大きく変化したとはいえない。矢野眞和は、72年と91年に行った生活時間に関する詳細な調査結果を検討した結果、約20年の間に、1日当たりの仕事時間は6分（学生を含む），学業時間は5分，移動時間が3分，自由時間が6分，それぞれ増加していると報告している（矢野［1995］）。すなわち，余暇活動に当てられる自由時間は1日当たりわずか6分しか増加しておらず，同時に仕事の時間も増加しているのである。このような結果に対して，矢野は次のように述べている。「『余暇時代が到来する』という話は，70年前後の未来学ブームの中で語られた中心的テーマだった。それが実現される兆しは見えず，その夢が凍結されたままの20年だった」（矢野［1995］p.66）。

平均的な生活時間には表れにくいが，以前と比べれば日本人が海外旅行に行く機会は増加している。この場合，費やされる時間と比べて支払われる金額が大きいので，家計への影響は大きいと考えられる。しかし，全般的に見ると家計のなかで増加しているのは，教育費，教養・娯楽に対する費用である。こうした現象は，高度経済成長期以降に急速に高学歴化したこと，日本では教育投資が非常に高いという背景がある。

高度経済成長期の間に職住分離，専業主婦の台頭といった社会の変化があったと述べたが，1980年代になると既婚女性の就業率が上昇した。それに伴い保育所をはじめとする教育サービス，あるいは家事サービスに対する需要が高まっている。また，社会が高齢化するにつれて医療サービスに対する需要が高くなることも見逃すことはできない。さらに，近年では，後で述べる情報化が進行したため，通信，情報サービスに対する支出が増加している。

1-4 日本における情報化の推移

日本において，**情報化**，あるいは**情報化社会**という言葉が盛んに用いられるようになったのは1960年代半ばにまで遡る。たとえば，『経済白書』に，はじめて情報化という言葉が現れたのは69年のことだった。72年に「社会学講座」の『現代社会論』の巻で「情報化」についてまとめた後藤和彦が示している情報関係指標をまとめると，まず，「生活の領域における情報化」とすることができる**マスメディア**（書籍発行点数，人口当たり新聞発行部数，世帯当たりテレビ契約台数），**パーソナル・メディア**（人口当たり電話台数，人口当たり郵便通数）の普及がある。同時に，「産業の領域における情報化」として，高等教育の普及，研究開発，コンピュータの普及といった「生産の高度化」の2つがあるとされている（後藤［1972］pp.75-76）。

ここで，最後にあげられている「コンピュータの普及」という項目は，現在のような「パーソナル・コンピュータ」の普及を意味するのではなく，おもに生産現場，それに関わる研究開発，あるいは学術研究において用いられていた大型の電子計算機の国民所得当たりの台数である。この例に見るように，情報機器としてのコンピュータも当時と現在とでは，異なった領域に位置づけなければいけないだろう。

また，現在では，パーソナル・メディアとされた電話の一種である携帯電話によってニュースなどのマスメディアからの情報を受信できる。つまり，30年足らず前に想定されていたパーソナルとマスという概念と，情報媒体の間の対応は，現在，すでに変化している。このことは，情報化の推移については，サービス産業化について見たときのように，一貫した指標を用いて過去と現在を比較することが難しいことを意味する。

日本における情報化も，サービス産業化と同様，当初は企業を中

心として進行した。1980年代に入ると、多くの企業が性能が向上したコンピュータを導入し、事業所同士がネットワークで結ばれるようになった。銀行、郵便局などのオンライン化が全国規模で進行したのもこの時期である。現在では、小さなコンビニエンスストアの各支店も、販売時点情報管理システム（POS〔point of sales〕システム）によって結ばれ、どのような品物がどれくらい売れたかというような情報が、つねに把握されるようになっている。大型の汎用コンピュータばかりでなく、パーソナル・コンピュータの性能も飛躍的に向上し、最初は企業の事務処理の現場に、続いて一般家庭にパソコン、ワープロなどが普及するようになった。

通信機器も、1980年代になって大きく変化した。まず、ファクシミリが重要な通信手段として用いられるようになり、コンピュータと同様、企業ばかりでなく一般家庭でも用いられるようになった。

1990年代に入ると、コンピュータはさらに急速に普及するようになった。さらに、**インターネット**の登場により、それまで、一部の使用者に限られていたパソコン通信が、新しい機能を付加したうえで、いっきょに普及し、新たな通信手段として電子メールが用いられるようになった。

1-5 情報の個人化

1990年代以降の情報化の過程において、最も重要であるのはインターネットの普及だろう。また、携帯電話、家庭用のファクシミリの急速な普及も見逃すことはできない。これらは、従来の情報メディアと比較すると、マスメディアではなく**パーソナル・メディア**としての性格を強く持っているからである。

郵政省・総務省による「通信利用動向調査」の結果から、個人のレベルでの情報化の動向を見てみよう（図4-3）。各世帯のパソコン

の保有率は，95年では16.3%だったのが，2001年には58.0%に上昇した。また，ファクシミリの保有率は，95年の16.1%から41.4%に上昇している。また，パソコン通信，インターネットを利用している世帯は，それぞれ，16.3%，60.5%である。携帯電話（PHSを除く）の普及の速度は，さらに大きく，95年では10.6%であった世帯保有率が，2001年には75.6%となった。これは，PHSを除いた数字であり，前述のように，1つの世帯で複数の携帯電話を所有している場合もあることに注意してほしい。

パーソナル・メディアとは，個人によって所有され，各自の目的のために利用される情報機器，あるいは情報媒体である。前述した69年の『経済白書』にあるように，パーソナル・メディアとしての情報機器の代表は電話であり，情報媒体としては郵便をあげることができる。テレビ，ラジオ，新聞等は，個人によって所有される機器，あるいは媒体だが，これらによってもたらされる情報は，マスメディアから発信されるものなので，パーソナル・メディアに分類することはできない。

1990年以降，急速に普及した携帯電話は，その性能も向上し，携帯電話を通してニュースなどのマスメディア情報を受信できるようになり，かつてのような，**パーソナル・メディアとマスメディアの区別**が曖昧になってきていることは，すでに述べた。さらに，以前は，電話は1つの世帯に1台というのが標準だったが，現在では，世帯員が個別に携帯電話を所有するようになっている。このような意味で，携帯電話は，文字どおり，そしてより深いレベルでのパーソナル・メディアということができる。

インターネットも，別な意味でパーソナル・メディアとしての，あるいは，マスコミに対し「ミニコミ」としての性格，可能性を持っている（嘉田・大西［1996］）。これまでの情報化に関連した議論の

図 4-3 世帯における情報機器の普及

（出所）　総務省「通信利用動向調査」。

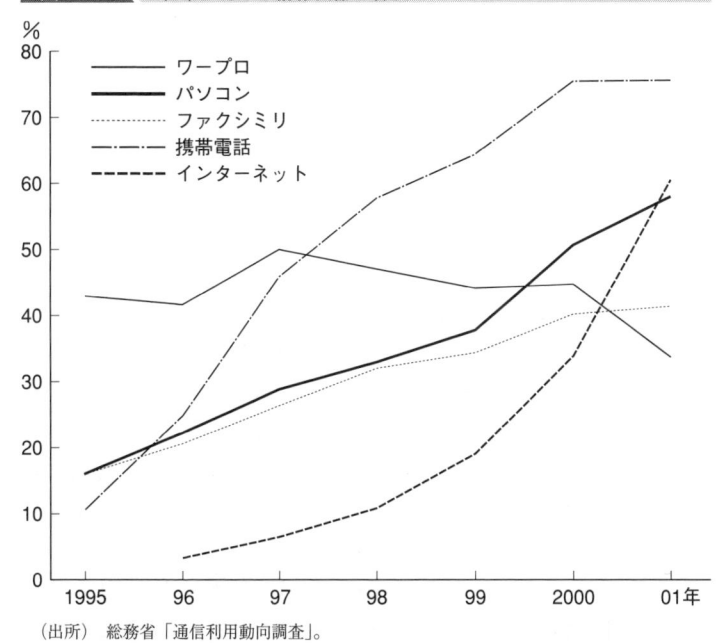

なかで，**マスメディア**論は重要なものであった。それらの多くは，マスメディアの社会的影響，マスメディアによる社会統制について議論してきた（伊藤 [1996]）。マスメディアは，非常に多くの人々に同じ情報を一方的に提供し，非常に多くの人々の行動，社会の認識に強い影響力を持っている。多くの研究は，このようなマスメディアによって情報が操作され，社会統制が行われる危険を指摘していた。また，ベルが危惧した**テクノクラート**による支配も，一部の専門家による情報の独占を想定したものだった。

このような，これまでの個人とマスメディアの関係を変える可能性を，近年普及を進めている情報機器，あるいは，**インターネット**

という情報媒体（メディア）は持っている。たとえば，家庭用ファクシミリや電子メールの普及によって，これまで，マスメディアから流される情報を，一方的に受け取るばかりであった一般の人々が，マスメディアに向けて，即時に意見や情報を流せるようになった。

　インターネットについて考えてみよう。インターネットのなかを流れる情報は，マスメディアだけのものではない。電子メールやインターネット上で会話するチャットは，郵便や電話と同様にパーソナル・メディアとしての性格を強く持っている。インターネットを通じて，個々人が情報を発信できることは，さらに重要な意味を持っている。インターネット上にホームページを持つことは誰でも自由にできる。そして，世界中の人が，そのホームページを見ることができる。つまり，インターネットという情報メディアによって，これまで，マスメディアに取り上げられなければ，社会的影響力を持ちえなかった人々が自由に意見を述べ，情報を提供できるようになったのである。

　すでに，インターネット上の掲示板には，日々，さまざまな人による，さまざまな情報や意見が書き込まれている。また，商業的でないからといってマスメディアに参加できなかった人々，たとえば，音楽家が自分の曲や演奏をインターネット上で公開したり，インターネット上に自分の書いた小説を流すというような現象も，すでに起きている。また，1995年に起きた阪神・淡路大震災の際，被災地の人々にとって，マスメディアから流れてくる情報よりも，インターネットを通じて得られるより詳細な情報の方が，しばしば，より有益なものであった。

　1990年代以降の情報化の進展，とくに，インターネットの出現は，**マスメディアに対抗するパーソナル・メディア**としての性格を持っている。もちろん，マスメディアによる情報の操作のような問

題が重要性を失ったということはできないが，今後の情報化社会を考えるうえで，これまでの議論とは異なった視点が求められることとなるだろう。

1-6 情報化の問題点と今後

1990年代以降の急速な情報技術の進歩は，ベルやトフラーが想定したよりも，はるかに先を行ってしまっている。しかし，このような情報技術の変化が，ベルやトフラーが想定したような社会変動を引き起こしたかといえば，その答えは否である。たとえば，トフラーは，コンピュータ・ネットワークで職場と家庭が結びつけられると「在宅勤務」が普及し，再び，職住一致が実現されると想定した。日本でも，在宅勤務という勤務形態は，80年代半ばに話題になったが，その後，情報技術の進歩にもかかわらず，一部の周辺的な仕事でしかみることはできない。

過去，幾度も情報化社会という言葉が話題となり，そのたびに社会が大きく変化するとされてきた。しかし，そのような変化は実現していない。過去，幾度も議論され，1990年代に始まり，現在も進行しつつある情報化の実態は，情報そのものが持つ意味や，社会の変化ではなく，情報技術の飛躍的な進歩，あるいは，変化だといえよう。情報技術が大きく変化するたびに**「情報化社会」**という言葉が現れ，議論されるが，それらの多くは技術の変化について論じているのであり，具体的に，「情報化社会」とはどのようなものなのかについては議論されていない（佐藤［1996］）。過去を振り返ってみてわかることは，むしろ，情報技術の進歩と相応の社会の変化が起きることは難しいということである。

情報化というよりも，情報技術の変化が社会にどのような影響をもたらしたかについて，具体的な例をあげておこう。前に述べたよ

うに，1980年代半ば以降，パーソナル・コンピュータはめざましい速度で普及し，今や，どの職場でもパーソナル・コンピュータを使って，文書を作成したり，表計算を行うようになった。文書を作成するためのワード・プロセッサー，すなわち，特定の機械を使って文書を作成するということを技術的側面からみると，そのルーツはタイプライターに遡ることができる。欧米では，20世紀に入ってから，タイプライターの職場での使用が進み，「タイピスト」という新しい仕事が生まれた。言い換えれば，タイプライターの導入により，事務職のなかで新しい分業体制が生まれたのである。重要なことは，このタイピストという仕事に就くものの大部分は女性であると同時に，タイピストという仕事は周辺的なものだったことである。タイピストという職業は，職場のなかでの権限は低く，その後の昇進の見込みもないものだった（Rothchild [1983]）。

　一方，日本では，タイピストという職業は欧米のように，「女性が就労する典型的な事務職」とはならなかった。従来の技術では，多くの漢字と仮名が入り交じった日本語に対して用いられる「和文タイプライター」を扱う技能は，非常に高度で特殊なものであったからである。ところが，ワード・プロセッサーの普及により，欧文をタイプライターで打つのと同様の容易さで，日本語の文章を作成できるようになり，かつてのような特別な技能を持つ必要がなくなった。こうして，ワード・プロセッサーは，急速に日本の事務に取り入れられ，日本においても「タイピスト」という細分化された職業カテゴリーが，多くの職場で見られるようになった。

　アメリカの場合と同様，日本でも，ワード・プロセッサーの操作に携わっているものの多くは，女性である。1986年に男女雇用機会均等法が施行され，男女とも同様の雇用機会，昇進機会が与えられると期待されたにもかかわらず，その後，女性就労者のなかでパ

Column❹ 医療・福祉分野の情報化

　2002年現在の日本では，かつて世界の他の国々が経験したことのない速度で高齢化が進行している。近い将来，高齢者の医療，福祉の問題が非常に重要になることは明らかである。

　同時に，経済のグローバル化，産業の空洞化が進行する中，これまで日本の経済成長を支えてきた製造業中心の経済から，第3次産業への本格的な転換という産業構造の転換が求められている。こうした要請からも，サービス業，中でも医療・福祉サービスが注目されている。1997年，日本政府は進行する経済のグローバル化，産業の空洞化に対応して，『経済構造の変革と創造のための行動計画』を閣議決定したが，その中で，医療・福祉産業を成長が見込まれる重要な産業だとしている。

　注目すべき点は，この行動計画で示された『施策パッケージ』において，医療，福祉の両分野で「情報化の推進」が重要課題として示されていることだ。どちらの分野でも，情報化はサービスの効率的な提供，とくに地方，遠隔地におけるサービスの充実を図るうえで欠かせないとされている。

　医療，福祉の分野における情報化は，別な意味でも重要である。ダニエル・ベルは『脱工業化社会の到来』の中で，第3次産業が中心となる社会で，テクノクラートによる支配について警告している。本章で示されているように，医療の分野では，患者は専門家である医師に対して弱者として従属する関係に陥りやすい。また，福祉の分野でも，サービスを提供する側と受ける側の間に同様の関係が結ばれやすいだろう。こうした関係を改善するために，医療におけるインフォームド・コンセントをはじめとする情報の公開，そして，公開された情報に誰でもアクセスできることが求められている。同時に，こうした情報化の過程において，プライバシーの保護に慎重に配慮しなければならない。

ートタイム労働者の比率が急増した。これは,バブル経済が破綻した後の不況下で,多くの企業が職務の合理化を図り,周辺的な仕事をパートタイム労働者に任せるようになったためといわれているが,80年代以降,女性のパートタイム労働者の比率が最も増加したのは事務部門であることを見ると,ワード・プロセッサーなどのOA機器の普及によって,あらたな分業構造が生まれたことが大きく影響していると考えられる。

　上の例は,情報技術の進展により,産業社会における社会構造が変化したのではなく,むしろ,産業社会のなかにあった男女間の不平等の構造が強化されたことを示している。「在宅勤務」が,いっこうに普及しないのも,このような勤務形態が日本における雇用形態になじまないからである。また,進歩した情報技術を使える人にだけ利益がもたらされるわけではないことも意味している。情報化によって利益を得る人々は,情報技術そのものをマスターする必要はない。情報技術を使える人を安く利用できればいいのである。

　今後も情報技術は,疑いなく進歩を続けるだろう。情報技術の進歩は,さまざまな点で人々の福祉の向上をもたらしたことも認めなければならない。たとえば,インターネットやワード・プロセッサーは,障害を持つ人々がみずからの意見を述べたり,広く情報を集める機会を広げた。また,インターネットの持つ反マス・メディア的な性格が,障害者に限らず,相対的に弱者であったものが発言する機会を広げる可能性を持っていることは,すでに述べた。しかし,その技術の進歩は必ずしも人々の福祉向上に平等に資するわけではない。情報技術が平等に普及するためには,大がかりな基礎構造(インフラストラクチャー)が必要であり,これに関与するのは,政治であり,大きな社会的権力を持っている層だからである。現実に,たとえば,インターネットは個人化と同時に,反一極集中的な性格

を持っており，地域コミュニティの充実に資するものであるはずだが，現在のところ，インターネットの利用は，大都市に集中している。

情報化の進展によって，社会はこのようになるという一義的な結論を出すことはできない。情報技術は，独自に進歩を続けるが，技術がどのように普及し，誰が，どのように技術を利用するのかについて，一義的な答えを出すことができないからである。私たちにとって重要なことは，情報技術によってもたらされた利点を最大限に活用し，今や世界中から即時にもたらされる情報を吟味しながら，今後の社会の動向を見守っていくことだろう。

2 医療の社会学

2-1 医療と社会変動：社会問題としての医師−患者関係

医療の分野では，次々と新しい技術が生まれているという意味での変動に加えて，医療技術の発展それ自体が生物学・化学・生化学・物理学・遺伝子工学などを基盤とする生物医学では解決できないあらたな問題を提起したり，経済的，政治的な要素を含むヘルスケアの状況の変化が医療の基盤になっている考え方や常識を変化させるといった変動が起こる場合がある。

前者の例が臓器移植技術の発達による脳死問題（脳死を人の死とするか否か，するとしたらそれが移植を正当化するか，等といった議論），延命技術・安楽死の問題，遺伝子診断・遺伝子操作の是非の問題である。後者の例が**医師−患者関係**の変化やホリスティック・ヘルス運動とそれと関連する代替医療の発展などである。

本節では，医師−患者関係に焦点を絞って，それがどのように社会問題として議論されるようになり，社会学がどのようにアプロー

チしているかについて検討したい。とくに，この問題について，一般的には医師または患者がどのような原則に基づいて行動すればよいか，また理想的な医師－患者関係のイメージが議論されるが，社会学の視点からは理想や心構えを提案するのではなく，医師－患者関係の問題点がどのような社会的な要因から発生してきたか，またどのような点を変化させれば機能的な医師－患者関係が可能かが検討されるということを示していきたい。

2-2 医師－患者関係への関心の歴史的背景
[1] 弱者としての患者の認識　　医師－患者関係が社会問題として注目されはじめたのは，アメリカにおいてである。医師－患者関係についての社会学的分析は1930年代頃まで遡ることができるが（Bloom and Wilson [1979]），医師－患者関係の，患者の人権問題としての側面が活発に議論されるようになったのは60年代以降である。当時アメリカでは公民権運動をはじめとして，さまざまな社会のマイノリティ（少数派）に関する人権運動が活発化し，人種的マイノリティ（黒人やメキシコ系アメリカ人など）はもちろん，女性，子ども，囚人，学生，同性愛者など社会的に弱者の立場にある人々の権利が主張された（Starr [1982]）。患者という立場も他のマイノリティと同様に，肉体的・精神的に弱っている，しかも自分の持っていない知識や技術を持っている専門家に自分を委ねなければならないという無力な状態であり，積極的に人権を擁護する必要があると考えられたのである。

もう1つのきっかけとして，1960年代後半から70年代初めにかけて，患者を使った悪質な人体実験が暴露されたことがある。とくにナチスの行ったユダヤ人強制収容所における医学実験と結びつけて議論されるのが，黒人の梅毒患者を使った人体実験である。この

政府の機関による実験では、黒人の梅毒末期患者合計399人が治療と装ってさまざまな検査を受けたが、実際には何の治療も施されていなかった。この実験は梅毒の末期の経過がどうなるか観察するためのものだったのである（Jones [1981]）。

また、1966年に権威ある医学雑誌（*New England Journal of Medicine*）に掲載された記事が医学関係者にも一般人にも患者の権利擁護の必要性を痛感させた。この記事には、22件に及ぶ非倫理的に行われた臨床研究の例が公表されたのである。臨床研究に参加した患者は研究に伴う危険性について知らされなかったり、時には自分が研究対象になっていることさえ知らされないままに、ある研究では免疫反応を調べるためにがん細胞を注射されたり、また別の研究では新しい合併症の予防法の効果を調べるために結核患者にペニシリンを投与しなかったことが明らかにされた（Rothman [1991]）。このような臨床実験の事実が一般の人々の間に医療に対する不信感をつのらせ、また患者の人権は法的に擁護されるべきとの世論が定着した。

[2] 医療提供側の体制の見直し　　臨床研究に関して、アメリカ連邦政府はヒトを対象とする研究、とくに政府の助成金を受けた研究が政府の定めた倫理基準を満たしているか、IRB（Institutional Review Board）と呼ばれる各研究機関の審査委員会で審査することを義務づけた。また、1972年にはアメリカ病院協会が、「患者の権利章典」を発表し、医療における患者の権利を明確に提示した。この章典では、患者は、自分の疾患の診断と治療の内容の詳細を理解できる言葉で知らされる権利、思いやりを持って医療サービスを受ける権利、説明されたうえで治療方針に同意あるいは反対する（インフォームド・コンセント）権利、プライバシーを守られる権利があると主張されている（Starr [1982]）。

とくに、**インフォームド・コンセント**（以下 IC）の理念は患者の

権利を守るのに欠かせない要素として主張されるようになった。ICは患者が医師から自分の受ける治療に関して，期待される効果，心配される副作用，危険性，どうしてその方法を採るのかなどの説明を受け十分理解したうえで，治療に同意するという意味で，当然その説明によって治療方針を拒否する権利があるという意味も含まれている。

[3] 患者の意識の見直し

このような経緯により見直されたのは医療提供側の規制ばかりではない。先に述べた患者の権利の要素として主張されたICの考えに表れているのは，受け身的に医師の指示や治療を無条件で受け入れるというよりは，自分の受ける医療の内容を検討して自己の責任によって決断を下すという積極的な患者像である。このような患者の立場の見方の変化は，医療サービスのおもな提供者としての医師の職業的な権威の変遷と関係があるとみられている。

アメリカの医療の社会的な変遷を分析したスターによると，少なくとも19世紀の終わりから20世紀初めまでは医師の職業的権威はそのピークに達していた（Starr [1982]）。1つには科学技術の進歩とそれに対する人々の信頼感から，医療施設が発達し専門化が進み，医師同士が職業的に協力する体制と効率的に医学的知識を蓄積し広めるシステムが整えられていった。科学至上主義と職業的な連帯がより医師の権威を高めたのである。もう1つの要素としては，医療を受ける側の一般の人々にとって，都市化に伴いライフスタイル全般が多様化し，分業化が進んだので，医療に限らず生活のあらゆる面で専門家の特殊な能力を信頼しそれに依存するのが当たり前になってきたことがあげられる。

その医師の職業的権威が弱まりはじめたのが1970年代から80年代にかけてである。日本のような国民皆保険制度のないアメリカで

は医療保険は70年代まで民間の保険会社と，66年から実施された公的医療保険制度，メディケア（高齢者と障害者を対象としたもの）とメディケイド（貧困者を対象としたもの）が中心だった（広井[1992]）が，とくにこれらの公的保険制度が実施されはじめてから医療費の高騰と政府支出割合の大きさがたいへん問題になった。そんななかで政府は医療費削減対策の一環として73年にHMO法を制定し，HMOという方式を奨励した。HMO（Health Management Organization：健康維持機構）とは民間の組織で，診療所，病院などの施設・設備を所有し，医師をはじめとする医療従事者を雇用して，あるいは契約制で加入者の医療にあたらせるものである。加入者は原則的に一定の保険料を前払いすれば，予防医療も含めた包括的な医療サービスを受けられる。多数あるHMOが加入者確保を競い合うことによって保険料の抑制とサービス改善を実現することができる。

　しかし，医師の側から見れば，医療費削減（ひいては保険料を抑える）のためHMOに割り当てられた加入者の頭数だけ契約金が支払われたり，医療費をできるだけ抑える医師は効率が高いとしてボーナスが支払われるなどの優遇を受けたり，不必要な医療を避け質を高めるためという名目でHMOが定めた，どんな治療をどのくらい行うかといった診療指針を守らされたりするため，出来高払い制（行った診療に関して医療費が支払われる）の場合と違って診療上の自由度が制限される。そのうえHMO加入者が増えれば増えるほど，HMOに雇用されなかったり契約しなかったりすれば多くの患者を失うことになるので，不利になる（進藤[1990]，広井[1992]）。このようなHMOのシステムは1970年代に始まったマルチホスピタル・システムと呼ばれる病院の企業化とあいまって医師を企業のために一定のスタンダードの下で仕事をする雇用者のようにしてしま

い，治療に関しての裁量権と高い自由度を伴う職業的権威を低めてしまったと言える。

医師の権威が高かった時代には医師−患者関係はパターナリスティック（父親的）な，権威的ではあるが慈悲を持って患者を導く医師と従順に医師を全面的に信用する患者といった関係が理想視されていたが，このように人権擁護の意識と医療不信が高まり，医師の権威が軽減されると，医師を医療サービスの提供者，患者を消費者とした契約的な医師−患者関係が理想化されるようになった。

2-3 社会学における医師−患者関係論

このように，医師−患者関係は現代の社会問題として見直されてきた。しかし，近年になってもICがただ患者が医師を相手に訴訟問題を起こすのを防ぐための形式的なペーパーワークになっているという批判（広瀬［1998］，高橋［1996］）や，とくに日本人の間では，契約的な医師−患者関係において理想化されるようには，あるいは実質的にICを実現するほどには患者は積極的でもないし自己責任の意識も強くないという批判も出ている。

では，このような契約的関係は可能なのだろうか。また，患者の人権を守るにはどんな改善がなされればいいのだろうか。社会学における医師−患者関係の分析を見てみると，医師と患者間の知識量のギャップや医療そのものの不確定要素，そして両者の間のコミュニケーションが医師−患者関係のメカニズムを探るうえでのキーであることがわかる。

[1] 関係を決める要因①：知識量のギャップ　　パーソンズという社会学者は，1950年代に後の医師−患者関係の社会学的分析の基盤となるようなモデルを提唱した。とくに，**患者役割**（sick role）という概念はたいへん注目を浴びるとともに，何回となく見

直され，また他の社会学者の批判も受けてきた（Parsons [1951]，[1975]）。パーソンズによると，患者であるということは社会的に正当化された逸脱行動と言える。逸脱行動とは，社会の規範に反する行動のことで，一般的には犯罪，非行，自殺，薬物依存などを指すのだが，患者であることは規範には反するが，それを他の人々によしとされている特殊な例だというのである。この定義によると，患者の役割，患者の立場は次のように特徴づけられる。

（1） 患者は通常の社会的責任から逃れることをよしとされる（仕事や家族に対する責任を負わなくてもよいと認められる）。

（2） 患者には自分で自分の世話をすることが期待されていない。

（3） 患者は健康になりたいと望むことが期待されている。

（4） 患者はプロフェッショナルの助けを求めることを期待されている。

このように，患者役割の考え方では患者の立場は受け身で依存的な立場とされている。このパーソンズの考え方は，医師と患者の間にはそもそも大きな専門的知識と能力のギャップがあるので，両者の関係は元々非対称な，バランスのとれない関係であるという認識に基づいている。このような関係は，医療を施す側が受ける側への責任，それも受ける側からの信用があってこそ成り立つような責任を持つことでしか機能しない。つまり，医師は専門的な知識・経験・技術のうえで患者よりもはるかに勝っていて，医療の内容は患者が評価したり判断したりするレベルを超えているので，患者は客観的な指標や自分の判断から医師のすることを評価できるはずはなく，医師を専門知識を十分に備えた存在として信用するしかないというのである。医師の側はそのような患者の言うなれば根拠の曖昧な信用を与えられる代わりに，職業的な倫理に基づいて患者の状態に関して多大な責任を負わざるをえない。このような関係のなかで

は患者はおのずと患者役割の特徴としてあげられたような受動的な役割を受け入れざるをえないのである。

この受け身的な患者像は他の研究者の批判の対象ともなった。たとえば医師であるザッズとホランダーは患者の役割はパーソンズのいうように一般化できるものではなく、生理学的症状の重度によって医師－患者関係は患者の医師への依存度の違う、次の3つのパターンに分類できると主張した（Szasz and Hollender [1956]）。

(1) 能動－受動モデル：麻酔下や昏睡状態、意識不明など、患者が無力で判断能力もない場合で、医師が一方的に治療を行い、患者はその治療を無条件に受けるだけというパターン。

(2) 指導－協力モデル：(1)の場合ほど重篤でない、急性疾患などの場合で、医師の治療的な指示に患者が協力するといったパターン。

(3) 相互参加モデル：慢性疾患の管理や精神分析のように症状はそれほど重篤ではなく、長い期間の、生活全般が関わってくる治療の場合で、自己管理などを通して患者が積極的に治療過程へ参加するパターン。

このような批判に対してパーソンズは医師－患者間の関係の非対称性はどんな場合でも避けられない性質だと述べている。パーソンズのモデルもザッズとホランダーのモデルも結局は医師－患者間の力関係が偏っていることを指摘しており、とくに後者のモデルはその偏りが患者の知識や判断能力によって変わることを示している。そもそも、医師という職業の社会的権威は専門知識の占有によって可能になったと言われている。したがって、医師と患者の間の専門的知識や能力の差が大きいほど、医師の権威は強くなり、患者の自律性（autonomy）は弱まり、患者は医師を全面的に信頼せざるをえなくなる。反対に、患者の側の専門知識が少しでも多ければ、そ

の自律性は高まり，契約関係に近い関係が可能になるということである。

[2] 関係を決める要因②：医療のプラクティスにおける不確定性

医療に潜在的にある不確定性も医師-患者関係に関わってくる要因と思われる。医師は，患者の病状の変化，薬物療法の効果と副作用，新しい医療技術の使い方，患者の治療への心理的な反応など多くの複雑で不確定な要素を判断に採り入れなければならない。医療社会学者フォックスの医学教育の観察と研究によると，医学教育に必要な要素の1つに，「不確定性に対する訓練」，つまり不確定で曖昧な状況にどう対応するかの訓練があるという。

フォックスは医学生が教育上で直面する不確定性を3種類に分けて考えた（Fox [1989]）。1つ目は膨大な医学的知識を自分が十分マスターしていないという不確定性，2つ目は医学的知識自体の確実性，信憑性，限界，曖昧さなどに関して感じられる不確定性，3つ目は1つ目と2つ目の不確定性を識別することが難しいことから感じられる不確定性である。医学の研究は刻々と進んでいるが，まだまだ説明できない症状や病理，薬の効果のメカニズムなどがたくさんある。学生はそれらの曖昧な，しかも膨大な量の知識を不完全に把握していることから大きな不確定性を負わなければならない。フォックスによると，経験を積むことによって医師は，どんな医学知識もどの程度確実なものか疑ってかかるような懐疑的な状態と，反対に何でも鵜呑みにして，また自分の知識の習得に自信を持って過剰に確信を持つ状態の間のバランスを保てるようになる。

医師-患者関係でこの不確定性ということを考えると，専門知識の量や能力が一方（医師）に偏るほど，治療に関する裁量権も偏る（医師が占有する）ように，不確定性を処理する側が，裁量権を握ると考えられる。なぜなら，患者の側が医師を信頼してすべての決断

をまかせるということは,ひるがえってみれば不確定性に直面したくない,しなくてよいということだからである。反対に患者が自分で治療に関する判断を下すには,特定の治療の成功率がどのくらいだとか,危険性がどのようなものか,後々自分が後悔しないだろうかなどという不確定性を処理するということである。したがって,契約的な医師‐患者関係においては患者側は受ける治療に関する情報を受け取るだけでなく,このような不確定性に対処する覚悟がある,あるいは対処できる状態になくてはならない。

このような医療の内容に関わる不確定性に医師がどう対処するかを示唆する興味深い研究がある。カッツとコールマンという社会学者は,新しく市場に出た薬剤がどのように医師の間で治療に使われるようになるか,つまり医療の現場に普及するかに関して研究した。その研究では,どんな特徴を持った医師が早く新薬を治療に採り入れるかが調査された(Coleman et al. [1957],[1966])。

一般に新薬はその効果や危険性(副作用)がそれまでの研究で確認されているとはいえ,実際にどのような不測の事態が起こるかを考慮すると,医師にとってはある程度の覚悟が必要である。彼らの研究によると,同業の交友関係が多く,相談相手やアドバイスを与え合う相手が多ければ多いほど新薬を早い時期に採用することがわかった。つまり,著名な医師の評価や学問的な文献による証明というよりは,自分と直接関係があり,社会的に同じような位置づけにある同業者がその新薬を使っていれば,安心して使うようになる,ということである。

このように,人と人との関係やその間に生まれる情報への信頼によって医療の現場での裁量が影響を受けるのである。不確定性の高い状況で決断しなければならないとき,心理的な支えを人間関係に求め,その支えは相手が同じような知識や能力を持っていてこそ成

り立つということになる。この研究が医師-患者関係に示唆することは,患者の側でももしその患者が何の知識や判断能力も持っていない,あるいは持っていることを医師が期待していない場合には医師は患者以外のより能力や知識の近い同業の医師と不確定性を分配して受け持つことによって不確定性に対処するが,逆に患者もある程度医学的知識や判断能力を身につけることが可能であると仮定すれば,両者の関係のなかで双方が不確定性を分配し,さらには治療に関しての決断の責任も分配する関係が可能かもしれないと考えられることである。

[3] 医師-患者関係の社会学的調査・研究　これまで述べてきたように,社会学的に考察すると,医師-患者関係を考えるうえでは両者の間の知識量のギャップや不確定性の均衡がキーとなると思われる。これらのコンセプトは医師-患者関係をどのように改善したらよいかという問題に簡単な1つの解答を与えるわけではないが,さまざまな研究の基盤となっている。

ある不妊治療の研究（Becker and Nachtigall [1991]）では,医師の不妊を治療できる存在としての権威,患者の医師に対する信頼,不妊治療自体の不確定性の間のバランスがどのようにして長い治療期間の間にシフトしていくかを示している。不妊治療には患者の子どもを持つことに関する価値観や治療に取り組む努力,医師の励ましなどさまざまな要素が複雑に関わっており,しかも医師も患者も辛抱強く長い治療期間を必ずしも100%ではない成功率に向けて耐えなければならず,患者が途中で医師に対する信頼を失ったり医師が患者との接し方に困惑したりするという。

この研究では,次のような医師-患者関係の変遷のパターンが明らかにされている。まず,治療の初めには患者たちは医師を信頼すると同時にすべての責任を医師が持つことを期待してしまい,医師

が治療に関する判断で困惑をあらわにしたり必要な感情的な励ましを与えなかったりすることで、その信頼が裏切られたと感じ、がっかりしたり怒ったりする。しかし、治療が進み、終わりに近づくにつれて多くの患者たちが自分の問題を克服するのは自分の責任だと悟り、治療に関して感情的にならず客観的な判断をしたり、医師を責めずに積極的に治療に取り組もうとするようになるという。

　この現象をベッカーらは、治療に関する不確定性と責任が、医師と患者の間の交渉によって再分配される現象として分析した。医師が治療の過程において患者に自分の治療をコントロールさせる、たとえば今後の治療方針を選ぶなどさせることに成功すると、医師はそれを機に治療に関する不確定性をある程度患者に転嫁させることができ、患者に自分の治療に対して責任を持たせることができるという。この研究では、結局は患者が、医師－患者関係の間の曖昧な責任分担とそれに伴う感情的な衝突から抜け出す鍵を握っているということが示されている。つまり、医師は職業的な責任と治療の不確定性が生じさせるジレンマに陥っているが、患者は少しでもその不確定性を直視して自分の治療の責任を医師と分配するきっかけを作る柔軟性が残されているというのである。

　また、医師－患者間の知識量に関しては、とくに両者の医学用語や医学的概念の理解の仕方の違い、つまり医学的に正しいとされることと素人の理解の仕方とのギャップとして社会学や人類学の研究対象となってきた。そのようなギャップをどのように克服できるかという観点で、医師と患者だけではなく看護師など医師以外の医療従事者や患者の家族の、患者を取り巻くコミュニケーションへの影響に関する研究もある。たとえば、精神科医、一般医、患者、看護師それぞれの持つ、「抑鬱症」「精神分裂症」「摂食障害」といった精神医学用語の定義をサーベイ調査した研究がある（Hadlow and

Pitts [1991])。それぞれの立場の人々なりの定義の医学的な正確さは，精神科医がもちろん最も高く，一般医，看護師その他の医療従事者，患者の順に正確さが失われることが明らかになった。しかし，医師と患者の間のコミュニケーションのために，素人の考え方も理解でき，しかも正確な知識を与えられれば専門的な理解も可能な医師以外の医療従事者が，医師－患者間の重大なコミュニケーション・ギャップを取り除くのに重要な役割を果たす可能性が示唆されている。

　実際に医師とのコミュニケーションの時間を長くしたり教育的プログラムを組むよりも，難解な医学用語を使わない，カジュアルな場面での医師以外のスタッフとの会話の方が，患者のよりよい理解に役立つという見解も出てきた（Donovan [1991]）。このような会話による方がより効率的に，素人が疾患や治療に関してどのように理解（あるいは誤解・曲解）しているのかを探り，正確な医学的理解と少しでもかみ合うようにすることができるというのである。

2-4　医療の問題への社会学的アプローチ

　このような社会問題としての医師－患者関係に見られるように，医療の分野でも，さまざまな社会的背景からそれまでは問題にされなかったことが社会問題として発生し議論されるようになる。父親的な権威と慈悲を持った医師と，全面的な信頼を持って受け身的に医師の指示に従う患者というような関係は，医師の権威の乱用への批判や患者の消費者意識の向上，医師の権威の低下といった背景の下で問題視されるようになった。この節で見てきたように，社会学ではそれらの社会的背景や要因を検討するとともに，その社会問題についてどのようなメカニズムが働いて社会現象が起こっているのか，どのような要素がキーとなっているのか，それらをどう変化さ

せれば望ましい結果が得られるのかが検討される。医師－患者関係において,ほかにもさまざまな要因があるが,この節ではその一部として両者間の知識のギャップや医療そのものの不確定性,両者間の責任の分配などが注目されたことを示してきた。これらの要素を考慮すると,患者の,自分の治療に対する責任の分担や,医師以外の医療従事者をうまく機能させて知識量のギャップを狭めることが,ICを形骸化しないような,より機能的な医師－患者関係に必要だということが確認されてきたのである。

3 汚染・環境問題

　日常生活の舞台である地域環境は,地域社会や生活様式とともに劇的に変化した。著しい変化は経済発展による「豊かさ」と「利便性」をもたらすと同時に,さまざまな公害・環境汚染問題をもたらした。水に関わるものだけを列挙しても,工場排水の有機水銀が原因で発生した水俣病問題,浄水器なしには飲めない水道水,赤潮,酸性雨,河川の汚染や悪臭の発生,原油流出事故に伴う海洋汚染問題と多種多様である。身近な問題に感じられるものもあれば,遠い過去の問題のように感じられるものもあるだろう。それは私たちの位置する空間や時間がどのような環境問題と接合しているのか,マスメディアの伝達する情報は何を環境問題として伝えているのか,ということと関連している。

　そのため,私たちが持っている汚染や環境問題に対する遠近感は,問題を現実に経験した人々や地域とは異なったものになるだろう。遠く感じられる問題が,実際には,同時代を生きる人が日常的に経験している健康被害であり,具体的な生活環境の被害であり,あるいは地域社会の対立やしこりとして現在に生きている問題であるこ

とも多い。井戸や川の水を飲み，薪や枯れ葉でお湯を沸かし，重い荷物を背負って舗装されていない道を延々と歩いた，そのような経験を語ることができる世代の人を探し出すのはさほど困難ではない。同様に，一見すると過去の問題のように思われるかもしれないが，私たちは水俣病のような公害被害者と同じ社会を生きていることを忘れてはいけない。病院や福祉の現場で，あるいは地域社会で，私たちは汚染や環境問題と向き合ってきた人々と出会うかもしれない。

3-1 環境問題の見取り図

国内的にも国際的にも環境問題への社会的関心が高まった時期が2度あった。1度目は1960年代後半から70年代前半にかけてで，公害や環境汚染が先進各国で深刻な問題になった時期である。企業の経済活動がもたらす公害・汚染は，経済コストに組み入れられず，もっぱら外部に排出される外部不経済の問題であった。その反省から，汚染した者が被害を補償し，環境回復のコストを負担する義務があるという，**汚染者負担の原則（PPP）**が確立された。

2度目は，環境問題の冬の時代をはさんで1980年代末から現在に至るまでで，国際化や国際分業の進展に伴い，新たに地球環境問題が国際政治のなかで重要なテーマになった時期である。企業もゼロ・エミッション（ごみゼロ活動）や国際的な環境基準である**環境ISO（=ISO14001）**の取得など，環境に配慮した**循環型経済**をめざした活動を行うようになってきている。経済や政治，あるいは法など，社会の諸制度の枠外にあった環境が急速に「制度化」されてきているのが現在の状況といえる。

図4-4は日本国内における環境問題の変遷について示したものである。社会・経済・政治状況のめまぐるしい変化とともに，環境問題の論点が「**公害から自然環境問題，そして地球環境問題へ**」と変化

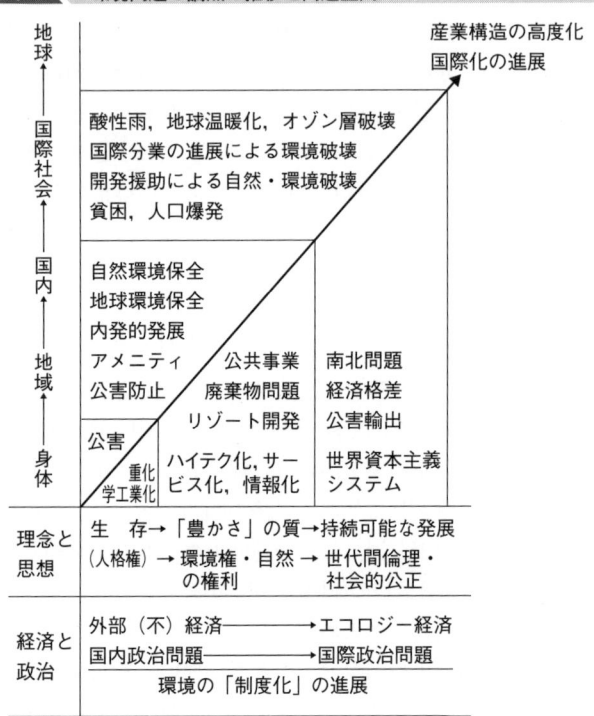

図 4-4　環境問題の論点の推移と問題空間

```
地球 ↑                         産業構造の高度化
                               国際化の進展
国際社会 ↑   酸性雨，地球温暖化，オゾン層破壊
           国際分業の進展による環境破壊
           開発援助による自然・環境破壊
           貧困，人口爆発
国内 ↑     自然環境保全
           地球環境保全
           内発的発展
地域 ↑     アメニティ    公共事業      南北問題
           公害防止      廃棄物問題    経済格差
                        リゾート開発  公害輸出
           公害
身体        重化         ハイテク化，サー  世界資本主義
            学工業化     ビス化，情報化    システム
```

理念と思想	生　存→「豊かさ」の質→持続可能な発展 (人格権) → 環境権・自然 → 世代間倫理・ 　　　　　　の権利　　　　社会的公正
経済と政治	外部（不）経済――――――→エコロジー経済 国内政治問題――――――→国際政治問題 環境の「制度化」の進展

したことがわかる。重化学工業からハイテク分野，サービス分野，情報分野へと産業構造が高度化し，国際分業やモノ・ヒト・コトの国際化が進展し，世界が1つのシステムのようになっていくと同時に，環境問題の空間的領域も拡大してきた状況が見て取れる。

3-2　経済成長と公害の激化

1956年度の『経済白書』は「もはや戦後ではない」と記した。

同じ年，熊本県水俣市では原因不明の奇病が集団発生していると公表された。のちに「環境問題の原点」といわれる水俣病である。以降，経済成長と公害とが同時進行していくことを予兆する一致である。

戦後日本の経済復興は，西ドイツ（旧）が遂げた脅威的な経済成長を超えたため，「東洋の奇跡」と称された。当時の豊かさの尺度はGNP（国民総生産）。鉄鋼，アルミ，石油化学などの重化学工業は「投資が投資を呼ぶ」状況で，GNPは飛躍的に増大した。テレビ，洗濯機など家電製品の普及，東京オリンピックの開催や海外旅行の自由化（1964年）と，経済的豊かさを享受する社会のなかで，絶対的貧困は息をひそめた。

他方で，光は影を生み出していた。絶対的貧困に代わって，健康被害や生活困難をもたらす公害問題が**現代的貧困**として立ち現れてきた。「公害が公害を呼ぶ」（庄司・宮本［1964］）状況である。1965年には第2の水俣病といわれる新潟水俣病が発生した。初の本格的な公害裁判である新潟水俣病訴訟が提訴されたのを皮切りに，四日市ぜんそく，イタイイタイ病，熊本水俣病と，次々に公害病被害者の訴訟が提訴された。これは「**四大公害訴訟**」と呼ばれている。

環境汚染は人間の生存までも脅かす。公害は「生存」という人間存在の根本に関わる問題であった。環境汚染は至る所で進行しており，身近に迫る問題でもあった。公害には「四大公害」のような産業公害もあれば，光化学スモッグや自動車の排ガスのように都市化に伴って発生する都市公害もある。農村では農薬による健康被害がある。PCB汚染のように有害物質による広範囲に及ぶ環境汚染も生じていた。この時代，公害に反対することは，健康や生命を守ることと直結していた。公害問題は身体に関わるもの，人間の生存という基本的人権を侵害する問題だった。

公害被害者運動や反公害運動の高まりを背景にして，本格的な公害対策が始動するのは1970年になってからである。この年の「**公害国会**」で公害関連14法が成立し，翌年に環境庁が設置された。公害被害の補償や公害防止費用は，汚染者である企業が負担すべきであるという汚染者負担の原則に基づいて公害対策が進められた。公害に関わる社会的費用は経済活動のコストとして組み込むべきであるという方針がとられたのである。

3-3　自然環境の保全と「豊かさ」の質

　1970年代は公害法体系が整備されただけではない。大阪万博が開催され，富士ハイウェイをはじめとする山岳観光道路が開通し，観光が一般化する契機になった年でもある。そして**環境権**が提唱された年である。環境権とは，簡単にいえば，よい環境のなかで健康な生活を送る権利のことである。すでに発生した公害・汚染問題に対処するだけでなく，公害や汚染を未然に防ぐこと，今ある生活環境や自然環境を守ることが大切である，という主張が込められている。人はパンのみにて生きるにあらず。生存を可能にする環境ではなく，幸福な生活を営むことができる環境が必要である。GNPでははかれない「豊かさの質」を求める動きが，アメニティ（快適な生活環境＝amenity）の主張や，自然環境の保護・保全の意識として顕在化しはじめた。環境庁は発足間もない72年に自然環境保全法を制定し，73年には自然環境保全基本方針を策定するなど，公害対策とともに自然保護行政を積極的に展開した。

　だが，このような動向に陰りが見えはじめた。1973年と79年，日本は2度の石油危機を経験する。第1次石油危機は，身近なところではトイレット・ペーパーや砂糖の買占め騒動を起こした。省エネのために深夜放送は自粛され，代替エネルギーの開発が叫ばれた。

経済成長から一転して不景気の時代に突入したのである。74年度には日本経済がはじめてのマイナス成長を経験し、75年度に政府は赤字国債の発行に踏み切った。こうなると公害反対の世論もしぼんでしまう。経済の悪化は国の公害対策の後退に結びつき、環境問題に対する議論も停滞しはじめる。80年代後半になるまで続く、環境問題の冬の時代が訪れたのである。

2度の石油危機を境にして産業構造は大きく転換した。1970年代後半に重化学工業が構造不況に突入し、代わりにハイテク産業、サービス産業、情報産業の伸びが見られるようになる。量から質への経済転換である。産業構造の転換と、不十分ながらも公害対策・汚染規制が行われることで、従来のように加害と被害の関係が明確な産業公害は少なくなった。代わりに、生活排水やごみ処理などライフスタイルの変化から生み出される問題、クリーンな産業のイメージがあったハイテク産業の有機溶剤による地下水汚染など、汚染源が特定しにくかったり、被害の様態が不明瞭で、汚染が広範囲に及ぶ問題が目立つようになった。

また、景気を刺激するために行われる公共事業が、自然環境の悪化をもたらすという問題も生じてきた。志布志、むつ小川原、苫小牧東部の大規模開発、道路や、港湾、空港、ダムなどの建設が環境汚染や環境破壊を引き起こすという理由から、各地で公共事業に反対する自然環境保護の運動が展開されるようになった。国や自治体の事業が公害や環境問題の原因になっても、「**公共性**」という大義名分がある。この時期、公共事業の「公共性」ほど、快適な環境を求める人々を失望させたものはない。1970年代前後に提訴された主な訴訟を表4-1に示した。「公共性」が介在する新幹線、空港、基地の騒音公害問題、埋立、大規模開発、原発立地など、多様な問題が噴出したことがわかる。

表 4-1　「公共性」や「公共事業」を問題にした主な公害・環境訴訟の提訴

年　月	訴　訟	請求の趣旨
1969.12	大阪国際空港訴訟	航空機の夜間飛行差止めと騒音被害の損害賠償
70. 5	臼杵市埋立免許取消訴訟	大阪セメント進出反対の埋立免許取消し・漁業権確認
72. 4	成田新幹線訴訟	新幹線の認可取消し
72. 7	伊達環境権訴訟	火力発電所建設反対の埋立免許取消し
73. 8	豊前環境権訴訟	火力発電所建設反対の埋立免許取消し
73. 8	伊方原発訴訟	原子力発電所設置許可処分の取消し
73.10	東海第二原発訴訟	原子力発電所設置許可処分の取消し
74. 3	名古屋新幹線差止訴訟	新幹線の騒音・振動公害の差止めと損害賠償
74. 9	沖縄 CTS 訴訟	石油備蓄基地建設反対の埋立免許無効確認
75. 1	東京電力福島第二原発訴訟	原子力発電所設置許可処分の取消し
76. 3	琵琶湖環境権訴訟	琵琶湖総合開発の差止め
76. 4	横田基地訴訟	航空機の夜間飛行差止めと騒音被害の損害賠償
78. 1	姫路（白浜沖）LNG 訴訟	LNG 基地建設反対の埋立免許取消し
80.10	西名阪道路訴訟	騒音公害（低周波公害）差止めと損害賠償
82. 2	嘉手納基地訴訟	航空機の夜間飛行差止めと騒音被害の損害賠償
82. 2	東北・上越新幹線差止訴訟	新幹線の工事差止め
84. 3	織田が浜訴訟	埋立・港湾建設反対の公金支出差止め

　また，1987年にリゾート法（総合保養地域整備法）が施行されてからは，観光開発やリゾート開発に批判が集まった。スキー場建設に反対する自然保護運動，農薬汚染をもたらすゴルフ場建設反対の運動が各地で展開されるようになった。

　「公害から環境問題へ」という流れのなかで多様化するイシューに合わせるかのように，環境権を具体化する入浜権，自然享有権，生活平穏権などの多様な権利が提唱され，新しい環境理念や環境思想が欧米から移入されてきた。近年では自然それ自体が権利を持つという「**自然の権利**」の主張も見られる。いずれも自然環境や生活環境を守るための戦略的な意味を持っていたが，このような権利が実際に法的効力を持つまでには至らなかったというのが，これまでの状況である。

とはいえ、1970年代以降は、積極的に環境を保全していこうという動きも目立った。企業誘致や公共事業に依存した発展方式をとるのではなく、地域みずからが地域を発展させていこうとする「**内発的発展**」の動きである。自然環境や歴史的環境を保全しながらの「まちづくり」「むらおこし」の試みが各地で行われた。たとえば、大分県大山町では「桃栗植えてハワイへ行こう」をキャッチフレーズに米作からの転換をはかり、農作物加工を手がけて付加価値をつけ、地域の所得水準を向上させた。同じく大分県湯布院では、道路建設に反対し、豊かな自然環境のある温泉地であることを選択した。農産物を地域の特産品として積極的に利用しながら独自の発展を遂げてきている。

伝統的なまちなみや景観、文化・芸能を保存しながら住民主体で地域づくりを行っていこうという歴史的環境の保存運動（木原 [1982], 片桐 [2000]）も、地域の資源を利用した「内発的発展」の試みといえる。

このような動きは各地に見られ、住民が地域の環境保全の担い手であるという意識の広がりを読みとることができる。多様な環境の保全を求める運動は、経済成長至上主義から「豊かさの質」を問う時代への変化を印している。「豊かさ」の指標はGNPだけではない。かつて、そんな主張が込められた流行り言葉があった。あまり上品ではないが、「くたばれGNP」。

3-4 地球環境問題の時代

1980年代後半の世界では、国境を越えた大規模な環境汚染を伴う事件が続発した。チェルノブイリ原発事故や化学工場爆発によるライン川の汚染、有害廃棄物の越境移動や不法投棄などである。また、ベルリンの壁崩壊を契機にした東西冷戦構造の終焉に伴い、環

境問題は国際政治の場で中心課題として討議されはじめた。92年の「**地球サミット**」では，地球環境保全のための国際的な行動計画である「アジェンダ21」が示され，「環境と開発に関するリオ宣言」が採択された。**持続可能な発展**（sustainable development）のために，戦争を含め，環境を悪化させる行為を防ぐ努力が各国に求められる時代になってきたのである。

地球環境問題の具体例として，酸性雨や，温暖化，オゾン層の破壊，熱帯雨林の減少などがあげられる。これらの問題は先進国の産業化やエネルギー消費，ライフスタイルに起因することが大きいので，問題を抑制する第1の主体は，当然，先進国である。地球環境問題は，中心である先進国が周辺である途上国をピラミッド型に統合するような**世界資本主義システム**のなかで発生している。そのため地球環境問題は，その発生の場が途上国であると認識されていても，先進国と途上国との国際分業や経済格差是正のための開発援助などに起因して生じる問題であり，南北問題の構図を持っていると解されるようになってきた。

また，国際分業の進展に伴う環境破壊も指摘されてきた。たとえば日本の場合，ハイテク，サービス，情報の各産業へと産業が高度化するに従って，重化学工業をはじめとする素材型産業は，次々に途上国に進出した。途上国は経済成長への離陸のために外資導入やプラント移転を歓迎するため，進出企業は安価な労働力と手厚い優遇策を得ることができる。途上国の環境基準は緩やかであるため，環境汚染や環境保全にかかるコストは低くなる。汚染除去装置を備えていてもコスト逓減のために稼働させない場合もあり，結果として，途上国への素材型産業の進出が「**公害輸出**」または「公害移転」につながった。日本企業の直接的・間接的な加害は，韓国の蔚山・温山の公害問題（関［1996］），フィリピンへのプラント移転に

よる大気汚染問題(平岡[1993],平岡[1996]),マレーシアのARE の放射能汚染問題などを指摘することができる。

開発援助の問題では、**ODA**（政府開発援助）をはじめとする開発援助が、途上国の環境汚染や自然環境の破壊を招くと批判されてきた。援助大国である日本の援助についても、途上国の貧困を改善せず、道路やダムなど産業基盤整備に振り向けられ、条件が整ったところに日本の資本が進出して公害を発生させるという構図が実際に見られた。そのため、たとえばダムのような大規模開発のための援助ではなく、井戸を掘るという被援助国の社会状況にみあった適正規模の援助をすべきだという批判が**NGO**（非政府組織）から出されてきた。援助の際にも、環境への配慮や、必要なところに援助が振り向けられることの重要性が議論されてきた。環境汚染を防ぐための技術移転、環境保全のためのODAや、途上国の対外民間債務支払いを免除して自然環境保全のための財源を捻出する「環境スワップ＝自然保護債務スワップ（Debt for Nature Swap）」など、自然環境保全のための援助も注目されてきた。

さらに、貧困や人口問題も開発の結果であると指摘されている。国連の開発計画などに参加してきたラーネマは、「貧困はない」と語っていた村が、8年後には「援助が必要な貧しい村」と主張するようになったという事例を引いて、「生活が経済化され、伝統的地域社会が強引に世界経済に統合された」結果、貧困感覚が世界中に蔓延するようになったと論じた（Sachs[1992]訳書p.227）。人口問題についても、開発や不平等の拡大に起因しており、その解決には女性の権利を高めていくことが重要だという議論がされている。1994年のカイロ国連人権会議で合意された「行動計画」には、「**リプロダクティブ・ヘルス/ライツ**」(性と生殖に関する健康とその権利の確立) が示された。これは、避妊や家族計画、女性の社会進出、性

の平等を進めていく重要性を表した概念である。

3-5　公害と環境問題の現在

　公害から自然環境問題，そして地球環境問題へと，環境問題が空間的に広がっていく過程を時間軸に沿って見てきた。しかし，これは公害や環境問題であげられるイシューの変化であって，必ずしも問題解決の過程を伴った変化ではなかった。たとえば，「環境問題の原点」である水俣病問題が政治決着を迎えたのは1995年から96年にかけてである。政治決着を拒んだ関西訴訟（不知火海から関西に移住した水俣病未認定患者による裁判）は，2001年4月に国，熊本県の責任を認める控訴審判決が出されたが，国，熊本県は最高裁に上告し，02年1月現在も裁判は続いている。大気汚染問題では，西淀川公害訴訟が20年ぶりに和解したのが1998年で，名古屋南部公害訴訟の判決が出されたのは2000年である。人間の生存を脅かす公害問題は，ひとたび侵害された生命や健康を取り戻すことはできないという被害の不可逆性だけでなく，すでに発生した問題の「解決」にいかに時間を要するかを教えてくれる。

　さらに，公害がなくなったわけではないことに注意する必要がある。図4-5は1960年代から70年代にかけて公害の内容としてあげられた問題，今日の環境問題の内容としてあげられる問題，そして地球環境問題を説明する内容を比較したものである。このように並べると，カテゴリーとしては異なって見える問題，新しく発生したと思われる問題が，じつは共通する事象を含んでいることがわかる。

　たとえば大気汚染。環境規制が進んで工場の煙が汚染物質をまき散らすことはほとんどない。だが，自動車の排ガスは，アイドリング・ストップの実施や技術進歩で削減されてきているとはいえ，都市部では現在も深刻な大気汚染を引き起こしている。ごみ焼却場や

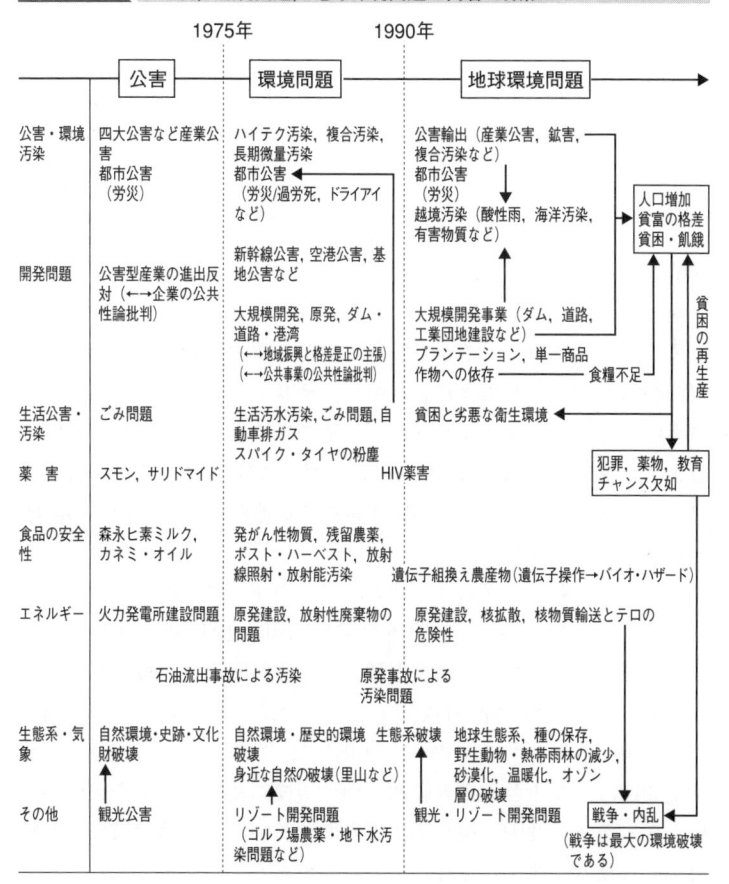

図 4-5　公害，環境問題，地球環境問題の内容と類似

	公害 (1975年)	環境問題 (1990年)	地球環境問題
公害・環境汚染	四大公害など産業公害 都市公害（労災）	ハイテク汚染，複合汚染，長期微量汚染 都市公害（労災/過労死，ドライアイなど）	公害輸出（産業公害，鉱害，複合汚染など） 都市公害（労災） 越境汚染（酸性雨，海洋汚染，有害物質など）
開発問題	公害型産業の進出反対（←→企業の公共性論批判）	新幹線公害，空港公害，基地公害など 大規模開発，原発，ダム・道路・港湾 （←→地域振興と格差是正の主張） （←→公共事業の公共性論批判）	大規模開発事業（ダム，道路，工業団地建設など） プランテーション，単一商品作物への依存 ── 食糧不足
生活公害・汚染	ごみ問題	生活汚水汚染，ごみ問題，自動車排ガス スパイク・タイヤの粉塵	貧困と劣悪な衛生環境
薬害	スモン，サリドマイド	HIV薬害	
食品の安全性	森永ヒ素ミルク，カネミ・オイル	発がん性物質，残留農薬，ポスト・ハーベスト，放射線照射・放射能汚染	遺伝子組換え農産物（遺伝子操作→バイオ・ハザード）
エネルギー	火力発電所建設問題	原発建設，放射性廃棄物の問題 石油流出事故による汚染	原発建設，核拡散，核物質輸送とテロの危険性 原発事故による汚染問題
生態系・気象	自然環境・史跡・文化財破壊	自然環境・歴史的環境　生態系破壊 身近な自然の破壊（里山など）	地球生態系，種の保存，野生動物・熱帯雨林の減少，砂漠化，温暖化，オゾン層の破壊
その他	観光公害	リゾート開発問題 （ゴルフ場農薬・地下水汚染問題など）	観光・リゾート開発問題

補足事項：人口増加／貧富の格差／貧困・飢餓／貧困の再生産／犯罪、薬物、教育チャンス欠如／戦争・内乱（戦争は最大の環境破壊である）

産業廃棄物の野焼きで発生するダイオキシンは，大気だけでなく土壌や水質に深刻な汚染をもたらしてきた。

そして，急速な発展を遂げようとする途上国では，公害という伝

表 4-2　　問題の＜加害－被害＞関係と発生空間

問題認識	時期	加害源	＜加害－被害＞関係	問題発生空間
公　害	1970年代前半まで	単一・特定化可能	直接的加害 →被害明瞭	国内/局所的または地域的被害
環境問題	1970年代後半以降	複合的・特定化困難	直接/間接的加害 →被害不明瞭	国内/広域的被害
地球環境問題	1980年代後半以降	複合的・特定化困難	直接/間接的加害 →被害不明瞭	グローバル/越境または脱国境

統的汚染も，新しいタイプの汚染も，同時に発生しているということを忘れてはならない。

　また，意外に思われるかもしれないが，薬害や食品汚染問題も公害の範疇で論じられてきた。スモン，サリドマイド，森永ヒ素ミルク事件やカネミ・オイル事件などがその例である。そして今日に至るまで，薬害や食品汚染は，HIV薬害，添加物や食品の放射能汚染，ポスト・ハーベストや遺伝子組換え農産物の安全性などの問題として次々に顕在化してきた。

　もちろん，問題の構造は公害の時代と現在とで異なる点が多々ある。表4-2を見てみよう。日本の環境問題は1970年代後半以降，問題の発生源が単一で，加害と被害の関係が明確で，被害が限定されるものから，発生源が特定しにくく，加害と被害の関係が不明瞭で，被害が広域化するものへと変化した（古川［1999］p.62）。地球環境問題は，発生源と影響範囲が地球規模に及び，汚染や破壊の過程もさまざまな要因が複合的に絡みあっている。環境対策や問題解決がそれだけむずかしくなっているのである。

　そのため，汚染や被害発生のリスクを事前に認知し，回避していく姿勢が重要になってくる。積極的に環境リスクの情報を公開していくことは，環境問題の発生を防止し，快適な環境の創造に不可欠な住民参加を促進していくためにも重要である。

3-6 地球規模で考え,地域レベルで行動する

　日常生活では我慢と忍耐を要求される場面が多々ある。道理にかなうこともあれば,理不尽なこともある。日本の公害や環境問題でも,被害者や生活者に一方的に我慢を強いる場面が多々みられた。法律の分野に「受認限度」という言葉がある。開発も環境もどちらも重要な社会的価値だから,2つの価値のバランスをとらなければならない。いわばその均衡点が「受認限度」で,限界を超えてはじめて開発行為を差し止めることができるというわけである。空港や新幹線,基地の騒音公害のように,加害行為が高度な「公共性」に基づくものであれば,「みんなのためにもっと我慢しなさい」と言われて,「受認限度」は通常よりも引き上げられるという議論もされた。そのため,健康を脅かすことが予測されたり,すでに健康被害が生じていても,なかなか加害行為がを差し止めることができない状況があった。

　「迷惑施設」といわれるごみ処分場建設でも我慢が求められてきた。ごみを出しているにもかかわらず,自分の地域での建設に反対するのは住民エゴにすぎないという主張である。社会的な必要性にもかかわらず,身近な地域（裏庭）だからという理由で「迷惑施設」の建設に反対するのはおかしいという考えは,NIMBY（＝not in my backyard）と呼ばれる。「**大量生産→大量消費→大量廃棄**」社会の見直しを議論するのではなく,住民エゴという一言で反対運動を封じ込めようとする論理が,それなりの説得力を持ってきたことは確かである。

　住民の意見が届かないところで閉鎖的に政策が決定され,しかも我慢を強いる論理が幅をきかせるなかで,被害者や住民が展開する運動はしばしば厳しい状況におかれた。地域が反対派と賛成派に分かれて互いにいがみあったり,反対派の切崩しが行われたりしたた

めに，地域の人間関係や社会関係が悪化した。反対運動を担う人々は「時間的・経済的・身体的・精神的諸コストを一方的に負担し，そしてしばしば地域社会のなかで少数者化させられ，極端な場合には孤立を余儀なくされ」たのである（長谷川［1993］pp.117-18）。

振り返ってみると，公害問題も我慢を強いられ，地域の人間関係や社会関係の悪化をもたらす問題だった。たとえば熊本の水俣市では，水俣病被害者運動の高揚が地域経済の根幹であるチッソの経営を悪化させるという主張がなされ，運動を担う被害者が非難される状況が幾度も繰り返された。

ところで，なぜ我慢が必要とされたのだろうか。産業活動や開発計画，事業の実施のためである。経済発展や産業活動の推進，大量生産を支える大量廃棄のライフスタイル，公共事業依存型の地域振興政策が，我慢を強いてきたのである。環境と開発，環境と経済との関係がいかに矛盾に満ちたものだったかを，これまでに強いられてきた我慢の数々が証言している。

環境を守るためには，我慢を強制しないことが重要である。空港や新幹線などの「公共性」ではなく，環境の「公益性」を優先させることが考えられてもよい。自分の裏庭だけでなく誰の裏庭にもごみ処分場をつくらないように，NIMBYからNIABY（not in anyone's backyard）へと社会を転換させることを考えることも必要である。多面的な議論＝対話を重ねることが，環境を守るための筋道として求められている。

地域の環境を地域住民が守ろうとすることは，必ずしも住民エゴではない。そもそも，具体的な地域環境は地球環境の一部である。地域環境を守ることが地球環境を守ることにつながっている。「**地球規模で考え，地域レベルで行動する**」（think globally, act locally）という言葉がある。地域での行動が地球規模の問題を考える契機に

なり，地域での行動が地球規模の行動につながる。我慢を強制しないシステム，たとえば政策決定過程への住民やNGO・NPOの参加，リスク・コミュニケーションを進める必要性が，近年では指摘されるようになった。政策決定過程に住民参加を保証し，合意形成をしながら計画をつくっていくことは，快適な環境を享受し，創造するために必須である。

環境を軸にした思想や倫理が海外から移入されている。快適な環境を享受する権利はいま生きている人々だけでなく，これから生まれてくる次世代の権利でもあるという「**世代間倫理**」という考え方がある。「子どもや孫のために自然環境を守る」という考えを概念化したものだと思えばよい。マイノリティである先住民族や差別を受けやすい有色人種の人々が住む地域は汚染を受けやすい状況にあるため，これらの人々が快適な環境を享受する権利はとくに配慮されなくてはならないという「**環境的公正**（=環境的正義，environmental justice）」の議論もある。アイヌ民族が自分たちの聖地を守るために二風谷ダムに反対した例は，「環境的公正」の問題にも関わっている。

1993年制定の**環境基本法**は，環境保全は国，地方公共団体，事業者，そして国民の責務だと明示している。リサイクル運動や地域の清掃ボランティア，環境に負荷を与えない活動は否定されることがないだろう。反対運動を担う人々も，政策決定過程に参与し，意見表明しようと試みているのであり，否定されるべき存在ではない。環境を守るために，もはや我慢は美徳ではないのである。

● **演習問題** ●
1 福祉に関連して，どのようなサービス産業が必要となるのか，そうしたサービス産業が整備されるための条件について考えてみよう。

2 情報化の進展に伴って，社会福祉活動，社会福祉政策はどのような影響を受けるのだろうか。

3 インフォームド・コンセントとは，どんな概念で，どのようなきっかけで重要視されるようになったのだろうか。

4 医師−患者関係は社会学的研究において，どのように分析されてきたのか。患者役割の概念を使って説明してみよう。

5 日本の公害・環境問題の歴史を概説してみよう。

6 地域福祉の分野から環境問題に貢献できることは何か，考えてみよう。

■引用文献

飽戸弘・松田義幸編［1989］『「ゆとり」時代のライフスタイル』日本経済新聞社

伊藤公雄［1996］「メディアと社会学」井上俊ほか編『メディアと情報化の社会学』（岩波講座現代社会学 22）岩波書店

嘉田由紀子・大西行雄［1996］「ミニコミとしてのパソコン通信とインターネット」井上俊ほか編『メディアと情報化の社会学』（岩波講座現代社会学 22）岩波書店

片桐新自編［2000］『歴史的環境の社会学』（シリーズ環境社会学第3巻）新曜社

木原啓吉［1982］『歴史的環境』岩波書店

後藤和彦［1972］「情報化」辻村明編『現代社会論』（社会学講座 13）東京大学出版会

小林好宏［1999］『サービス経済社会』中央経済社

佐藤俊樹［1996］『ノイマンの夢・近代の欲望』講談社選書メチエ

佐和隆光編［1990］『サービス化経済入門』中公新書

庄司光・宮本憲一［1964］『恐るべき公害』岩波書店

進藤雄三［1990］『医療の社会学』世界思想社

関礼子［1996］「韓国の重化学工業化と公害問題——蔚山・温山工業団地と『温山病』」『アジア地域の環境社会学的研究』（文部省科学研究費総合研究報告書，代表・飯島伸子）

高橋涼子［1996］「患者からユーザーへ——精神医療から考える患者−医療者関係とインフォームド・コンセント」井上俊ほか編『病と医療の社会学』（岩波講座現代社会学 14）岩波書店

富永健一［1988］『日本産業社会の転機』東京大学出版会
長谷川公一［1993］「環境問題と社会運動」飯島伸子編『環境社会学』有斐閣
平岡義和［1993］「開発途上国の環境問題」飯島伸子編『環境社会学』有斐閣
平岡義和［1996］「環境問題のコンテクストとしての世界システム」『環境社会学研究』第2号，新曜社
広井良典［1992］『アメリカの医療政策と日本』勁草書房
広瀬輝夫［1998］『日本よ！ 米国医療を見習うな』日本医療企画
古川彰［1999］「環境問題の変化と環境社会学の研究課題」舩橋晴俊・古川彰編『環境社会学入門』（社会学研究シリーズ25）文化書房博文社
矢野眞和編［1995］『生活時間の社会学』東京大学出版会
Becker G. and R. Nachtigall [1991], "Ambiguous Responsibility in the Doctor-patient Relationship : The Case of Infertility." *Social Science and Medicine*, 32 (8).
Bell, Daniel [1973], *The Coming of Post-Industrial Society*. Basic Books. （内田忠夫ほか訳［1975］『脱工業社会の到来（上・下）』ダイヤモンド社）
Bloom, S. W. and R. N. Wilson [1979], "Patient-practitioner Relationships." H. E. Freeman, S. Levine and L. G. Reeder (eds.), *Handbook of Medical Sociology*, 3rd ed. Prentice-Hall.
Coleman, J. S., E. Katz and H. Menzel [1957], "The diffusion of an innovation among physicians." *Sociometry*, 20.
Coleman, J. S., E. Katz and H. Menzel [1966], *Medical Innovation : A Diffusion Study*. Bobbs Merril.
Donovan, J. [1991], "Patient Education and the Consultation : the Importance of Lay Beliefs." *Annals of the Rheumatic Diseases*, 50.
Fox, Renée C. [1989], *The Sociology of Medicine : A Participant Observer's View*. Prentice-Hall.
Hadlow, J. and M. Pitts [1991], "The Understanding of Common Health Terms by Doctors, Nurses and Patients." *Social Science and Medicine*, 32 (2).
Jones, J. [1981], *Bad Blood : The Tuskegee Syphilis Experiment*. Free

Press.
Moore, W. E. [1963], *Social Change*. Prentice-Hall. (松原洋三訳 [1968]『社会変動』至誠堂)
Parsons, T. [1951], *The Social System*. Free Press.
Parsons, T. [1975], "The Sick Role and the Role of the Physician Reconsidered." *Millbank Memorial Fund Quarterly*, 53.
Rothchild, J. (ed.) [1983], *Machina ex dea*. Pergamon Press. (綿貫礼子ほか訳 [1989]『女性 vs テクノロジー』新評論)
Rothman, D. J. [1991], "Human Experimentation and the Origin of Bioethics in the United States." G. Weisz (ed.), *Social Science Perspectives on Medical Ethics*. University of Pennsylvania Press.
Sachs, W. (ed.) [1992], *The Development Dictionary*. Zed Books. (三浦清隆ほか訳 [1996]『脱「開発」の時代』晶文社)
Starr, P. [1982], *The Social Transformation of American Medicine*. Basic Books.
Szasz, T. and M. Hollender [1956], "A Contribution to the Philosophy of Medicine : The Basic Models of the Doctor-patient Relationship." *Journal of the American Medical Association*, 97.
Toffler, Alvin [1980], *The Third Wave*. William Morrow. (徳岡孝夫監訳 [1982]『第三の波』中公文庫)

5章 ライフスタイルと文化システム

▶休日のレジャーとしても定着してきたフリーマーケット（共同通信社提供）

本章で学ぶこと

本章で学ぶことは、大きく分けて2つあります。1つは、文化とは何かということと、その中心である国民文化とその変化についてです。もう1つは、文化と個人がどのようにつながっているのかという接点に関してです。その焦点は、日常的な消費文化を媒介としたライフスタイルにあり、とくに、個人の**ライフスタイル**がどう文化とつながっているのかを十分に理解することと、日本の社会を例にとって何が問題なのかということです。

1 文化システム

1-1 文化システムとは何か

まず,文化とは何かを明らかにしよう。文化とは,「おもに,象徴や言語を用いて,繰り返すことを可能にしているシステムや制度であり,特定の集団や社会に共有されている」。したがって,きわめて広範囲に存在する。まず,個人レベルでは,文化は内面化(internalization:個人の精神やパーソナリティに記憶され血肉化されて身につくこと)を通じて反復され,信念や思想として蓄積される。次に,集団や組織レベルでは,フォーマルな面とインフォーマルな面と両面がある。つまり,フォーマルに法律化されていたり,一方では,成員間の常識にとどまるものもある(また,レベルは異なるが,エスニシティやジェンダーなどのように,より広い社会的集合体で共有されている文化も存在する)。さらにこのレベルは,**国民国家**や国際社会,トランスナショナル社会,グローバル社会まで存在する。そして国民文化,国際文化,トランスナショナル文化,グローバル文化,が対応している。文化に関して,もう1つ重要な側面は,言語・習慣・慣習等も文化に含まれる,最終的には,宗教や科学もその中に含まれるということである。この点をまず理解しておく必要がある。

文化は,個人に内面化されていたり,インフォーマルな文化の場合は,成員に共有されているだけで,はっきりとした社会的実体を持たないこともある。しかし,多くの場合,何らかのはっきりとした社会的実体を持つ。それを,**文化システム**とか**文化制度**とか呼ぶ。わかりやすい例を2つあげてみよう。1つは美術館である。美術館は,美術に関する文化制度の典型例で,国や地方自治体などから助成を受けて成り立っている。もう1つの例は,ポピュラー音楽であ

る。一見すると制度に見えないかもしれないが，広告・流通業界や音楽産業の活動により，巨大なマーケットを持ち巨額なお金が動く文化制度である。

1-2　国民文化とサブカルチャー

それでは，現代社会において，どのような社会的実体が文化を支えているのだろうか。その中心は，**国民文化**（national culture）である。近代社会は，国家を中心にして成立し，200年以上前のフランス革命やイギリスの産業革命以降，第2次世界大戦終了後の1950年代や60年代まで続いてきた。国家を構成する国民が共有している，あるいは，すべきものが国民文化であった。国民文化の特徴は，個人的違いや社会的違いを超えて，想像することにより成立する点である（B. アンダーソンは，それを「想像の共同体」〔imagined community〕と呼んでいる）。

しかし，同時に，国民文化は，さまざまな下位文化（sub-culture）を内に含んでいる。代表的なものは，階級文化，とくに，労働者文化や若者文化（youth culture），あるいは，逸脱的な文化（deviant culture）などである。元々，ヨーロッパの社会におけるサブカルチャーのインプリケーションは2つある。1つは，**サブカルチャー**は，マイノリティ（少数者）の文化だということ，もう1つは，支配的な文化ではないという点である。サブカルチャーの機能は，元々，3つあった。第1に，少数者のアイデンティティを確保する機能，第2に，社会に対する反機能，最後に，しばしば，社会を革新するきっかけを提供する機能である。しかし，1980年代以降のポストモダンな社会においては，サブカルチャーとメインカルチャーとの境界がはっきりしなくなったことも事実である。とくに，日本社会の場合，集団主義的な性質が強いので，階級，若者，逸脱などの壁

がはっきりしなくなると，それに付随する境界を崩す傾向が強く，客観的な差異ほどにはその違いが見えなくなっている。

ただし，これらの国民文化やサブカルチャーは，ヨーロッパ社会をモデルにした説明である。国家それ自体，シンガポールのような都市国家から，アメリカのような巨大な国家まで，国家にはそのサイズや歴史的経緯などの違いが存在し，一律に扱うのは適当ではない。

日本社会の場合は，次のように考えるのが適切であろう。日本の近代社会は，明治維新以降の近代化政策（富国強兵政策）により，明治の半ばから，1970年代前半まで継続した。江戸時代までは，中央集権的な国家形態ではなく，分権型の社会を構成していた（江戸時代は270余りの藩に分かれていた）。国民国家が成立したのは，太平洋戦争時であった。その当時の，20～30年間が国民国家が形成され，国民文化が完成した時期である（野口悠紀雄は，それを「1940年体制」と呼んでいる，野口[1995]）。この国家総動員体制時に，はじめて国民文化が成立したのである。戦後，この国民文化は，戦争に対する反省を経て，花開くことになる。大衆文化と庶民文化，あるいは日本文化そのものということで，性別・世代別・地域別などを超えた文化として，マスコミなどがその言説をつくっていったのである。実際には，エスニシティの違い，アンダークラスによる違い，ジェンダーの違い，地方による違い，などが存在したにもかかわらずである。

1-3　グローバル文化システムとローカル文化システム

繰返しになるが，国民文化は近代社会の産物であり，いわゆるポストモダン社会やグローバリゼーションの時代においては，その文化領域は大きく変わってきている。どう変化して，どういう状態に

なってきたのかを，簡潔にまとめておきたい。

ポストモダン社会は，おもに，1970年代後半から80年代前半にかけて，経済や金融のグローバル化によりもたらされたといっていいが，その結果として，グローバル経済がグローバル・シティを中心に成立するようになった。その中心は，ニューヨーク・ロンドン・東京であったが，90年代に入ると，アジアでは，東京，香港，シンガポールの3極構造が形成されてきた。近年では，さらに，北京，上海，クアラルンプール，ソウルなどがそれに仲間入りしつつあるが，重要なのは，従来見られない，トランスナショナルあるいはグローバルな経済が成立したということである。その結果，グローバル・シティやその近くに特別に開発された経済開発地域とそれ以外の地域との格差がはっきりとしてきた。国家の違いよりも，この差のほうが大きくなりつつある点を銘記しておく必要がある。

この経済的グローバリゼーションに伴い，国際労働力移動（international migration：労働力〔外国人労働者〕が国家を超えて移動すること）がもたらされた。その結果として，従来の主権を中心とした国家の機能が，媒介的・調整的機能を遂行することへと重点が移り，一方で，情報や文化が国家を超えて人々の間で大量に行き来することになった。その結果，文化的グローバリゼーションがはっきりとした形をとるようになってきた。その中心は，アメリカであり，ヨーロッパである。そのアメリカナイゼーションやウェスタナイゼーションの行き過ぎた姿が，メディア帝国主義であり，西欧文化帝国主義といわれる現象である。

皮肉なことに，文化的グローバリゼーションは，一方で普遍主義的性格を持つと同時に，ローカリズムに価値をおく傾向がある。たとえば，国際的ツーリズムは，全世界に海外旅行ブームを引き起こしたが，その地方独特の文化を持っているところに多くの観光客が

集まることになった。このことは，一般的にいうと，ローカルな社会が活発に機能しているところほど，グローバリゼーションに適応できるという傾向も指摘できる（これをグローカリゼーションという）。

2 ライフスタイル

2-1 ライフスタイルとは何か

それでは，次に，ライフスタイルとは何か，なぜ重要なのかについて説明しよう。ライフスタイルとは，個人や集団の生活におけるマナーあるいは様式である。わかりやすくいえば，私らしいやり方・生き方・生活の仕方のことである。現代では，ごく当たり前のことかもしれないが，それが多くの人々に可能になったのはここ20年から25年くらいのことである。そして，今ではそれは個人のことだけに限定して考えられているし，消費生活に関することが圧倒的に多いように思われるが，それも近年のことである。とはいえ，現代社会が抱える社会・生活問題の解決には，消費文化・消費主義の問題を避けて通ることができない。そこで，オリジナルなライフスタイルそれ自体について考察してみよう。

ライフスタイルという問題が浮かび上がってきたのは，イギリスにおいて，社会集団の違いや社会関係のパターンの違いが，階級に基づくのかあるいはライフスタイルに基づくのかという論争がきっかけである。確かにいえることは，どちらにしろ，個人のライフスタイルを含むということである。とくに，第2次世界大戦以降は，消費社会化が進み，広告やマーケティングの対象として，個人のライフスタイルがきわめて重要性を持つようになった。したがって，先に述べたように，現在では個人の生き方に基づく，消費のスタイルという意味で用いられることが多くなったが，社会学では，たん

に消費行動だけに意味を限定して用いられることはない。

　そして，ライフスタイルの構成要素としては，さまざまのものを考えることができるが，まずは，消費行動論的には，パーソナリティ，プロダクト，セッティングの3つが重要である。つまり，わかりやすくいうと，どういう人か，どういう商品か，その商品が置かれたり使われたりする文脈はどういうものか，ということである。つまり，一貫したパーソナリティのもとで，文脈に応じて，自分の好みや価値観を基準に，生活環境を演出していくということである。しかし，じつは社会学的には，これだけではなく，パーソナリティにプラスして，後に述べる文化資本や文化階層，それ以外に，集団的アイデンティティ（group identity：集団の一員としてのアイデンティティ）等をその構成要素として追加する必要がある。

2-2　ライフスタイルの2つの起源：個人主義と集団主義

　ライフスタイルの歴史的起源一般について話を敷衍すると，大きく分けて，個人主義的起源と集合主義的起源をあげることができる。前者は，内面的価値観と信念に基づくライフスタイルの確立・維持の仕方であるのに対して，後者は，社会集団に特有な生活の一貫性である。前者については，理解しやすいだろうから，後者について解説しておこう。たとえば，T. マントウによると，かつてのフランスでは，貴族等の身分・親族集団がライフスタイル形成に決定的に重要であったと述べている。彼の説明では，現在の消費行動に顕著である，ブランド品購買行動も，元々は，没落貴族が自前のものをつくれなくなったり，新興貴族が鑑識眼がないために，ブランドに頼ることになった経緯を説明していて，そこには興味深いものがある（現代日本人のブランド品消費行動とは大きな違いが存在する）。

　日本人のライフスタイルに話を限定すると，ヨーロッパのケース

とは多少異なり，歴史的には，2つの起源を前提にすることが大切である。1つは，**個人主義的ライフスタイル**（individualistic lifestyle）であり，もう1つが**集団主義的ライフスタイル**（groupism lifestyle あるいは一般化すると集合主義的ライフスタイル collectivistic lifestyle）である。後者は，日本の家制度や近代以降の福祉的集団主義などを例にあげるとわかりやすいので，ここでは，前者についてもう少し解説しよう。前近代社会においても，日本社会に個人主義がなかったわけではない。たとえば，切腹のような自罰主義的制度や禅などの自己マネジメントの仕方は，武士階級の個人主義に基づく制度である。また，ある階層以上に見られる，食器に関する完全な自己と他者の区別（私の茶碗，お箸など）は，消費生活における個人主義的様式の例である。ただし，つねに，集団主義が個人主義に優越していたという歴史的事実を忘れるわけにはいかない。この優位は，近代社会以降も持続する。とくに，第2次世界大戦以前は，天皇制などに見られるように，集団主義がきわめて強い社会であった。第2次大戦後以降は，ようやく，権威主義的集団主義が徐々に力を弱め，機能主義的な集団主義が台頭していった（サラリーマンに顕著な企業福祉的集団主義がこの典型例である）。ポストモダンな社会に至って，集団主義に多くのバリエーションが現れるようになったり，集団主義が機能しなくなるようなアナーキーな状態も見られるようになった。

日本人のライフスタイルを考える際にもう1つ重要な要素は，都市的ライフスタイルである。日本人の場合，きわめて早い時期から，都市的ライフスタイルが確立したという歴史的経緯がある。たとえば，古い順にいうと，平安時代の京都の貴族のライフスタイルは，田舎と都の区別を重視し，つねに，都が田舎に優位するという価値観を生み出した。また，一方における，美的洗練と優雅さ，他方に

おける，過度の形式化と閉鎖的性格が，彼らのライフスタイルのエッセンスでもあった。その後，権力者に上りつめた武士の人々は，屈折した価値観を持っていた。一方で，シンプルさや純粋さを追求し，もう一方で，逆に，重厚な装飾性などを過度に追求すること（日光の東照宮など）などが彼らの特色であった（このほかにも，僧侶の階級と町人文化や農民文化などが重要である）。さらに，近代以降の日本人の都市的ライフスタイルを考える際には，これらの歴史的な経緯を継承している面を無視することはできない。

2-3 ライフスタイルの現代的意味：消費主義的文脈

ライフスタイルは，前近代社会においては，支配者階級や中産階級（大地主など）以上の人々にとってしか大きな社会的意味を持たなかった。しかし，近代社会になって，中産階級（資本家，中間管理職，専門職など）が増大してからは，ライフスタイルの持つ意味が拡大していった。そのときの鍵になるのは，消費文化（consumer culture）である。消費文化は，大量生産と大量消費に基づく文化で，アメリカで1920年代に，イギリスで30年代に確立した。その後，第2次世界大戦後，50年代にアメリカで最盛期を迎え，60年代になるとヨーロッパや日本でその繁栄を迎えるのである。その後，70年代から80年代にかけて，ヨーロッパの一部やアジア諸国の一部で消費文化が成立し，90年代に入ると，多くの発展途上国でその消費文化が確立するようになる。欧米諸国や日本に関しては，80年代以降は，市場の断片化（フラグメンテーション）あるいはセグメント化が進み，大量生産・大量消費から，多種類生産・多種類消費へと変わり，しかも，年齢・性別・階層・エスニシティなどを考慮した，細かいマーケティングや広告に基づく体制が確立していった。このような文脈に，ライフスタイルを位置づける必要がある。つま

り、この体制の下では、消費者が消費文化の王様であり、消費者は自由に消費スタイルを決めることができると広く信じられるようになったのである。それは部分的には事実かもしれないが、とくに、日本の場合は、消費者が十分な力と制度を持っているわけでもなく、流通業者やマスメディアに踊らされている部分が相変わらず見られるのである（消費者が法律的に保護されたり、異議申立てをすることにより生産・流通・消費の現実を変えられる程度が弱いのである）。

　1990年代に入ると、バブル期におけるブランド品購入に見られる高級指向が落ち着きを見せはじめた。また、グローバリゼーションによる競争激化から、低価格競争が起こり、今まで複雑だった流通業界のリストラクチュアリングが進み、カジュアル文化化が進行していった。その結果として、一方における低価格カジュアル文化（100円ショップやユニクロなど）と、もう一方における、ブランド品の多種類・ポピュラー化が進行していった（なお、ブランド品自体の消費は、日本だけの現象ではない。むしろ、グローバルな企業が意図的に進めているブランド戦略〔branding strategies〕の結果である。しかし、世界の3分の1は日本人が消費しており、日本はフランスと並ぶブランド大国であることは確かである。また、本来、一貫性を旨としたブランド品〔変わらず、長い間使えるのがブランド品の特色だった〕が消費財の一種のようになったのは、日本に顕著な傾向であることは指摘することができる）。

3　ライフスタイルと関連要因

3-1　階級・階層とライフスタイル

　ライフスタイルは、じつは、さまざまな社会学的要因と関連して成立している。この節では、この点について説明していこう。まず、ライフスタイルと関連が大きいのは、**階級**（class）・**階層**

(stratification)である。とくに，ヨーロッパ社会では，上流階級や王室が残っており（イギリス，スペイン，スウェーデン，ベルギーなど），現在でも階級や階層の違いが存在する（そもそも，階級やライフスタイルというのは西欧社会で確立した概念であり，現代においてもかなりの社会的な機能を果たしている）。たとえば，イギリスの場合，元々，産業革命当時から，上流階級，中流階級，労働者階級，アンダークラスの4つに分かれていた。この中で，とくに中流階級と労働者階級の対立が有名であるが，この対立は，今日でも消えてしまったわけではない。日本社会においても，第2次世界大戦前には，華族制度という新しい身分制度が実質的に存在していたし，中流階級は人口の15％から20％程度を占める程度で，国民の大多数は労働者階級やアンダークラス（労働者階級の扱いを受けられなかった人々の意味で，その例として，朝鮮半島から強制連行された人々のかなりの部分はこのような扱いを受けたことは，歴史的に記憶しておくべきである）であった。戦後は，この区別は主観的には問題にされることがないが，実際には，皇室制度や貴族の末裔，旧華族と大企業経営者や高級官僚とが結びついて形成されている閨閥が存在していることも事実である。

1980年代以降のポストモダンな状況では，中産階層中心の社会に変化が生じてきた。それは，**文化階層**（cultural stratification）の持つ意味が大きくなってきたということである。70年代以降，中産階層の子弟がもう一度中産階級になる機会が増大した。その意味で，中産階級が定常化し，世代間で繰り返されるような，中流階層社会が実現したのである（中流階層化していく，ボトムアップしていく社会とは基本的に異なる）。そこでは，ある程度の学歴や資産と，ある程度豊かな消費生活が保障されている。そこでの差異は，文化資本（学歴の有名性・教養の内容など）であり，それよりも前の時代の

階層移動や生活水準の上昇に伴う満足感などははっきりとしなくなっていった。例示をすると,全世帯の4分の1に本物のピアノを所有している社会など日本以外には世界のどの国にもないのである。現在では,これに加えて,どれだけ,欧米での教育経歴や職業経歴を積んでいるかに,その文化資本の条件が移動してきているが,文化資本や文化階層が重要である点には変わりがない。したがって,ライフスタイルとしては,この欧米的中産階層の道をたどるか,アメリカ西海岸的カジュアル文化階層の道をたどるかという,ライフスタイルと文化階層の,2つの中流階級的選択肢が重要なのである。

3-2 ジェンダー・世代等の社会学的要因の重要性

階級・階層以外の要因で,重要なものには次のようなものが考えられる。①性別あるいはジェンダー要因,②年齢あるいは世代要因,③家族ないし家族周期要因,④空間性,たとえば,近隣性(neighborhood)・地方性(locality)などの要因,の4つである。以下,簡単に説明していこう。

まず,重要な要因は,性別ないしジェンダーに関するものである。男性らしさや女性らしさ,あるいは,中性性(sexlessness)は,その人物の社会的属性を確保する基本的な変数である。価値判断は別にして,〈かわいさ〉とか〈セクシー〉等は,その典型的な例である。

第2に,年齢(age)あるいは世代(generation)要因がある。ライフスタイルは,一貫性を前提にしているため,人生全体にわたって変わらないというイメージがついてまわるが,実際には,その年齢や年齢の束である世代によって変化することが多い。少年・少女時代,青年時代,成人時代,壮年時代,老年時代等によって,その年齢に合った形式が選択されるのである。

第3に，家族あるいは家族周期という要因がある。現代家族は，基本的には核家族（夫婦と子どもからなる世帯）が中心であるが，その形態には多くのバリエーションが現れるようになり，とくに，単身世帯の比重の増大や3世代家族の再評価が見られるようになった。また，家族は，誕生から消滅まで，何段階かの形態の変化を遂げる第一次福祉追求集団である。子どものいない時期，子どものいる時期，子どもが巣立った時期，一人で過ごす時期，などに応じて，異なったライフスタイルが選択されることが多い。これに関連して，病気による入院や健康の度合いによる周期の変化ないしバリエーションも，重要なライフスタイル決定因である。

　最後に，近隣性ないし地方性をあげることができる。近隣性は，近接して住む住民たちからなる社会的属性である。また，地方性はそれよりももう少し広い空間的属性であり，歴史や経済的条件などにより特色づけられる。ライフスタイルは，これらの近接性や地方性と，基本的にはプラスに結びつくように選択される傾向が大きい（なお，この空間性は，さらに，国民性や地域性などへと拡大していく）。

3-3　消費文化，メディア文化，ポピュラー・カルチャー

　さらに，現在発展中の要因についても3つほどあげたい。第1に，「市場の成熟化」である。消費市場は，1980年代に入り，急速に整えられていった。基本的には，消費者の購買能力が上がるだけでなく，その消費に関する質的な需要（鑑識能力を含む）も増大していった。その結果，従来の大衆消費的な，大量生産・大量消費の消費構造から，分衆とか少衆というような，セグメント化した消費者からなる市場が成立するようになった（これを市場のフラグメント化という）。90年前後のバブル期には，一時的に，消費者の一部が極端に成金化して過剰消費や顕示的消費が目立ったが，景気が低迷しはじ

めた90年代中盤以降，彼らの姿は消えていった。その代わりに，一見矛盾するが，急速な低価格化と消費の洗練が見られるようになった。値段が安くなる一方で，商品の品質が向上していく傾向が現れたのである。また，年齢や性別などに応じた市場の小分割化が行き渡ったのもこの時期である。その結果，かゆいところに手が届くような市場が出来上がったのである。

　第2に，広告産業の洗練である。日本のマスコミやテレビ放送で最も面白いのは広告ないしコマーシャルといわれて久しいが，そのレベルはいくところまでいった感がある。機能的なコマーシャルから，イメージコマーシャルを経て，現在は，ソフィスト的コマーシャルへと移行している。CGに代表されるコンピュータ技術の進歩も伴って，自由に映像を加工できることから，現実と想像が入り混じった，あるいは，まったく想像上の世界を表現することが可能になった。だから，今や広告産業は爛熟期にあるといっていいだろう。

　日本のマスメディアは，相変わらず，若者文化とか大衆文化としてしか取り扱わないが，日本の**ポピュラー・カルチャー**は，その規模・内容・国際的競争力のどれをとっても，きわめて高いレベルに到達している（この点は，コラムを参照されたい）。好き嫌いは別にして，日本のポピュラー文化が第3の要因である。

　以上のような，3つの要因が，現在のライフスタイル，とくに，カジュアル文化的ライフスタイルをつくり出しているのである。

4 ライフスタイル・文化的グローバリゼーション・日本文化

4-1 文化的グローバリゼーションとライフスタイル

　現代日本のライフスタイルは，大都市部を中心に，グローバル・

Column ⑤ 日本のポピュラー・カルチャーとライフスタイル

　日本のポピュラー・カルチャー，とくに，ポピュラー・ミュージック（宇多田ヒカルや浜崎あゆみなど），カラオケ，アニメーション（ポケモンなど），TVゲーム（マリオなど）が，海外で人気があることは有名である。その現状とその意味するところを掘り下げてみたい。

　これらのものは，OECD諸国では人気があるが，東アジア（韓国，台湾，中国〔香港を含む〕）や東南アジア（タイ，マレーシア，シンガポールなど）ではとくにそうである。最近は，流行に差がなくなり，日本ではやっているものが即海外でもはやっている。このポピュラー・カルチャーは，カジュアルな文化とライフスタイルをベースにつくられていて，その特色は，無味無臭性（odorlessness）にある。つまり，アメリカ文化のような特有の匂いがないがゆえに，ある種の普遍性を獲得したのである。また，アジアでは，生活習慣や見かけなどが近いがゆえに，白人系や黒人系のポピュラー文化よりも親近感を感じやすいのだろう。1993年に台湾で，2000年に韓国で，日本のポピュラー文化の輸入が認められるようになって，その動きは加速した（逆にいえば，それまで，禁止されていたという現実とその理由〔日本による植民地支配までさかのぼる〕をしっかりと理解しておく必要があるだろう）。彼らが受け入れる理由はもう1つある。それは，日本のポピュラー文化が，中産階級の文化であり，その発展の歴史が長く，その洗練度が高いという事実がある。それゆえに，あこがれの対象になるのである。

　これらの傾向は，以前は，日本化（Japanization）とかグローバルなローカル化（glocalization）とか呼ばれることが多かったが，これははっきりとした，アメリカ化や西欧化と同じ質の**文化的グローバリゼーション**のトレンドと考えるべきである。

シティ間での共通性を高めながら，その差異を保ったまま，次のような4つの現代的ライフスタイルをわれわれにもたらそうとしている。

第1にあげられるのが，「西欧文化的ライフスタイル」である。このなかには，アメリカ東海岸的なライフスタイル（たとえば，ニューヨーク）も一部入れることができる。大切な点は，このライフスタイルには，西欧の中・上流階級の趣味が大幅に取り入れられている点である。ある種の特権階層を意識した様式で，このなかには，フランス的ライフスタイル・イタリア的ライフスタイル・イギリス的ライフスタイル，の3つが主要なスタイルである。この3者に共通しているは，ブランド指向である。ブランドの中身や程度はさまざまであるが，エレガントで個性的な傾向を指摘することができる。

第2に，「アメリカ文化的ライフスタイル」をあげることができる。アメリカといっても広いが，日本人，とくに東京人の好みは，西海岸的あるいはハワイ的スタイルである。カジュアルでありながら品のあるスタイルで，ただの若者文化的な安っぽい消費スタイルではない。西欧文化的スタイルとは，この気楽さが大きな違いである。しかし，その一方で，ハリウッドやナッシュビルに典型的なメディア文化的ライフスタイルとでもいうべき，ポピュラー・カルチャー的な消費スタイルも見られる。

第3にあげられるのが，「アジア的ライフスタイル」である。アジアといっても広いので，東アジア（韓国，中国，台湾）的スタイル，東南アジア的スタイル（タイ，ベトナム，インドネシアなど）の2つに分けることができるかもしれない。しかし，多くの場合は，折衷的な様式で，アジア的ハイブリディティが多くの場合で見られる。これは，欧米を見慣れた若い世代を中心に支持されている。

最後に，ハイブリッド文化的スタイルとでも呼べるものである。

上記の3つ以外にも、さまざまな文化（インド系、イスラム系、アフリカ系、中南米系など）があり、さらに、日本伝統文化系（京都系、江戸系など）などが加わって、どこの文化かわからない様相を呈している。これ以外にも、ポピュラー文化のさまざまな要素が加わったり、とくに、渋谷・原宿系のティーンエージャー系文化や大阪のポピュラー文化などの影響も見逃せない。結果として、はっきりとした中心のない、ごった煮文化スタイルが確立することとなった。

4-2 日本的ライフスタイルの意味

このような現代的状況のなかで、日本人のライフスタイルをどうとらえなおすことができるであろうか。この問題を考える前に、日本的ライフスタイルというものはあるのだろうか。歴史的に考えてみると、5つのスタイルを指摘することができるだろう。①貴族文化的ライフスタイル、②武士文化的ライフスタイル、③農民文化的ライフスタイル、④サラリーマン文化的ライフスタイル、⑤カジュアル文化的ライフスタイル、がそれである。順次、説明を加えていこう。

国民文化としての日本文化を考えると、歴史的には、文化的中心は2つ考えられる。1つは、京都であり、8世紀末から19世紀半ばまでの、日本の都であった。茶道・華道などの伝統的日本文化を支える文化的中心である。もう1つは、東京である。東京の前身は、江戸で、かれこれ400年の歴史を持つ。基本的には、軍事都市かつ政治都市、そして、消費都市というのが元来の機能であった。近代に入り、天皇と有力貴族が東京に移り、近代化の中心として、徐々に、文化的中心となる。

最初に確立したスタイルは、貴族文化的ライフスタイルである。先に述べたように、都と田舎の区別、一方での美的洗練と、他方で

の，過度の形式化，などがその特徴である。この特色は，とくに，日本の皇室・上流階級文化にそれが継承されていると考えられる。

第2のスタイルは，武士文化的ライフスタイルである。武士は，元々，貴族と対照的な，シンプルで純粋な文化をきずいた。たとえば，千利休の確立した茶道などはその例といえよう。また，家制度は，彼らにより，江戸期に発展させられた。集団主義的文化のひとつの起源を彼らは与えたのである。

第3に，農民文化的ライフスタイルをあげることができる。日本社会においては，つい30年程前まで，農民文化はきわめて，数の上では重要な文化であった。農村共同体の文化は，現在のわれわれが考えているほど画一的ではなく，地方・宗教・就業構造などの違いにより，きわめて多様な農民文化が成立していたのである。しかし，ここで重要なのは，第2次世界大戦後，農民文化出身者が，都市に移住することにより，日本の歴史上はじめて，社会の秩序形成・文化形成にはっきりとした影響を与えた点である。戦後の集団主義の，もう1つの起源は農民文化にあったのである。現在の，都市における共同体的文化の名残は，まさに彼らの文化の遺産といえよう。

第4のライフスタイルは，典型的には，サラリーマン（おもに男性）のものである。機能主義的な集団主義的ライフスタイルで，一方に，妻との役割分業ともう一方で，企業戦士として生き抜くライフスタイルであった。現在でも，このライフスタイルは存続しているが，これとは対照的な，もう1つのライフスタイルが，1980年代後半から90年代にかけて成立していった。

それは，カジュアル文化的ライフスタイルとでもいうべきもので，これが最後のタイプである。基本的には，消費や生き方の上では，個人主義的な価値観をもとに，気楽さや心地よさを価値観として，

無理をしないようなライフスタイルである。おもに，若者を中心に展開されているが，彼らの影響は，上の世代にも及んでいる。

これ以外に，海外でしばしば指摘され，目にすることのできる，禅的スタイル（Zen style）などのような新しいハイブリッドな文化で貢献する可能性を指摘することができる。禅といっても，宗教を信仰するということよりも，生活のスタイルを，純粋化し，単純化するようなやり方の1つである。日本人の場合は，むしろ，宗教としての禅そのものをどこかにとどめているのに対して，アメリカやヨーロッパでは，宗教的文脈が失われ，消費生活や生活態度に単純化される傾向がある。

4-3 新しいライフスタイルの必要性：エコロジカルなライフスタイル

最後に，新しい文化階層の必要性と可能性について述べて，この章を閉じたい。現代社会におけるライフスタイルは，個人の生き方の重要な根拠になるものであるが，きわめて大きく，社会的要因や文化的要因の影響を受ける。日本の伝統文化に戻るのでもなく，ヨーロッパ的な階級的なブランド指向的スタイルにあこがれるのでもなく，新しいライフスタイルと文化階層が必要とされているのである。しかし，それは，たんに気楽なアメリカ文化的スタイルをなぞればできるというものではない。しかも，現代文化の，不可避的性質は，ある種のハイブリディティである。問題は何と何をどれくらい混ぜて，どれくらい洗練させるかである。具体的には，東京インフォミドルと呼べる新しい中産階級文化が，どれくらい健全で創造性を発揮できるかということにかかっているように思える。現社会における，文化活動・文化産業の比重は，年々大きくなりつつある。また，世界平和の実現という人類的価値観からして，文化的要素が，

各社会で比重を大きくすること自体は素晴らしいことでもある。その際，たんに商業主義的で，セクシュアリティや自己顕示だけが称揚されるような文化ではなく，本当に洗練され，質の高い文化をどうつくっていけるかが問われているのである。

しかし，もう1つ，重要な点を最後に指摘しておきたい。それは，エコロジカルなライフスタイルである。地球環境の温暖化や汚染が，21世紀において程度の差はあっても，進むことは間違いない。その意味で，エコロジカルな生き方は，どうしても必要であり，それがどの程度各社会で制度化されるかに，その結果はかかっている。自由なライフスタイル・文化の洗練・エコロジカルな制度，これらの間には，率直にいって矛盾が存在する。それをどう解決するのかが，今まさにわれわれに問われている。それも，日本社会の文脈にとどまらずに，地球社会という文脈でである。

● 演習問題 ●
1 国民文化とサブカルチャーの違いを述べてみよう。
2 日本人のライフスタイルについてその歴史的変遷を簡潔に述べてみよう。
3 現代人のライフスタイルの特徴と問題点を論じてみよう。

■ 引用文献 ■
今田高俊編［2000］『社会階層のポストモダン』東京大学出版会
岩上力［2000］『京のあたりまえ』光村推古書院
小沢雅子［1989］『新・階層消費の時代』朝日新聞社
加藤ゑみ子監修［1997］『お嬢さまことば速修講座（愛蔵版）』ディスカヴァー21
川上源太郎［2000］『ミドル・クラス』中央公論新社
川崎賢一［2001］「東京インフォミドル」『メディア・コミュニケーション』慶應義塾大学メディア・コミュニケーション研究所
現代生活様式学会［2000］『生活様式学入門』扶桑社

小島冨佐江［1998］『京町屋の春夏秋冬』文英堂
佐藤俊樹［2000］『不平等社会日本』中央公論新社
野口悠紀雄［1995］『1940年体制』東洋経済新報社
冷泉布美子［1999］『冷泉布美子が語る京の雅』集英社
渡辺和博［1984］『金魂巻』筑摩書房
Anderson, B. [1983], *Imagined Communities*. Verso.（白石隆・白石さや訳［1987］『想像の共同体』リブロポート）
Mantoux, Thierry [1986], *BCBG: Le guide du bon chic, bon genre*. Hermé.（伊藤緋紗子訳［1990］『フランス上流階級BCBG ——フランス人の「おしゃれ・趣味・生き方」バイブル』光文社）
Sobel, M.E. [1981], *Lifestyle and Social Structure: Concepts, Definitions, Analyses*. Academic Press.
Solomon, M.R. [1999], *Consumer Behavior*, 4th ed. Prentice-Hall.
Tidbury, J. [1999], *Zen Style: Balance and Simplicity for your Home*. MQ Publication.

6章 組織とネットワーク

▶東京・丸の内の朝の通勤風景（共同通信社提供）

本章で学ぶこと

　社会学の研究領域の中で、人々の個別の相互行為を研究する領域（ミクロ社会学）と社会の変動の方向を分析する領域（マクロ社会学）の間にあって、集団や組織を研究する領域があります。私たちはロビンソン・クルーソーのような孤立した生活を営むことはできず、さまざまな集団や組織に頼りながら生きている一方、そのような集団や組織の影響を受けたり、みずからがその中で活動したり生きていかざるをえないことを疎ましく思っていたりもします。自分自身の活動やアイデンティティの拠り所であったり、悩みの根源であったりする組織は、社会福祉の諸活動においても、その運営の基盤となる重要な存在です。

　本章では、そのような集団や組織の諸概念や発想を学習し、社会福祉の組織活動で起こる諸問題についての理解を深めていきましょう。

1　集団・組織とは何だろうか

「身分証を見せてください。」

現代社会で生きていく際，私たちは自分が何者であるかを他者に証明するために，身分証やそれに類するものの提示を求められることがある。それは学生証や職員証であることもあれば，健康保険証や運転免許証であることもある。その証明書の背後には，私が何者であるかを保証してくれる集団や組織が存在する。相手の人は，その身分証を確認して，安心し，私たちをあるカテゴリー（○○大の学生，××会社の人，△△に住んでいる人など）に位置づけて理解していく。私たちは1人ひとりの人間として個別に生きているようでいて，じつはさまざまな集団や組織の中に取り囲まれて生きており，それなしに生きていくことはできない。そして，自分という存在は，たとえ「自分は自分だ。他の誰でもない」という自意識があるとしても，そのような集団や組織がなければ，自分自身を見も知らずの人に証明することができない，未知なる不審な存在にしかすぎないのである。

一般に，お互いが所属意識を持ち，その内部で枝分かれした「**地位**」(status)-「**役割**」(role)のもと，ある程度持続的な社会関係が営まれるものとして「**集団**」(group)は存在する。地位とはその集団内にいる人たちの立場を示す位置関係のことであり，役割とはその地位にある人に期待される行動様式のことである。役割を示す言葉 role は，その昔演劇の台本が巻物（roll）であったことに由来するといわれる。そのような集団の中で，特定化された目標を達成するために諸個人の活動を明確な分業関係におき，共同的にそれを成し遂げるようまとめあげたものが「**組織**」(organization)になる。

他方で，組織化されない集団として「群衆」や「公衆」をあげることもできる。家族，学校のクラス，趣味のサークル，職場での集団など，人間が共同性の中で他の人々と共に生きているということの証拠の1つが，このような集団や組織の存在である。人々が個々人の力だけでは成し遂げることができない大きなことを，集団や組織においては達成することが可能となる。

そのような共同性を現実化する存在たる集団と組織において，それら2つの違いの重要な点は目標達成に向けた組織化の程度の違いと位置づけられ，前者の例としては家族や友人集団，地域集団などが，後者の例としては企業や行政体などがあげられる。これまでの社会学研究の歴史において，代表的な集団分類として，F.テンニースの**ゲマインシャフトとゲゼルシャフト**，C.H.クーリーの**第1次集団と第2次集団**，R.M.マッキーヴァーの**コミュニティとアソシエーション**などの類型が設定されてきた。これらの2分法には各々分類の観点の違いがあるが，3者に共通して言えることは，それは全体社会の近代化とともに進行してきた社会集団の特質の歴史的変化であると同時に，集団から組織へ変化していく組織化の程度の相違であったとも位置づけることができるということである。

社会学は，個々人の行為や相互行為を中心概念とするミクロ・レベルの分析と，全体社会として国家や世界社会・地球社会を把握しようとするマクロ・レベルの分析の中間に，複数の人間たちが集合して営まれる集団や組織の活動の分析を有している。それは，中間にあるという意味で，メゾ・レベルの分析と言われることもある。本章では，そのような社会学におけるメゾ・レベル分析たる集団や組織の諸概念や発想にふれたうえで，福祉の諸組織や諸活動の理解にその視点を応用していくことにしよう。

2 組織分析のいくつかの視点

2-1 組織の内部と外部

組織はそれを支える個々人の活動があって初めて可能となるが，大規模な組織の内部での運営は「**官僚制**」(bureaucracy) として営まれることが多い。官僚制にはいくつかの特徴がある。第1に思いつきや気分でなく規則によって支配がなされること，第2に上位－下位という形で，命令の強さを示す権限が明確化されていること，第3に誰が担当するかにかかわらず任務遂行が可能なように課業が組み立てられた非人格性を有していること，第4に職務が細かく分割されて，その職務ごとに個別に専門化されていく傾向があることなどがあげられる。官僚制の下では，これらの特徴を通じて，効率の論理を貫徹すべく，合理的な組織運営がなされていくことになる。そのような運営をすることによって，組織としてどのような結果を出すかをいつでも予想できる計算可能性を期待でき，具体的に達成される成果も多い。

しかし，そのような効率的と目される官僚制にも「**逆機能**」(dysfunction) がつきものである。逆機能とは，ある事象が当該集団・組織や社会の維持や遂行にとってマイナスの効果を及ぼすと判断されることである。官僚制では規則や権限の体系を守ることで計算可能な運営がなされるが，周囲の状況がどうであるかとか，個別の事例ごとに何が本当に適切かを判断することなく，それらを度外視して，逆に規則を守ることだけが自己目的化してしまうことも少なくない。最も能率的であるはずの官僚制組織が非効率な組織に転化することもあるのである。時に，それは形式合理性と実質合理性の矛盾と呼ばれたりもする。規則を守るという形式においては合理

的なのだが，個人や組織にとって実質的に意味ある有効な効果を果たしていないということも場合によって，よく起こるわけである。

　そのような矛盾は，組織と個人の関係においても起こる。組織においてさまざまな目標達成がなされるとしても，その中で個人が生きていくということは，決していいことばかりではない。共同性に支えられて組織の目標を達成したとしても，個人にとっては達成の喜びよりも，むしろそこまでの作業環境のつらく厳しいことのほうが多い場合もありうるだろう。組織への忠実さを保ち，職務遂行に責任感を持って熱心に取り組んだ結果，あるいはそのような仕事へののめり込みから抜け出せずに，過労死に至ることなどはその代表例といえる。組織としての目標達成と，その内部にいる組織成員の欲求を充足することが，両立することもあれば，葛藤することもあり，双方へ目配りをし，調和を図ることが組織運営の両輪として重要となってくる。

　以上のような点が，組織の内部において発生する特徴的な現象のいくつかであるが，ひるがえって，組織の外部へと視点を広げていくことも必要である。

　組織は社会的真空状態の実験室の中に1つだけ孤立して単独で存在しているわけではなく，多様な社会環境の中に存在している。そして，組織は時間の経過とともに，予想もしなかったような環境条件の変化にさらされることがある。日本国内の他の企業だけが競争相手だった時代から，グローバリゼーションの時代になって世界中のさまざまな企業が競争相手となってくるような例があげられる。そのように環境が変化する結果，組織の運営効率が悪化したり，内部のメンバーに過剰な負担を強いることが起こったりする。したがって，組織の目標達成の度合いは，その内部組織の問題だけでなく，組織とその周辺環境とがどの程度適合しているかによっても変わっ

てくるのである。それは，自分の身長が変わっていなくても，背の高い人たちの中に入れば，自分の身長が低いほうに位置づけられるようになることと同様である。組織はそのような周辺環境との適合性を高めるために，内部的に変わっていかざるをえないことがある。もちろん，そこには適応のみがあるのではなく，葛藤や衰退も存在することになる。このように，組織が周辺環境との兼合いでどのように変化していくのかをとらえようとする視角のことを，「**組織のコンティンジェンシー（contingency：条件適応）理論**」と呼んでいる。

そのような組織にとっての周辺環境として，具体的に大事なものの1つが，他の諸組織である。みずからの組織と他の組織とが相互作用することで，どのような関係が形成され変動していくかを扱う視点として，「**組織間関係論/組織連関論**」（interorganizational analysis）と呼ばれる研究領域がある。具体的には，行政組織と住民組織や企業組織との間をめぐる組織間関係もあれば，企業組織同士のシェア争いという組織間関係もある。それらの組織間関係においては，資源の希少性や価値・規範の共有・対立が注目される。現存する各種の資源は限られているから，それが組織同士の取合いになる場合が多い。そのため，そこで競争関係や紛争関係が生じるという見方もあれば，だからこそ資源の交換を有効に図って組織間の相互援助が行われるという見方もある。また，一般に類似の価値や組織目標を持つ諸組織は協働関係に入りやすく，対立的なそれを持つ場合は紛争関係に入りやすいと指摘されることもあるが，逆に類似しているがゆえに対立関係に入ることもありうるのである。

2-2 ヒエラルヒーからネットワークへ：組織の動態化と流動化

組織は一般に「**ヒエラルヒー**」（hierarchy）によって構成される。

ヒエラルヒーとは、ピラミッド型の上下関係によって示される全体の系列のことである。その系列を構成し明確なものにするべく、組織の中の各種の職務が機能的に細かく分化し、担当部局に固定的に配分され、さらに命令系統の権限が体系化されることによって、秩序づけられる。

組織には組織図というものが存在し、組織内部の上位と下位の関係やそこでの包含関係が、そのようなヒエラルヒーとして示される。上から、部一課一係という部局の包含関係が存在し、部長一課長一係長という役職が命令系統や昇進のめどとして考えられる。その組織図では、上位－下位の関係が明確に区分され、包含関係の重なりは一般になく、下位の組織が異なる上位の組織にクロスして属するということはありえない。しかし、そのような組織内部での職務の重なりのなさは、たとえば「縦割り行政」という批判的な言い方がされるように、本来協力することが可能なはずの組織が非効率的にバラバラに動いており、横の連携が存在しないと批判される現象になってしまう場合もある。

昨今、人間同士の結びつきを、集団や組織への所属を重視して見ていくのではなく、ネットワークとして把握していく社会的傾向が強まっている。一例をあげるならば、特定の団地に住む人同士が地縁という理由に基づいて結びついていくのが従来の社会集団型の結びつきだったとするならば、ネットワーク型のスタイルは特定の団地にこだわることなく、関心や目的を共通にする人同士が、その活動領域に限定しながらも、空間を超えて、電話回線で結びついていくかのようなイメージでとらえられるものである。そのようなネットワークへの志向は、しがらみ的なつきあいに満ちた集団や、命令秩序の拘束の強いヒエラルヒー的な組織において継続的な人間関係を営むのではなく、自己にとっての満足や目標達成を重視したり、

2　組織分析のいくつかの視点

目標達成に必要な限りの限定された場面において一時的な人間関係を営もうとするものであったりもする。

　そのような社会的な傾向のもと，ネットワーク的な組織間関係や，さまざまな人脈のネットワークによって新たな活動を作り出すことも同時に注目されてきている。具体的な代表例としては，全体を動かしていく中枢管理的な存在が不在であっても，部分的な関係をネットワーク的に多様につなぐことによって，世界中の人々との交信を可能としているインターネットの結合がそれを象徴しているだろう。全体を上から意図的に管理しようとすることでなく，部分的な関係を幾重にも結びつけていくことによって，じつは従来のヒエラルヒー型の組織ではありえなかった新しい結びつきや発見が起こってきている。そのようなネットワークという発想は，人々の働き方や労働にも変容を及ぼしており，特定の業務や人材を1つの組織の中ですべて抱え込むのではなく，事業委託や人材派遣などの方法を用いて，必要に応じてマンパワーやノウハウを流動的・機動的に組織に注入するような時代に突入しつつある。官僚制をひな型とするヒエラルヒー型の組織と，電話回線にたとえられるようなネットワーク型の組織との対比において，組織の課題達成や周辺環境との適応力に対して，どちらの仕組みがより有効性が高いのか。時代は，2つの異なる組織化原理が競合しあう段階にあるといえるだろう。

　次節からは，ここまでふれた集団や組織の諸概念や発想を，福祉の諸組織や諸活動の理解に応用して考えてみることにしよう。

3 福祉を動かす組織活動 (1)
── 政府活動の諸側面 ──

3-1 福祉多元主義の時代へ

20世紀半ば以降,福祉国家が本格的に成立してきた。そこでは,社会権やその一部たる生存権思想の明確な成立と,経済領域を中心とする市民社会への国家介入を許容するという大きな転換によって,福祉国家への道筋がつくられてきた。そのことは,より具体的に考えれば,当然そのような福祉政策を決めたり実施したりする現実の行政やサービスの諸組織とそこでの新しい職種や活動を生み出すことにもなった。

私たちの生活を支えるさまざまな諸活動は,従来,家族や親族共同体あるいは地域共同体という日常生活を形づくる集団の範囲内を中心に行われてきた。家族はその成員の内部での各種の扶養を通じて,親族共同体や地域共同体は相互扶助を通じて,生活の支えあいを達成してきた。それを陰で支えていたのは,農業を中心とする産業段階の「生産の共同性」である。さまざまな農作業を個別の家族だけで行うことはできず,そこに親族共同体や地域共同体の協力態勢が求められ,相互に融通をつけあうことで共同的な関係が成り立ってきた。しかし,工業や商業・サービス業を中心とする産業化社会が進展してくると,それに従事する人々は農地を離れ,職業を求めて地域移動を開始する。その結果,生産の共同性はむしろ会社や工場・事務所などの職域において達成されるものとなり,親族や地域でそれを達成する必要はなく,それらの共同体の拘束は弱まり,衰退していく。親族や地域との生産の共同性の衰退に対応するように,私たちの生活において進行していくのは,各家族や各世帯ごと

に営まれる「消費の個別性」である。

　福祉国家の成立の背後には，そのような産業化社会の進展による親族共同体や地域共同体の衰退があり，ひいては唯一残された家族だけでは生活の諸側面を支えられないという要因が存在している。そこにおいて，人々の経済的・身体的・精神的扶養を私的にではなく，公的に行おうとする福祉国家が要請されることになる。しかし，福祉国家の本格的な進展はさまざまな財政上の課題を生み出すとともに，効率的なはずの官僚制が福祉組織や福祉活動において有効に機能しなかったり，あるいは過剰に機能しすぎて，管理社会的な様相を帯びるようになってきたりする。その結果，政府組織がおもに税金を再分配的に使う形式での社会福祉・社会保障の政策運営に対して疑問符が呈され，生活保障を支える他の諸組織や諸活動への期待が近年次第に強くなってきている。

　そこでは，親族共同体や地域共同体での相互扶助に代わりうるものとして，後にふれるボランティア活動やNPO，地方自治体の活動へ深く関心が持たれたり，市場交換たる企業活動を通じて生活保障をより高度に果たす可能性が期待されていたりする。さらには，家族そのものに自助的な生活保障を再度期待するという発想もあったりする。それらは，結局，各々の組織や活動なりにおいて有効な作用・働きをなす領域やレベルというものが存在しているのであり，政府組織がすべてを担うのではなく，他の組織や集団による生活保障の可能性も十分に活用していこうという方向性が出てきている。もちろん，その方向性によって政府が人々の生活保障の側面から撤退していくのではないかという批判もある。しかし，政府がすべての福祉活動から完全に手を引くということは現実的にはありえないし，たとえ実施主体となりえないとしても，どのような形で責任を取ることが政府の課題になりうるかという新しい問題の提起にもつ

ながる。

　必要な部分において他の組織活動の方が有効・機能的だということがあるならば，それらを組み合わせて，生活保障を達成していくということはありえよう。そのような福祉活動に関わる多様な組織や集団の機能を総合的に活用することによって，人々の生活を全体として支えていこうという流れは，「**福祉多元主義**」(welfare pluralism) とも呼ばれている（三重野 [2001]）。以下，そのような多元化の具体的な担い手の問題として，本節では政府活動に着目し，政策実施過程や政府間関係，ストリート官僚について論ずることとし，次節ではNPOとネットワークの新しい流れについてふれていくことにしよう。

3-2　官僚制としての政府組織：政策実施過程と政府間関係

　福祉政策に関わる組織として注目すべきものの1つは，もちろん政府である（藤村 [1999]）。政府は政策をめぐって存在する政策決定過程と政策実施過程という2つのプロセスの中心的存在に位置する。政府を中心とする**政策決定過程**において政策が作成・決定され，政策実施システムにおいてその政策が運営されていく。**政策実施過程**は，アクチュアルな社会的現実の前で，法が具体化されていくときに被る政策のさまざまな変容を示してくれる。しかし，他方，それらの変容がなければ，たんに言葉であるにすぎない法律が行為に具体化され，実現されていくことはありえない。

　これらの2つの過程の関係を比喩的に言うならば，政策決定過程が作曲，政策実施過程が演奏に該当すると言えるし，両者の間をつなぐ政策が楽譜であり，その中の法律がメロディ・主旋律，細則や規則が編曲にあたると考えられる。このような比喩を用いて両過程の性格の違いを理解しておくことは，まず，立法府による法律の制

定によってメロディ・ラインが決まれば政策の効果がすべて決まるというのでなく，政策の決定として法律が細部の編曲としてどのように組み立てられていくかまで見ていくことが必要であるということにつながる。さらに，政策が編曲まで決定されれば，またそれですべてが決まるということでもなく，今度はどのようにその政策が実施されていくのかという実際の演奏までもが同様に重要な着眼点なのだという認識につながっていく。

　官僚制としての政府組織を，政策実施過程に関わる組織という側面から着目していこうとするとき，第1に政府間関係という事象に注目する必要があるだろう。政府間関係とは独立した政府同士の間での諸関係を示す概念であるが，その議論が登場してきた背景には，地方自治体を独自の意思を持った単独の行為主体と位置づけ，理念的には中央政府と対等な立場にある「**地方政府**」(local government)として理解していこうとする志向がある。したがって，政府間関係という概念が最初にイメージさせる国家間同士の関係にとどまることなく，現在は，1国内における中央政府と地方政府の関係，さらに地方政府同士の関係をも含む概念として，この概念は広がってきている。地方政府同士の関係もさらに，都道府県（広域自治体）－市町村（基礎自治体）のような縦の重層的関係もあれば，都道府県同士や市町村同士のような横の水平的関係も存在しえることになる。

　従来，地方政府は中央政府の法律と予算による統制下という構造化された制約状況の中で，リモート・コントロールを受けているかのように行為する存在と考えられてきた。しかし，その制限下においても地方政府の自由な選択範囲は存在しえ，それゆえ，中央政府から見れば政策実施にはその意図どおりには動かない不確実性を有する部分が伴うのでもあった。現在は，中央政府での財源難や，住民に身近な政策運営が求められるような段階になり，「**分権化**」

(decentralization) が志向される大きな流れの中にある。そこでは，地方政府にとっての選択範囲は拡大しつつ，いまだ統制を受けるという拮抗関係の中にある。すなわち，地方政府がみずから企画・立案できるような選択範囲拡大の方向性は一般的にめざされる方向として主張され，地方政府独自の試行錯誤と競争を求める厳しく突き放すような政策対応が中央政府の態度としてある。しかし，他方で中央政府が各種の政令やガイドラインの制約を課すことを通じて，地方政府を従来どおり一定の制御下におこうとする状況が続いている政策領域もある。中央政府と地方政府の関係，ならびに地方政府における広域自治体と基礎自治体の関係といった政府間関係の議論は，集権と分権のあり方をどうするかという古くて新しい問題の現代的な様相を呈する場なのでもある。

3-3 ストリート・レベルの官僚制

政策実施過程で着目すべき重要な現象の第2は，ストリート・レベルの官僚制に起因するものである。政策決定過程での主要な行為主体が法文と予算を決定する仕事に携わる「**テクノクラート官僚**」たちであるとすると，政策実施過程での主要な行為主体は「**ストリート・レベルの官僚**」たち（以下，ストリート官僚）である。ストリート官僚とは，デスクワークではなく街角で仕事をする官僚という意味で，いわゆる現業職員の職務がこれにあたる。彼らの任務はクライエントとの対面的な相互行為において問題解決と事務処理を行うことであり，具体的には面接，調査，相談・指導，各種の援助行為の遂行が該当する。この領域の研究の先鞭をつけたM．リプスキーは，代表的なストリート官僚の職種として，警官，教員，ソーシャルワーカーをあげている（Lipsky [1980]）。また，このようなストリート官僚への着目は，政策運営を分権化していこうとする方

向性によって，中央政府から地方政府へ，政策決定過程から政策実施過程へと関心の比重が相対的に動いてきていることも関連していよう。

政策は，いかにそれが法律として，また細則・規則などとして法文上綿密に作成されようと，最後はそれを実施する人間の行為によって偶発的・個別的な要素を抱えながら遂行されなければならない。そこにおいて，ストリート官僚は自分の目の前にいるクライエントを政策の対象とすべきかどうか，対象となったものにどのような処遇をほどこしていくべきかをめぐって，クライエントの生活や立場に生殺与奪の権利を有している。彼らには，クライエントの生活の保障をするべく，生身の対象者の個別性を把握し，温かく献身的に接しようとする感受性が要求される一方で，そこでの度が過ぎれば官僚制が果たすべき公平性と矛盾をきたすことにつながる立場にもいる。

したがって，政策実施過程では法律の解釈論議にとどまることなく，ストリート官僚の言動によって法がどのように運用・具現化されるのかまでをとらえる必要がある。なぜなら，ストリート官僚たちの裁量次第で政策が人々への生活保障的な機能を果たすこともあれば，逆に抑圧的な機能に転化する可能性も有しているからである。生活保護においてケースワーカーが申請をどう取り上げ，どう受給に結びつけていくかは，クライエントにとって生存に関わる死活問題だと言えるし，被保護者がケースワーカーからどのような処遇や扱いを受けるかは，彼らの人格や自尊心に関わる重要な問題だと言える。他方で，ケースワーカーが裁量を持って判断していく範囲は，クーラーなどの資産保有を個々の地域や家庭ごとにどの程度許容していくのかという形でも現れ，彼らの判断がクライエントの生活や生命の保障に直接影響を与えうるのである。

Column ⑥　クイック社会：マクドナルド化が示す組織の合理性

　駅前に降り立ったとき，街の中心部に行ったとき，そこにはファーストフード店が建ち並んでいることが多い。牛丼，ハンバーガー，フライドチキン，ドーナッツ，カレーライス，さらに専門コーヒー店……。簡便な飲食が手軽な値段でクイックにできるファーストフード店の存在は，外食の普及という現象にとどまらない，現代社会の重要な特徴である。

　アメリカの社会学者，ジョージ・リッツァはその現象を代表的チェーン店の名を取って，「**マクドナルド化**」ととらえる（邦訳『マクドナルド化する社会』早稲田大学出版部）。世界のどこにでもあるハンバーガー・ショップたるマクドナルドでは，調理の手順が単純な要素に分解された作業ラインに組織化され，カウンターでのサービスは挨拶―注文受け―注文品の取揃え―商品の提供―支払い―感謝と再来店のお願いという6段階に分解されている。店員も，客に「待たされている」という印象をもたせないため，いくつかの作業をわざわざゆっくりこなして，ハンバーガーができあがるまでの時間を遅すぎず早すぎずにうまく稼ぐ。

　いつでもどこでも同じ味のハンバーガーが即座に提供され，同じ接客パターンにあって，私たちは退屈と安堵を共に感じるのだが，同時に私たち自身もパターン化された客として適切にふるまうことで，その組織現象に協力してもいる。**M. ウェーバー**が事務組織の官僚制として議論した近代の合理化過程が，現代はファーストフード店の組織を新たな場所として展開していることがわかる。脱工業化社会と言われながら，合理化がいっそう高度に貫徹する過程こそが現代社会においては進行しているのである。だからこそ，ファーストフード界で，マクドナルドのクイック派に対抗するかのように，客の個別の希望を聞いて，それから作り出すじっくり派のハンバーガー・ショップも存在する。

> 社会福祉の活動においても，介護保険での第1次判定業務は，要介護者と家族の諸状況を分解可能なものとしてとらえ，その総合評価をコンピュータにより段階化していくという一種の画一的な合理化過程を進行させている。人間の全体像を全体のままにとらえることはできない以上，具体的現実を部分化された要素に分解したうえで総合化し，それに基づいて多くの人々に公平な態度で対処していく合理的発想は必要であろう。しかし，どのように総合化を果たし，それをどのように活用していくのか，さらにその過程に専門家と当事者がどのように関わっていくのかという諸点は，これまでも，そしてこれからも個別の人間の知恵にゆだねられている部分もあると言えるだろう。合理化の進展は，私たちと組織を公平性と個別性の両立という難問の前に連れ出すのでもある。

このように，ストリート官僚という官僚制の議論の文脈において，政策運営の微細な実態を把握していくことは，現実を詳細に見ていくということにとどまるものなのではない。ストリート官僚論は，彼らが業務遂行をするうえで抱え込まなければならない難しさを，官僚一個人の心がけや態度の問題として，それを変えればなんとかなると考えるのではなく，それを超えて，彼らが構造的におかれる行動環境の問題として考察する視点を私たちに与えてくれるのである。

4 福祉を動かす組織活動 (2)
—— NPOとネットワークの新しい流れ ——

4-1 NPOとボランティア

福祉活動を行う組織として，近年，関心が高まっているのが「NPO」(nonprofit organization：非営利組織) であり，そこでの活動

を担い支える一端がボランティア活動である。

　個々人がボランティア活動を実行したとして，その活動が広まり，高いサービス提供水準が求められると，次第に知合い同士，近所同士という狭い人間関係の範囲では対応できなくなってくる。その結果，1対1の人間関係を超えて，2，3人同士のグループとして援助したり，サービスを利用する相互関係に変化していく必要性が高くなってくる。そして，そのような関係をさらに拡大して，ボランティアの組織化されたものとしてNPOが求められるようになっていく。個人レベルにとどまることなく，組織レベルで相互援助を支える必要性が高まってくるのである。そして，それは社会全体の中では，政府や企業とは異なるボランティアやNPOの組織が有効性を発揮する領域や水準があり，そこが現代社会で埋めるべき隙間となっていることを示しているのでもある。

　そのような活動の先導役となっている「非営利組織」たるNPOにおいては，日本語の文字どおりに利益をまったくあげないというのではなく，利益をあげるのだが，それを個人に分配するのではなく，NPOに再投資していくという理解が重視されるようになってきている。そのことは，NPOの「**非分配原則**」とも呼ばれる。営利活動をすることで積極的に活動資源を増やし，それによって規模を拡大し，活動を安定させ，その一方で，ある領域では利益にこだわることなく，志を持って自由に活動に携わっていけるようになることも，NPOにとって重要な課題なのである。

　他方，そのようなNPOを支える行動の1つにボランティア活動がある。ボランティアでは，ここまで「**自発性**」や「**無償性**」という，個人の動機や態度が重視して語られることが多かった。しかし，もともとvolunteerという言葉が使われだしたのは1600年代ぐらいとされ，最初は志願兵の意味で使われたと言われる。志願兵は軍

隊なので当然衣食住は保障される。そのような生活保障に基礎づけられて，戦争に向けて戦っていくという態度が可能になったと考えられる。すなわち，ボランティアの最初の原義たる志願兵には，少なくとも衣食住というレベルでの有償さは付随していたということになる。現代社会においても，ボランティアは無償か有償かが問題とされ，その問題に関する意見の相違が大きいため，有償のボランティアはそう呼ばずに，むしろ市民活動やNPO活動とのみ言った方が区分がはっきりするという議論もある。そのこともあって，近年のボランティア活動においては，「自発性」がより重視されるようになってきている。すなわち，ボランティア活動では他者を援助するということだけでなく（場合によっては，それより優先されて），活動を通じての自分自身の新たな発見や楽しみ・充実感の達成といった要素が求められることも増えてきた。組織での目標達成と，その内部を生きる個人の欲求充足という古くて新しい問題が，ボランティア活動においても展開しているのである。

　以上のように，現代社会において，ボランティアやNPOの存在が大きく着目されるようになった結果，これらの活動に携わる集団や組織を一例として次のような連続線上の流れにおくことができるほど，多様化してきている。［個々人のボランティア－（集合化）－ボランティア団体－（専従職員の存在）－NPO－（法的認証）－NPO法人－（許認可）－財団］。1人ひとりの行動として始まったボランティア活動が集合化するとボランティア団体となり，それが本格的活動を展開し，専従職員が必要なほどの活動レベルになってくるとNPOのレベルとなり，さらに法的認可を受けるとNPO法人になる。このような形で，現代日本においては，ボランティア活動を含むNPO活動や市民活動がそのような各組織化の段階ごとに，層をなして存在しているのだといえよう。

4-2 組織の機能分担とネットワーク

　NPOなどの活動への期待が高まってくると、ここまでふれてきた各種集団や組織の位置づけについて、もう1つの理解が可能となる。従来型の地域のまとまりたる地域共同体と、従来の福祉国家型の中央政府を各々、共同性と公共性の担い手として、連続線上の両極におくとする。すると、まさしく現代においては、両極にあるはずの地域共同体と中央政府が有効に機能しないような状態にあり、むしろ、その中間にある存在への期待が高まっていると考えられる。そして、そのような両極の中間にある存在が地方政府とNPOなのである。

　地方政府は、政府として公共性を担う存在であるが、住民に身近なところで政策運営を行うという意味では、共同性の要素を中央政府より色濃く含んでいる。他方で、NPOは市民の自発的な共同活動によって問題を解決していくという意味で共同性の担い手なのであるが、地域共同体に比べれば、目的意識が明確であり、市民一般の理解に基づく活動という点で公共性をより多く担っている存在でもある。すると、それらの集団・組織を、［共同性－公共性］の軸を両極として、［地域共同体－ボランティア/NPO－地方政府－中央政府］という線上に並べて、位置づけることができるだろう。地域共同体の共同性から、中央政府の公共性まで色合いを変えつつ、これらの集団・組織が存在しているわけである。ボランティア/NPOと地方政府が、色合いは違うが、共同性と公共性を共に有する行為主体として興味深い存在になっている。地域共同体も中央政府も有効に機能しえない時代において、共同性と公共性の比重を変えた担い手たる両者への期待が高まっているというのが、現代社会の状況ととらえることができ、それは組織ごとに得意とする機能を分担・分業しあうことによって、大いなる効果を達成していこうと

しているのである。

　そのような組織の機能分担の延長上に、近年の福祉活動を支える重要な要素となってきているのが組織間の連携やネットワークであり、保健・医療・福祉の各領域を横断する形での組織連携や統合が強く話題となっている。それには、それらに関わる政府財政の逼迫化からの資源の効率配分という要請もあるが、他方で、慢性疾患や介護が中心となって、急性疾患への医療対応より、保健サービスや福祉サービスが求められる比重が高まってきたことが大きい。また、そこでは、施設ケアから在宅ケアへの比重の移動もあり、各組織が家庭に出向いていってのサービス提供においては、バラバラの行動ではなく、連携・統合しながらの行動の方がより効率的であることは明らかである。

　具体的には、まず、1つのサービス提供組織内で異なる役割の人たちの連携が求められようし、保健所と福祉事務所というような異なる組織間での連携がありえよう。そのような組織間ネットワークの形成によって問題が解決する場合もあろうし、組織そのものあるいは窓口を統合・一本化することに問題解決の糸口が求められることもある。他方、そのような組織レベルでのネットワーク化だけでなく、個人が組織をネットワーク的につないでいくということもありえ、その代表例がケアマネジャーの仕事ということになる。ケアマネジメントには、サービスの連続性と有効性・効率性を確保するための水先案内が求められている。そのためには、各領域ごとの専門性をぶつけあうのではなく、利用者の視点から問題を洗い出し評価するなどのような「**スキル・ミックス**」の考え方が導入されようともしている。それらの組織間ネットワークやケアマネジメントを支えるのが、各組織や利用者からの情報の提供とその共有である。「**福祉情報化**」という新たな動きにおいては、従来のサービス・ネ

ットワークにとどまることなく，情報ネットワークの構築もめざされているのである。

そのように，組織の機能分担に基づく連携やネットワークの必要性は高まっているが，福祉領域での資源の絶対的不足，民間医療機関での経営中心主義の名残り，保健・医療・福祉の各領域での治療や処遇の目的の異なりなど，保健・医療・福祉の領域を横断する複雑な問題も抱えている。2000年からの介護保険導入も組織間関係に大きな影響をおよぼしてきていると言えよう。ひとまず，従来の単独組織の活動を超え出て，組織の働きと他の組織との関係を縦横に意識していこうとする流れは，NPOやボランティアによって活動を広げていこうとするネットワーク的な結合原理の隆盛と軌を一にするものと言えるだろう（田村・山本［2000］）。

5 福祉組織の中で働く/生活する

5-1 職業であり専門職たる福祉

組織全体として社会に対してどのような達成を成し遂げられるのかという問題とは別に，組織の中で動き活動するのは，私たち個人である。そして，福祉に関連する組織や集団で働き活動する人たちも霞を食って生きているわけではない以上，そのような活動を職業として営み，そこで生計の資を得ることになる場合が多い。そこでは，「職業としての福祉」という問題の検討を避けては通れないということになる。ここでは，聖職としてではなく，職業としての福祉が抱えるいくつかの問題についてふれてみよう。

現在，日本で福祉の仕事に従事しているのは約100万人と見積もられ，そのうちの一定部分は「**専門職**」（professions）たる職業として営まれている。具体的には，そのような職業的な担い手として，

社会福祉士や介護福祉士，精神保健福祉士，保育士，理学療法士，作業療法士などの国家資格によって形づくられる職種があげられる。社会学における専門職論では，専門職の典型例として聖職者・医師・法律家が取り上げられ，これらは長期の教育訓練によって学問的裏づけを得た技能を習得し，それを独占的に行使することを通じて社会に貢献する職業であると位置づけられる。他方，そのような専門職の代表たる医師や法律家などと比較すると，職業的成熟度や作業の代替可能性，他の専門職との相対的な位置関係から，「**準専門職**」と呼ばれる職種がさまざまに存在する。医師に対する看護職の関係などが，その準専門職の一例であるが，直接社会福祉に関わる上記の専門資格なども準専門職に該当するものと評価される。それら完全な専門職とみなされる職種と準専門職とみなされる職種の間には，専門職間の力関係の葛藤もあり，組織内での意思決定やクライエントへの判断がそれに左右されることもある。他方で，準専門職のほうがよりクライエントに近いところで仕事をする分，クライエントの気持ちや要望に沿った対応をすることができる場合もある。そのような際，準専門職たる社会福祉職から見てこちらのほうが望ましいのではないかという意向を医師や看護職の人たちに認めてもらうためには，職種間の発言力を増す必要があり，そのために社会福祉における専門性とは何かということが学問的に問われるという構造も存在する。

　そのような専門職のうち，人間関係に深く関わる職種において起こりがちな職業的に困難な現象がある。それが，「**バーンアウト症候群**」である。福祉や看護の仕事などにおいては，クライエントの生活や生命に深く関与し，そのことを通じてクライエントを支えていく。しかし，その関与が深くなりすぎると，過度で持続的なストレスに対処できず，はりつめていた緊張がはじけ，職務への意欲が

急速に衰えてしまい，ひいては自分自身の職業的アイデンティティに不安を感ずる，「バーンアウト症候群」に陥ることがある。なぜなら，福祉や看護の仕事では，直接相手と対面し，その悩みや苦労に寄り添い，さらにはその活動そのものが密室ではない，「公衆の目につきやすい金魚鉢」(public fishbowl)の中で行われるため，クライエントや同僚たちの圧力を感じながら，日々より良き状態をめざして働いているからである。このような「**ヒューマン・サービス**」とも言われる対人関係的な職業においては，職務の達成指標を営業ノルマのような明確な尺度にすることが難しく，そのため努力には限界がなく，無定量・無際限の努力を自分や他者に課すことになりがちである（田尾［1995］）。バーンアウトを避けるためにはクライエントとの過度な接触を避けるという方法もありうるが，そのことは接触機会が減ることで仕事への内発的な動機づけも失うことになり，バーンアウトにもならないが，職務への動機づけもおきないというアンビバレントな状況を生み出すこともある。

　一方で，社会福祉職を職業としてとらえた場合，近年はジェンダー論的視点からある種の批判がなされる。それは，福祉を含み看護・保健の労働や活動へ従事する人々が圧倒的に女性に偏った形で形成されていることである。その大きな理由の1つは，家族内での性別役割分業のイメージが社会的レベルまで拡大され，女性が「母性」や「愛情」を発揮する担い手という位置づけがなされているということになろう。家族において，育児や介護のケア担当者の多くは女性であり，男性はその責務を軽減あるいは免除されてきた。そのようなケア労働は家庭内でなされるがゆえに「**アンペイドワーク**」(未払い労働)となり，女性はそこで賃金を獲得できず，男性への経済的依存が促進されてしまう。そのような労働イメージが社会の諸活動にもあてはめられてしまうと，多少，時代の変化の動きは

見られるが，看護婦，保母，寮母，ホームヘルパーなど，福祉や医療の問題に対応して働く専門職の多くを女性が占めているというのが実情である。それらは女性の職業進出を拡大する重要な突破点でもあったわけだが，他方で，女性はそのような労働や活動に向いていると正当化される形で，福祉や医療の領域が女性役割の固定化を促進してしまうという逆説的な様相も帯びているのである。

5-2 施設内の管理と自由

社会福祉の職業に従事する人たちが働く場の1つが，社会福祉施設である。社会福祉に関連する諸施設は，そこに住み，あるいは通う人々の生活保障を支える組織としてつくられている。しかし，そのような施設の現場の実態は，管理と自由への希求が攻めぎあう場所ともなっている。ゴフマンは，著書『アサイラム』において各種の入居施設を取り上げ，そこに入居する人々の生活に社会学的視点を向けている (Goffman [1961])。彼は，外部から遮断され，類似の境遇にある多くの人々が閉鎖的・形式的・画一的に一括管理された生活を送る空間を，total institution と位置づけている。そこで生活する者たちは，規格化された処遇や対応によって自己の独自の人間としてのイメージを無力化され，アイデンティティの再編を体験する。しかし，施設に入居する彼らも，周囲から要求される役割や自己に染まりきってしまうのではなく，それから次第に距離を取り，さまざまな便法を通じて，施設内での裏面生活を形成し，自己イメージの無力化に抵抗していくとゴフマンは指摘している。

ゴフマンがとらえたように，施設で生活していくことには，職員と入居者の間で，また入居者の身体的・心理的側面において，さまざまな葛藤がともなっているわけである。いくつかの例をあげてみよう。入居者本人を怪我から守るために，老人ホームなどでベッド

にくくりつけたり，拘束衣の着用がなされることもあるが，他面でそれは職員の労働負担の軽減という要素も帯びている。また，施設全体でおむつをはずす運動をすることは，本人の人間としての自尊心を維持していくために必要なことだが，職員が排便・排尿に適時に対応してくれなければ，排泄物が放置されるだけになってしまう。さらに，本人が老人ホームに入居するまで持っていた生活上の習慣として飲酒の習慣があるとき，本人の健康を考えて禁酒にすることが，**自己決定**の問題との関わりで議論になることもある。本人が飲酒を希望するのであれば，それにともなって健康をくずす可能性を伝え，量を制限するなどしたうえで，飲酒を認めることが望ましいという考え方と，本人の判断を制限しても健康維持を第一に考えて，飲酒をさせない方がいいという考え方とがありうるのである。そこには，ライフスタイルをめぐる自己決定問題と「**パターナリズム**」（paternalism）という現代的な問題が現れている。パターナリズムとは，本人の意思や判断を十分にふまえないまま，専門家が提示する選択肢のほうが本人にとって好ましいはずだと，専門的知見に基づいて判断がなされることを言う。クライエントの生活に対してさまざまな決定権限を持っているというのは，専門職が他の職種や一般の人々に対して制圧的な態度を取りうるという「**専門職支配**」（profession dominance）の一側面とも言えるものである。

社会福祉施設が充実するということは，社会権の達成を目的とする組織が形成され増加してくることだともとらえられる。しかし，そのような施設内での生活管理が徹底していたり，サービス提供側の事情によって，入居者がみずからの意思や判断で自由に生活を送りたいという思いを阻むような事態さえ起こりつつあるのである。先に見たように，施設における飲酒などの自由な嗜好の確保の問題から，身体の拘束・虐待といった問題までが，そのような生活の営

みの自由な実現を阻むような事態に該当しうる。そのような状況が施設内において起こりうる現段階において，社会権は自由権をみずから守りえない人たちへの対応として成立してきたという歴史的経緯を想起しておくことはきわめて重要である。なぜなら，私たちが本来意識すべきことは，社会権を思想的に基礎づけるものはすべての人の自由権の実質的確保という問題なのだという主張も強くなってきているからである。

　このように社会福祉施設は，そこで職員が職業としての福祉を専門職として行う場であり，その活動を通して人々の生活が保障されていく場でもある。しかし，そこでは閉鎖的な空間が形づくられてしまう場合もあり，それを脱するために，施設を社会に対してオープンにしていく「**施設の社会化**」が目標として語られることもある。他方で，職員が入居者本人のためを思って行っていく処遇そのものが，本人の希望に合致しない場合もあり，専門的知見と本人の判断のどちらを重視するのかという問題が大きく提起されるようになっている。管理と自由への希求がせめぎあう施設において，入居者本人のためにならないハードな管理ばかりでなく，本人のためになっても本人の希望どおりではないソフトな管理も問題視される時代になりつつあるのである。

　以上，本章では，社会学におけるメゾ・レベル分析たる集団や組織の諸概念や発想にふれたうえで，福祉の諸組織や諸活動の理解にその視点を応用してきた。福祉活動の多くが人々の生活保障，それを通じての人権保障という目的を持っているがゆえに，その活動の是非がそれに関わる人々の動機や態度の善し悪しによって語られることもある。しかし，良き意図のもとに悪しき結果がもたらされることもあれば，悪しき意図が良い結果に帰結することもあるのが，人間社会の不可思議なところである。そのような「**意図せざる結

果」が引き起こされるメカニズムの1つに，組織や集団の存在が関与していると言えるであろう。組織や集団について考えることは，人間と社会の謎に分析的に迫ろうとする試みなのでもある。

● 演習問題 ●

1 グループでお互いに自己紹介をしあってみて，その際に私たちがどのような集団や組織を紹介の話題に取り上げているのかを確認してみなさい。次に，そのような集団や組織でやるべきことと自分の考えややり方がずれた経験について，またその時どのように対処したかについて，皆と話し合ってみよう。

2 役所や駅などの公共機関，デパートやコンビニ，電話でのショッピングなどにおいて，私たちが窓口担当者や店員とどのようなやりとりをしているかを観察して，書き留めてみよう。次に，社会福祉の活動において援助者と被援助者の間で，どのようなやりとりがなされているかを，それと対比させながら考えてみよう。

3 新聞記事に現れた事象からテーマを選び，本章で説明された集団や組織の考え方や概念を使って説明してみよう。

■ 引用文献

田尾雅夫［1995］『ヒューマン・サービスの組織』法律文化社
田村誠・山本武志［2000］「保健，医療，福祉の連携と統合」三重野卓・平岡公一編『福祉政策の理論と実際』東信堂
藤村正之［1999］『福祉国家の再編成』東京大学出版会
三重野卓編［2001］『福祉国家の社会学』東信堂
Goffman, E.［1961］, *Asylums*, Doubleday Anchor.（石黒毅訳［1984］『アサイラム』誠信書房）
Lipsky, M.［1980］, *Street-Level Bureaucracy*, Russel Sage.（田尾雅夫・北大路信郷訳［1986］『行政サービスのディレンマ』木鐸社）

7章 社会参加

セルフヘルプ・グループという方法

▶わが国の薬物依存症者のためのリハビリテーション施設であるダルク（Drug Addiction Rehabilitation Center の頭文字をとって DARC）のミーティング風景。ダルクのスタッフのほとんどがセルフヘルプ・グループのプログラムで薬物依存から回復した人たちである。（東京 DARC 提供）

> **本章で学ぶこと**
>
> 私たちは誰でも、生きていく途上で、さまざまな危機や問題につきあたります。たとえばそれは、親しい人との別離や死であったり、自分や家族の病気や障害だったりします。こうした危機や問題の多くは、突然、予想外に、まさか自分に降りかかってくるとは思わなかったもののように感じられます。それに対処するための方法は、そうした事態に直面して初めて得られるものがほとんどです。
>
> 本章で学ぶセルフヘルプ・グループは、そんな危機や問題に対処するための方法の1つです。そこでは、同じ問題を抱えた人同士が定期的に集まって話し合い、互いの経験や知識をわかちあいます。本章では、具体的な事例に沿いながら、セルフヘルプ・グループの成立ちや種類、共通体験、専門職の関わり方について学んでいきます。

1 アスカさんの体験

　ここでは，1人の女性のセルフヘルプ・グループ体験を紹介する。そこに出会うまでのプロセスと，そこで体験したことをたどってみることにする。

1-1　どん底を経て

　アスカさんが，アルコール依存症者のためのセルフヘルプ・グループに初めて参加したのは，27歳の時だった。

　アスカさんはそれまで，いくつもの問題をかかえていた。子どものときからのひどい喘息で，中学校のときはほとんど病院生活を余儀なくされていた。高校生のときは，入院こそしなかったが，受験勉強のストレスと喘息発作への恐怖から，いつも喘息の薬（気管支拡張剤）を多めに飲んでいた。それが不思議と気持ちを高ぶらせる効果があることに気づいていた。結局，大学受験には失敗し，とりあえず就職した職場では年上の女性ばかりで気づまりなことが多かった。ふとしたきっかけからお酒を飲むことを覚えると，あっという間にはまってしまった。飲んでいるときは，いろんなことが忘れられるような気がして，うれしかったからだ。毎日，日が暮れる頃になると，お酒を手に入れることで頭がいっぱいになっていた。

　アスカさんに友だちは多かった。演劇や社会活動などのグループ活動にもかかわっていたし，お酒を飲むときも，おおぜいの仲間と騒ぐことが多かった。でも，いつも心のどこかにぽっかりとした空洞があった。それを埋めようとして飲むと，止めどがなかった。ある日，いつものように飲んで騒いだ翌朝，たまたま同じ場にいた1人の社会福祉のワーカーから，「あんたは，ここに行ったほうがい

いよ」と言われて，あるパンフレットを渡された。それはアルコール依存症者のためのセルフヘルプ・グループ，AA（Alcoholics Anonymousの略。匿名のアルコール依存症者たちという意味）のパンフレットだった。「ばかにしないでよ！」とアスカさんは思った。「あたしがアル中だって言うの！」。アスカさんには，とても受け入れられなかった。しかし，アスカさんがそのパンフレットを捨てることはなかった。それどころかいつも手にして，そこに書かれていたアルコール依存の症状を，「まだここまではいっていない」「もう，ここだ」と自分にあてはめていた。

　アスカさんの飲み方はだんだんひどくなっていった。もう，友だちと飲むこともなく，1人でアパートの部屋にこもって，昼間から飲んでいた。喘息の薬と一緒に飲むと，いっそう効き目があった。そのうち，天井が落ちてくるように感じたり，壁が迫ってくるような気がするなど，異様な感覚も出てきた。そこまでいくと，さすがにアスカさんも，自分がヘンだということに気づいていた。が，どうすることもできなかった。

1-2　セルフヘルプ・グループとの出会い

　ひどく飲んだ翌朝，アスカさんは突然，「自分にはなんにもないな」という気持ちに襲われた。気がつくと，1人の友だちに電話していた。「お酒が止められなくて，どうにもならない」。アスカさんは初めて自分から助けを求めた。友だちは，「お酒を飲んでてもいいから，とにかく出てこい」と言ってくれた。友人たちが集まって，いろいろな情報を集めた結果，セルフヘルプ・グループのAAがいいようだということがわかり，アスカさんをそこに連れていった。AAのメンバーの人から「自分をアル中だと思う？」と聞かれて，「うん」と答えた。「じゃあ，アル中なんじゃない」。それがAAと

の出会いだった。AAのパンフレットを手にしてから，4年がたっていた。

アスカさんは，初めて女性だけのアルコール依存症者のミーティングに出たとき，「ああ，私だけじゃなかったんだ」と思ったら，胸がいっぱいになって泣いていた。肩の重荷が軽くなったような気がした。アスカさんはそれまで，"アル中"というのは，道端で寝ているおじさんがなるもので，自分のような女性の依存症者がいるとは知らなかったからである。そのミーティングでは，みんな飲んだとき，どんなふうになるかを正直に語っていた。それは，アスカさんにもそっくりあてはまるものだった。そのとき，ようやくアスカさんは自分の抱えている問題を認めることができた。

1-3 癒される体験

AAのミーティングに，毎日通っていくうちに，同じアルコール依存症の人たちと親しくなった。時には，服装が派手だとか言われて，口うるさく感じることもあったが，その人たちといると，何となく安心できた。禁断症状がどんなにひどいものかとか，人間関係がうまくいかないことなど，何も説明しなくてもわかってくれるからだ。それにミーティングでは，誰にも責められることがない。ただ，黙って自分の話を聞いてくれる。アスカさんはいつも，誰よりも自分自身を責めて傷つけていた。どう生きていったらいいかわからないで，自分なりにあがいた結果が，いつも裏目に出てしまう。そんな自分が許せなかった。ミーティングでは，毎日自分のことを正直に語り，聞いてもらう。そして他の人の話に耳を傾ける。ただそれを繰り返すことで，アスカさんは少しずつ癒されていった。

AAのグループのなかには，もう何年もアルコールを飲まないでいる人もいた。そのなかに魅力的だなと思った人がいて，アスカさ

んは，スポンサー（相談役）になってもらった。グループでは語りきれない，こまごまとした日常の困り事を聞いてもらったり，相談したりした。スポンサーの女性からは，決して批判されることはなかった。なにかうまくいかなったときでも，「私も同じことをしてきた」と言ってくれたり，「それはこう変えていこう」と提案してくれて，拒否されることはなかった。こうして仲間に受け入れられるという体験を経て，アスカさんは自分を受け入れるという作業をやり始めた。だんだんに，人を攻撃しなくても，突っ張らなくても大丈夫だということがわかってきた。ありのままの自分でいいと思えるようになってきた。

1-4　サポートする立場になって

　ミーティングに何年か通ううちに，アスカさんはお酒を飲まなくても生きられることがわかってきた。ミーティングには，新しい人が次々に訪れて，アスカさんは気がつくと，その人たちをサポートする立場になっていた。新しいメンバーと待ち合わせてミーティングに行ったり，話を聞いたり，相談にのったりした。そのことが，アスカさんにもたらしたものは大きかった。サポートしている人たちが失敗してお酒を飲んだりすると，自分の方が傷ついた。またお酒をやめる生活が続くと，何よりもうれしかった。そんなとき，これまで自分とつきあってくれた友だちや両親が，どんな気持ちでいたかがわかる気がした。新しいメンバーをサポートして巻きこまれることは多かったが，アスカさんには，アルコール依存症が何なのかが少しずつ見えてきた。

　アスカさんは，今，依存症の女性を援助することを仕事としている。アスカさんの所を訪れるのは，若い女性が多い。ひどく傷ついて，自分を愛せない人ばかりである。かつての自分を見るようだ。

だから彼女たちにはアルコールが必要だったのである。アスカさんがしているのは，その人たちの話を聞いて，関係をつくっていくことである。今はだめでも，その人が何年後かに戻ってくるかどうかが重要なのである。大切なのは，間違わないことではなくて，間違ったときに誰かに相談できること，間違ってもケアしてくれる人がいることだからである。

2 セルフヘルプ・グループの概観

さて，この体験を読んであなたはどう感じただろうか。この場で起こっている人と人との支え合いや，それが人にもたらすものの大きさに驚いたのではないだろうか。これは，1人の人の例であるが，今，わが国にも，さまざまな種類のセルフヘルプ・グループがあり，多くの人々がその活動に関わっている。まず，その全体を概観してみよう。

2-1 セルフヘルプ・グループとは

セルフヘルプ・グループとは，同じ問題をかかえた者同士が集まり，相互に支え合うことで，さまざまな問題に対処していこうとする集団である。

セルフヘルプ・グループの特徴を，久保紘章は諸外国の研究から，以下の6つに整理している。①共通の問題をかかえた当事者であること，②参加は自発的なものであること，③メンバーは対等な関係であり，仲間（peers）であること，④感情を共有していること，⑤共通のゴールを持っていること，⑥基本的には専門家の関与がないこと，である（久保［1997］）。ここからキーワードを抽出すると，**「共通の問題」「当事者」「自発性」「対等な関係」「感情と目標の共有」**

「**自律性**」といった言葉が浮かぶ。そこからは，権威に頼らず共同の力で問題に対処していくというセルフヘルプ・グループのイメージが湧いてくるだろう。

2-2　セルフヘルプ・グループの成り立ち

　セルフヘルプ・グループの成立は，同じ問題をかかえた者同士の出会いから始まる。先のアスカさんの例に出てきたAAは，アルコール依存症者のための世界的なセルフヘルプ・グループであるが，その成立は1935年にさかのぼる。ビルという証券ブローカーと，ボブという外科医の2人のアルコール依存症者が，自分たちの飲酒問題を語り合うことから始まった（斎藤［1995］）。自分の意思や医療の力，家族の助けでは，どうしても止まらなかったアルコールが，その問題について語り合うことでやめ続けることができた。アルコール依存症は当時の医療からは見放されていたが，当事者相互の語り合いによって，回復できることがわかった。AAは，セルフヘルプ・グループのモデルだが，セルフヘルプ・グループが専門家からの一定の距離を必要とするのは，そもそも専門家に頼れないと悟ったことが，その成立の契機になっているからである（しかし，現在のセルフヘルプ・グループの多くは，程度の差はあれ，専門家が何らかの形で関与しているものが多い）。またアルコール依存症者の家族からは，アラノン（AL-Anon）というグループも生まれた。その活動は，アルコール依存症がたんに個人の問題ではなく，共依存という対人関係の問題であるという後の認識を先取りしたものであった。

　セルフヘルプ・グループの研究者であるカッツは，その思想的な起源を，クロポトキンが1902年に著した『相互扶助論』に求め，この思想が具体化されたものとして，イギリスの職人組合，友愛協会，協同組合をあげ，セルフヘルプの原型としている（Katz

[1993]）。

　この**相互扶助の思想と形態**は，保健・医療・福祉分野に持ち込まれて，セルフヘルプ・グループとして主としてアメリカで開花した。1935年にAAが設立されたのを皮切りに，37年には精神障害者の回復者のグループであるリカバリー協会，47年には脳性マヒ協会，49年には精神遅滞児協会が設立された（久保［1998］）。現在では，エイズや精神障害の回復者をはじめ，多様で広範囲の問題についてのグループができている。

　一方わが国では第2次世界大戦後の1948年に結核患者を中心として日本患者同盟が，51年に全国ハンセン氏病患者協議会，57年に脳性マヒ者の団体である青い芝の会が設立された。これらが当事者によって設立された初期のグループである。

　アメリカでも日本でも，セルフヘルプ・グループの設立が本格化したのは，1960年代後半からである。これは，当時の公民権運動や，反戦運動，女性解放運動，消費者運動の興隆の中で生まれた**カウンター・カルチャー（対抗文化）**の影響を受けたためである。それは権威ある専門家に依存するのではなく，必要なサポートを自分たちで創り出すことで，問題に対処していこうとする姿勢である。と同時に，地縁や血縁といった伝統的な共同体での支え合いが崩壊しつつあったことも，その背景にある。

2-3　セルフヘルプ・グループの種類

　現在のセルフヘルプ・グループは，非常に広範囲な問題を取り扱っていて，その分類の仕方もさまざまあるが，ここでは，カッツやパウエルの分類を参考にしながらわが国のグループの種類について紹介する。

　第1に，**依存症・嗜癖問題**のグループがあげられる。アルコール

Column ❼　ミステリーに見るアメリカのセルフヘルプ・グループ

　アメリカのミステリー小説を読むと，アルコール依存症者のセルフヘルプ・グループであるAA（アルコホリクス・アノニマス）のことがよく出てくる。訳者によって，「アルコール中毒者自主治療協会」だったり，「匿名のアルコール中毒者の会」「十二段階グループ」などさまざまに訳されているが，どれもみなAAのことである。あるミステリーでは，まだ小学生くらいの子どもが，昼から飲んだくれている大人に向かって，「AAに行けよ！」とどなる場面があった。それほどアメリカでは，AAが一般の人にもなじみのものになっているらしい。

　アメリカのAAの様子がとてもよくわかるのは，ローレンス・ブロックが描く「アル中探偵マッド・スカダー・シリーズ」である。現在までに13巻ほど，二見書房と早川書房から出ている。主人公のマッドは元刑事で，ある事故のために警察をやめ，細々と頼まれた事件の捜査をするライセンスなしの私立探偵である。事件の解決過程という本来のストーリーと並行して，酒に溺れていたマッドがAAに出会って飲むのをやめ，ミーティングに参加し続けながら人間的にも成熟していくというもう1つのストーリーが進行する。それがこのシリーズの別の魅力ともなっている。とりわけ，『八百万の死にざま』（ハヤカワ・ミステリ）という巻のラストの，マッドがミーティングでついに自分のアルコール問題を認めるくだりは，いつ読んでも感動的である。

　このシリーズの舞台であるニューヨークでは，どの時間帯でも，どんな街でもAAのミーティングが行われているらしく，事件の捜査に難航して精神的に行き詰まったマッドは，じつにタイムリーにそれを活用している。スポンサーと呼ばれる相談役やAAメンバーとの交流もさりげなく描かれており，セルフヘルプ・グループの日常がよく見える作品となっている。

依存症者のための「AA」が代表的なものである。日本には1970年代に導入された。AAは,「12のステップ」と「12の伝統」という,個人の回復と集団のありようを示した原理を創り出したことで,他の嗜癖問題のモデルとなり,それを用いたさまざまなグループがある。たとえば,薬物依存症者のための「NA」や,摂食障害者のための「OA」,ギャンブル依存者のための「GA」などである。また,AAの原理そのままではないが,それを土台として日本流に発展させたものに,断酒会や,摂食障害者のためのNABAがある。この種のグループは,仲間同士の支え合いによって安全感を保障し,認識の仕方や特定の行動パターンを変えることをめざしている。

次に,**慢性疾患・難病**をかかえる人たちのグループがある。がん患者とその家族のための「どんぐりの会」や,「日本リウマチ友の会」,乳がん患者のための「あけぼの会」など,ほとんどの疾患に患者会がある。このグループに特徴的なのは,医療専門家やその知識を積極的に活用するという側面である。専門家にお任せするのではなく,自分たちの必要に沿って医学や看護,福祉や介護の知識を主体的に活用して,みずからの療養生活に役立てていこうとしている。

第3には,精神障害や身体障害,知的障害といった**障害者**のグループがある。ここには,「全国精神障害者団体連合会」や「日本身体障害者団体連合会」などの全国レベルのグループも数多い。障害に関するセルフヘルプ・グループの特徴としては,個人の問題の解決と同時に,**制度の改革**など社会への働きかけといった側面を併せ持っていることである。

また家族のためのセルフヘルプ・グループも多い。依存症や,障害者,あるいは痴呆性老人の家族には,その本人とは異なる家族に固有の問題があるからである。先にも述べたアラノンや,精神障害

者の家族がつくる全家連（全国精神障害者家族会連合），痴呆性老人では「呆け老人をかかえる家族の会」などがその代表的なグループである。また最近では，家族の問題で傷ついた体験を持つアダルト・チルドレン（AC）のグループや，自殺した親を持つ人たちのグループといった活動も始まっている。

また数は多くないが，ゲイ・レズビアン，トランスジェンダーといったマイナーなセクシュアリティを持った人たちのグループや，配偶者と死別した人の会，性的虐待を受けた人たちのグループなどもある。

このようにセルフヘルプ・グループの種類は多様だが，ここを訪れる人は，それぞれが困難さや苦しみを抱えながら生き延びてきた**「生存者」（サバイバー）**であるという特徴がある。

3 セルフヘルプ・グループのなかで体験すること

セルフヘルプ・グループの活動は多様だが，そこに参加した個人の体験には，共通するものが多い。次にそれを考えてみよう。

3-1 孤立感から仲間（コミュニティ）意識へ

問題や危機に遭遇した人の代表的な反応は，「なぜ，私に起こったのか」というものである。カッツはその感覚を次のように説明している。「この反応は，しばしば (a) 他の誰もこの問題を持っていない，(b) 誰もこの問題の意味を理解してくれない，(c) 誰も問題を克服する上で助けにならない，という思いこみとなって社会から身を退くようになる」(Katz [1993] 訳書 p.35)。こうした感覚を一言で言えば，**孤立無援感**である。たとえば，先のアスカさんの場合

でも,こんな若い女性のアルコール依存症者は自分だけだと思い込んで,長い間,自分の問題を誰にも言えずにいた。こうした孤立無援感は人をむしばむものである。無気力にし,ひきこもらせ,生きるエネルギーを奪う。

しかし,セルフヘルプ・グループに参加するとその状況は一変する。その場にいるのは,自分と同じ問題を抱えた人ばかりなのである。**心的外傷(トラウマ)**の治療者で研究者でもあるハーマンは,「似た試みに遭った人たちとの出会いは孤立感,恥辱感,スティグマ感を洗い流してくれる」と述べる。なぜなら,「グループの連帯性は恐怖と絶望とに対する最大最強の守りであり,外傷体験の最強力な解毒剤」だからである(Herman [1992] 訳書 p.340)。アスカさんが初めて女性だけのグループに出たとき,肩の重荷が軽くなって泣けたのは,「若い女のアル中」であることの恥ずかしさやみじめさ,孤立感から解放されたからだろう。

セルフヘルプ・グループはまた,「**問題別のコミュニティ**」とも言われている。そこで得られた「私だけではなかった」というコミュニティ感覚は,社会とのきずなを取り戻させ,エンパワーメント(自分には問題に立ち向かう力があるという感覚)の可能性を開く。

3-2 誰かを援助することで,自分も支えられる体験

セルフヘルプ・グループでは,他のメンバーから共感されたり,援助されるばかりではなく,自分の問題がひとまず落ちついてくると,混乱している他の人に手を差し伸べるということが自然に起きる。こうしたメンバー間の相互作用は,「**ヘルパー・セラピー原則**」(helper-therapy principle)と呼ばれ,セルフヘルプ・グループの中核となる働きである。この原則は,「援助をする人がもっとも援助をうける」ということを意味している(Gartner and Riessman

[1977]）。先のアスカさんの場合でも，新しく来たメンバーをサポートすることで，自分自身の問題や周囲の人々についての理解が深まっていた。

　他の人を援助して与えたことはすべて自分に返ってくるという相互作用の相互強化（ハーマン）の過程を，ヤーロムは，「**適応のラセン**」と呼んだ。この過程では，グループ全体のなかで受容されることが，個々のメンバーの自己評価を高め，また他のメンバーに対してさらに受容的になるといわれている（Yalom and Vinogradov [1989]）。同時に，他の人を援助することによって，自分の問題に距離をおき，自分も社会的に役に立っているという感覚を持つことができる（Gartner and Riessman [1977]）。

　セルフヘルプ・グループを訪れる人の大半は，危機や問題をかかえたことで，自己評価の低い状態に陥っている。グループのなかで援助者の役割をとることは，周囲からの承認と尊敬が得られ，損なわれた自己イメージを回復することにつながる。また，援助者と非援助者が固定的でなく，必要に応じて自在に変換できるのもその特徴である。

3-3　モデルとの出会い

　セルフヘルプ・グループという集団の力に支えられる一方で，グループでは，「**モデル**」となるような人と出会う。先に述べたアスカさんの例では，スポンサーという相談役がそれにあたる。AAではスポンサーシップと名づけて，そうした人との関係を積極的に勧めている。

　うまく対処しているモデルの存在は，希望そのものである。たとえば心臓にペースメーカーをつけている人たちのセルフヘルプ・グループでは，高齢で元気に活躍している会員が年齢を告げると，参

加者から感動のどよめきが起こるという。ペースメーカーをつけるほどの事態に陥って，一時は絶望的に思われた人生にまた，希望がよみがえってくるのである。モデルとの出会いはまた，**社会的学習**を促進する。自分と同じ問題をかかえていて，それに何とか対処している人を間近に見ることは，「自分でも何とかできるかもしれない」という動機になる。その人の方法や態度を観察し模倣することは，対処方法を身につけるための第一歩なのである。

3-4 体験的知識の獲得

セルフヘルプ・グループにはまた，そこのメンバーたちの知恵が集積された，体験的な知識が豊富にある。たとえば，AAではこんなカードをつくってメンバーに配っている。

空腹だったり，ムカついたり，1人ぼっちだったり，疲れたときには，とりわけアルコールが忍び寄ってくる危険が強い。そしてそれをとりあえず回避できるのは，ポケットの中にある甘いものと

HALTにご用心	
Hungry	（空腹）
Angry	（怒り）
Lonely	（孤独）
Tired	（疲れ）
甘いものをいつもポケットに！	

いうわけである。それはほんのささやかな工夫だが，アルコールをやめ続けるという大仕事には，こうした工夫の積重ねが不可欠であることを教えている。またこのカードそれ自体が，仲間とのつながりの証でもある。

こうした，誰にも簡単に実行できる対処の方法を，多くのセルフヘルプ・グループは所有している。役に立つ福祉制度や医療機関の情報などもグループのなかでは伝達される。こうした体験的知識には，専門的知識と比較して，次のような特性がある。①**実用的・実践的**であること，②「**いま，ここで**（here and now）」の方向性（長

期にわたる発達や，知識の体系的な蓄積よりも），③**全体的・包括的**(holistic and total) なものであること（三島［1998］）。これは，その問題に切実に苦しんだ当事者がゆえに，編み出した知恵なのである。

3-5　自分の物語を書きかえる

　セルフヘルプ・グループの特徴は，メンバーが自分の体験を語り合う場を持っていることである。AA を代表とする依存症のグループは，その**体験の語り合い**が活動の中心である。その語りを「**物語**」としてとらえる見方が出てきた（伊藤［2000］）。

　前にも述べたが，セルフヘルプ・グループに参加してくる人は，サバイバーとしての体験があり，自己の一部が傷ついたり失われたという感覚を持っている。それが回復するためには，自分なりに納得できる自分の物語をつくることが必要なのである。たとえばアスカさんの場合では，セルフヘルプ・グループに参加したことで，「アルコールやめられないダメな自分」から，「AA のメンバーである（＝アルコール問題を認め，それに取り組んでいる）自分」へと変化した。その過程で「子どもの頃から傷ついていた自分」に気づき，自分にとってアルコールはそれを癒すという意味があったことがわかってきた。そして「自分のことを受け入れられなかった自分」を発見し，グループの支えを得て受け入れるという作業を始めた。そして，「アルコールがなくても生きられる自分」や「新しいメンバーをサポートする自分」になっていることに気づいた。それは誰かに押しつけられたものではなく，自分で発見し編み出した物語なのである。これは，ナラティブ・セラピーでいう「ドミナント・ストーリー」（常識に支配された人生のシナリオ）から，「オルタナティブ・ストーリー」（自分なりの意味を持った物語）への変換を意味している。人は，自分で意味づけられ，納得できる物語を得て初めて，

自分の人生を建て直すことができる。それはアルコール依存症だけでなく，他の問題でも同様なのである。

1人の物語は，グループのなかで語られることで，また別の人の物語を書きかえることを助ける。セルフヘルプ・グループは，さまざまな人の物語が交錯し，書きかえられていく場でもある。

4 セルフヘルプ・グループにおける専門職の関わり

セルフヘルプ・グループの成り立ちはそもそも，専門家には頼れないと悟ったことであると先に述べた。とはいえ，セルフヘルプ・グループには，何らかの形でさまざまな専門職が関わっていることが多い。そこで最後に，専門職がセルフヘルプ・グループに関わる際の留意点について述べておきたい。

大事なことは，セルフヘルプ・グループの当事者性や自発性，主体性を尊重し，それを妨げないということである。これは言葉で言うのは容易だが，実行するのは難しい。なぜなら，それぞれの専門職には，医学であれ，看護であれ，福祉であれ，それぞれの領域に固有の問題の同定方法と，その対処方法の体系（たとえば医学で言えば診断と治療法）があるからである。専門職であるということは，その体系を身につけていることである。したがってセルフヘルプ・グループに専門職が関わり支援する際には，その専門職のやり方を，知らず知らずのうちに押しつけてしまうことが起こりやすい。加えてセルフヘルプ・グループとて，人間がつくる集団であり，傷ついた体験を持った人たちの集まりであるから，さまざまな問題が生じる。そうしたときに，専門職が支援を求められると，よほど自覚していないと従来の専門職主導のパターンにはまってしまうのである。

では具体的にはどうすればいいのか。筆者が提案したいのは、「～はしない」という態度である（小宮［2000］）。たとえば、「余計なお節介はしない」。人に関わることを職業としている人には、世話好きな人が多いから、相手が困っているのを見ると、つい頼まれてもいない段階でも、手出し口出ししたくなる。セルフヘルプ・グループに関わるときには、それを自覚的にしないことだ。相手から求められたり相談されたことに対して、できることをやるのは必要だが、こちらからの積極的な働きかけは自制したほうが無難である。

　また、「わかった気にならない」ことも重要である。当事者が経てきた苦難な体験は、専門職といえども、その当事者にしかわからないことが多い。当事者だからこそわかちあえるということが、セルフヘルプ・グループならではの機能なのである。専門職には、わからないことがあるという認識はまた、当事者の判断や行動を尊重することにもつながるのである。

5　おわりに

　ここまで、セルフヘルプ・グループの世界を大急ぎで探訪してきた。セルフヘルプ・グループの全体を説明することは大きな仕事で、ここでは十分に展開できなかった面も多い。セルフヘルプ・グループについてもっと詳しく知りたい人は、巻末に紹介したセルフヘルプ・グループの文献を参照してほしい。

　しかしセルフヘルプ・グループについて知る最もよい方法は、自分で参加してみることである。あなたがもし何か困難な問題をかかえているのなら、同じ問題を持った人のセルフヘルプ・グループに行ってみることをお勧めする。そこに流れている雰囲気や交わされている言葉は、あなたが自分の問題に取り組むことを助けるだろう。

また自分が求めているグループがなかったら，それをつくってみることはより重要なことだ。グループをつくる過程での人との出会いは，あなたに大きな力をもたらすだろう。

　もしあなたが，人を援助することを職業としていたり，将来職業とすることをめざしているなら，ぜひ，何らかのセルフヘルプ・グループに参加してみてほしい。多くのセルフヘルプ・グループではクローズド（その当事者のみの参加）のグループ以外に，一般の人でも参加できるオープンな場を持っている。インターネットでもたくさんのグループが検索できる。そうしたグループに参加してみると，いわゆる問題をかかえた人々（患者とか，クライエントと呼ばれる）の，苦しみや悲しみと同時にその力強さを実感することができるだろう。そして彼らの語る体験のなかに，自分と共通する何かを見出すことができたら，あなたの仕事はまったく違ったものになるだろう。

● **演習問題** ●

1 自分が日頃，何か難しい問題につきあたったとき，どんな対処をしているか，振り返って考えてみよう。

2 セルフヘルプ・グループのなかで得られる支援と，専門職が提供する支援とを比較してみて，セルフヘルプ・グループならではの支援とは何だろう。

3 セルフヘルプ・グループに専門職が関わる際の留意点とは何だろうか。

■ 引用文献

伊藤智樹［2000］「セルフヘルプ・グループと個人の物語」『社会学評論』第51巻1号

久保紘章［1997］「セルフヘルプグループの理解とセルフヘルプグループの現状」『セルフヘルプの行動科学』（日本保健医療行動科学会年報 Vol. 12）

久保紘章［1998］「セルフヘルプ・グループとは何か」久保紘章・石川到覚編『セルフヘルプ・グループの理論と展開』中央法規出版

小宮敬子 [2000]「自助グループとのかかわり」『精神科看護』第91号
斎藤学 [1995]『魂の家族を求めて——私のセルフヘルプ・グループ論』日本評論社
三島一郎 [1998]「セルフヘルプ・グループの機能と役割」久保紘章・石川到覚編『セルフヘルプ・グループの理論と展開』中央法規出版
Gartner, A. and F. Riessman [1977], *Self-help in the Human Services*. Jossey-Bass Publishers. (久保紘章監訳 [1985]『セルフ・ヘルプ・グループの理論と実際』川島書店)
Herman, Judith Lewis [1992], *Trauma and Recovery*. Basic Books. (中井久夫訳 [1996]『心的外傷と回復』みすず書房)
Katz, Alfred H. [1993], *Self-help in America : A Social Movement Perspective*. Twayne. (久保紘章監訳 [1997]『セルフヘルプ・グループ』岩崎学術出版社)
Yalom, Irvin D. and Sophia Vinogradov [1989], *Concise Guide to Group Psychotherapy*. American Psychiatric Press. (川室優訳 [1991]『グループサイコセラピー』金剛出版)

8章 社会調査と現実理解

▶1.17 神戸。空からの中継——揺れ，音，におい，熱さ，いたみはどこに。（共同通信社提供）

本章で学ぶこと

　社会調査は，いわゆるアンケート調査のようなサーベイが主流です。社会調査法と題する教科書は，ほとんどが調査票のつくり方と統計学に基づいた調査対象者の選定方法から構成され，科学的，学問的な調査方法が志向されています。しかし，それではとりこぼしてしまう「現実」があります。その現実とは，人々の日々の営みにおいて，個々の場面，個別の文脈のなかで立ち現れる当事者の気持ちや意味合いを含んだ出来事のあり方です。サーベイに代わって，このような現実を比較的よく理解する方法がフィールドワークでしょう。さらにそれは，フィールドワークの過程それ自体が調査者と対象者という固定的な役割を超えて双方を変容させる可能性を持ちます。そして，これらの特徴をソーシャルワーカーが理解することは，クライエントの行為，思いなどを的確に把握することにおいても，また一方的な援助者役割に囚われないためにも，必要なことではないでしょうか。

1 社会調査の経験

1-1 サーベイの経験

　社会調査と聞いて，あなたは何を思い浮かべるだろうか。そう，たぶんアンケート調査だろう。一般にアンケート調査と呼ばれる**サーベイ**（survey）は，社会調査の主流である。聞きたいことがら（調査項目）を質問文と答えの形で**質問紙（調査票）**にまとめ，調査対象者に配布し回答してもらうあの方法のことである。

　私が学生のときに学んだ手法もサーベイであった。そのときの授業は，いま思い返してもかなりの水準のものであった。サーベイが，気軽に行われている「アンケート調査」を脱して「科学的」調査となるためには，厳密な手順で，調査票をつくり**調査対象**を選択し分析しなければならないという意気込みがあった。

　では，ここで，そのサーベイという方法について概観してみよう。サーベイは，まず，**仮説**を用意するところから始まる。望ましくは，従来の社会学上の理論を検討することから始め，それらの理論から導き出される概念をわかりやすい**命題**（真偽が判断できるような形にまとめた文章）にして，**理論仮説**をつくる。次に，それをかみ砕いて調査できるように具体的な**作業仮説**に読み替えていく。あるいは，自分の問題意識を腑分けし，事象ごとの関連を命題にする。すなわち，問題意識を，調査者側の論理的思考に基づいて，調査の形式に合った形，つまり，変数関係に編成していくのである。そして，それに従って，**調査項目・質問項目**を整理し，質問文の言葉遣い（**ワーディング**）に注意をはらいながら質問と**回答選択肢**を決めていく。すなわち，調査者側の「理論的」かつ「論理的」考察に基づいて，調査票は作成されるのである。

次に、この目的にふさわしい調査の対象集団（**母集団**）を、性別、年齢、職業、収入、未既婚などの社会的**属性**を目安にして確定し、その母集団の中から確率の手法を用いて対象者を選択（サンプリング；**標本抽出**）する。これは、結果を統計学的に分析するためにも欠かせない作業である。調査対象者はこの時点でリストアップされる。そしてこれらの調査対象者に調査票を配り、回答を記入してもらい、それを回収する。さらにそれらを集計し、コンピュータなどを用いて分析する。この際、集計された調査結果によって、はじめに用意した「仮説」が**検証**されることをめざすのである（西田ほか［1976］、岩永ほか［1996］、盛山ほか［1992］、ほか）。

サーベイの長所は、自然科学的な意味での客観性を保ちながら、社会の多くの人々が共通に体験していることがらについての意識や行為の実態を比較的短時間にさぐることが可能であるというところにある。当該社会全体の平均像や属性ごとの度数分布などを数値で明らかにできるのである（そのため、サーベイは**統計的調査、量的調査**と呼ばれることもある）。また、手順が標準化されているので、比較的技法を身につけやすい面もある。

さて、私は、このような社会学的考察には欠かせないサーベイの手法を学生時代に徹底的にたたきこまれた。夏休みには、調査実習の授業があり、調査票の配布・回収の仕方を集中的に学んだ。

しかし、その実習は、サーベイにおける配票・回収の手順を教えてくれただけではなかった。それはまた、サーベイではとらえきれない「現実（リアリティ）」があることを私に教えてくれた。長くなるが、このときのエピソードを述べてみたい。

　　今から23年前の夏休み、私と相棒の2人は、調査票をかかえて担当
　　地区をめぐっていた。都市生活に関するサーベイの一環で、住民票から

くじ引きのような形でリストアップされた調査対象者に調査票を配布し数日を経て取りに行くという調査員の仕事であった。

　私たちが担当した調査地は，一部に公営住宅群があるものの，私が小学生の頃の下町風景そのままの地区であった。狭い道に平屋建ての家々。ときおり大きな家もあるがほとんどが長屋であった。用意されたリストに従って，調査対象者の住まいをさがし，本人を確認する。1組の若い男女が「家並み配置図」と呼ばれる地図のコピーを手に，あそこでもない，ここでもない，と各家をうかがいながら歩いていたのだから，変な光景であっただろう。しかし，すれ違う人はほとんどなく，むしろ家のなかにいる人の方がこちらを気にかけていた。家のなかから怪訝そうに私たちをのぞくまなざしを私たちは感じていた。うち何軒かは，靴の中敷きにミシン掛けをする作業の真っ最中であった。動力ミシンが大きな音を立てながら，瞬く間に数枚の中敷きを縫い上げていく。いつ声をかけようかと，きっかけをつかむのに苦労した。なんとか声をかけ，あいさつをして調査の趣旨を説明し調査票を渡すまでのあいだ作業は中断されたが，突然の闖入者にも地元の大学から来た者ということで丁寧に応対してくれた。しかしこちらの調査依頼が，相手のめまぐるしい作業を中断し仕事の時間をけずってしまうことに私たちは申し訳ない気持ちでいっぱいであった。

　また調査票回収のときに，「待ってました」とばかりに記名された調査票を渡されることもあった。しかし，その調査票は，調査対象者の書いたものではないことがわかり，無効票に整理された。なぜなら，サーベイでは調査の対象集団を性別，年齢，職業，地域などの社会的属性を目安にして決め，統計的な手法に基づいて，そこから調査対象者をリストアップし，その選ばれた調査対象者に調査依頼することが偏りのない「科学的」な調査を行う基本であると考えられているからである。

　また，あるときは，訪ねた家の夫婦が私たちを家の中に招き入れ，お茶をいれてくれたこともあった。通常，調査票を配布しにきた見ず知らずの者を家の中にあげるということはめったにない。つい先日18歳の

一人息子がバイク事故で死んだという。同じ年頃の若者を見て思わず招き入れたのだろうか，白い祭壇と大きく引き伸ばされた写真パネルに見える若者の姿が痛々しかった。おばさんのもの悲しげな表情が今も目に浮かぶ。そのうち，おじさんが鴨居の上の額を指し，そこに書かれてある「書」のことを「知ってるか」と説明しはじめた。それは，「水平社宣言」（そのものかその関係者の書いたもの）であった。水平社宣言は，大正時代，「部落民」自身が，人間を尊敬し，誇りを持つことによってみずからを解放する運動を呼びかけた文章である。おじさんは，ある人物の名前をあげて誇らしげに「同和運動」について説明しはじめた。あとで思うに，この地域はその水平社宣言を出した中心人物の出身地に近いところだった。しかし，おじさんのあげた名前には2人とも思いあたることがなく，「同和教育」という科目で習ったかもしれないけど云々と言葉をにごし，少々きまり悪い思いをしながら，お茶をいただき説明を聞いていた。大学生とあろうものが「同和運動」の原点を知らないのかとおじさんは思ったかもしれないが，そんなそぶりは少しも見せず，私たちにこの地域のことも含め熱っぽく語ってくれた。そのあと，こちらの用件である調査の依頼をしてこの家を辞した。

　通りを歩きながら，ここが「同和地区」であり，そういえば，町のたたずまいも公営住宅群も，靴の中敷きのミシン掛けも，すべてが合点がいく，と相棒と話し合った。調査の疲れを感じつつも，あの夫婦に出会えたこと，新しい知識を得たこと，「同和地区」に入り込んですみからすみまで歩き通し，その狭くて入りくんだ道路や住宅の事情，就業活動の実際を知りえたことに私は興奮していた。

1-2　サーベイへの「違和感」

　この授業で私はサーベイについてかなりの程度たたきこまれたが，その反面，この体験によってサーベイという方法に対して「違和感」をいだくようになった。どうやらその「違和感」の1つは，サーベイという方法が持つ「暴力性」にあったのではないか，と思う。

たとえば，1枚の靴の中敷きを1日に何枚つくるかという作業で生計を立てている人たちに，1枚の調査依頼のはがきを出しただけで，相手の都合も聞かずに突然押しかけ，一方的に調査票配布がなされること。B4横長の藁半紙10枚からなる大部で見づらい調査票をもって，「大学の学術調査ですからご協力ください」といって突然訪れること。このような行為は，有無を言わさない「暴力」そのものではないだろうか。調査拒否も可能ではあるが，「大学の学術研究」という権威の前で，彼らが実際にあらがうことは難しい。日々の暮らしをさまざまな仕方で，さまざまな気持ちを持って生きている人々への配慮が行き届いた調査票の内容であったのかどうかも疑わしかった。もっとも，この場合の調査テーマは「都市生活」にあったから，暮らしの現場で人々が不満に思ったり行政に望むことなどを回答選択肢を通して表明する機会があったことは否定できないのではあるが。

　また，暴力性とは異なるが，調査対象者以外の人が回答してくれたという「現実」が，「科学性」という名のもとでカウントされないことへの違和感があった。そもそも調査票に答えるという作業は，それ自体が回答者の時間と労力を「奪う」ことによって成り立っており，調査票の一票一票がそのような時間と労力の結晶なのである。とくにこの地域のおかれた状況では，そのことの意味は大きい。なのに，そのような意味をもつ調査票が，科学性の追求という名のもとに無視されてしまうという理不尽さへの違和感なのであった。

　回収された調査票が集計され，この地域を単位とする結果がまとめられ，この地域独自の傾向がその結果に表れたかもしれない。が，それは，調査対象者を性別，職業，年齢，所得階層などの社会的属性によって分類し，それぞれがどのような行為をしているかを数量的に明らかにする形で表されたものである。したがって，具体的な

個人は社会的属性のような「分類枠」(**カテゴリー**)に埋没してしまう。私が会ったあの「おじさん」のあの地域社会に対する思い，すなわち，「同和地区」に生まれ暮らす者として差別に立ち向かう先達のことを若者に語り知らせようとする姿勢，人としての誇りを表明する態度は，この調査結果には決して表れないのである。

1-3 異なる「現実」

じつは，このような「違和感」の根底には，どのように「現実」をとらえるのかという根本的な問題が横たわっているのである。

サーベイでは，一般に，既知の社会学理論から導き出された「命題」に従って調査票づくりをする。あるいは，個別で具体的な出来事から出発しても，それらを抽象化して，概念や変数といった操作しやすい形に変え，現実のあり方を調査者側の思考や論理に即した「仮説」や「命題」に変えてとらえようとする（多くの社会調査のテキストはこの手順について懇切丁寧に解説している）。

これは，社会事象を，客観的に，言うなれば自然科学的にとらえようとする**実証主義**と呼ばれる立場を反映しているからである。すなわち，社会事象は，それが生じた時点で，その担い手である当事者本人によって解釈されており，調査者は，基本的にその「『解釈された』事実」(現実)を解釈することしかできないのだが，「科学的な」社会調査をめざすためには，その当事者の主観性をできるかぎり払拭することが必要だという考え方に基づいているからである。

そこでの焦点は，調査票を論理的に操作的につくりあげ，調査者が想定している「図式」(社会の構造)に基づいて，いかに客観的に人々の「現実」をうまく説明するかというところにある。具体的には，質問項目は調査者側の科学的（論理的・演繹的）思考に沿って用意・展開され，対象者が回答する以前に調査者側であらかじめ予想

Column ❽ 「注文の多い料理店」という「現実」

　宮沢賢治の『注文の多い料理店』の話をご存じだろうか。猟に来たふたりの若い紳士が山奥で出会った一軒の洋館,「西洋料理店 山猫軒」。「こんなところにおかしいね」とは思ったものの,「看板にそう書いてある」から入ることにした。中に入っても,「おかしな」状態は続いていた。家の造りから扉ごとの［注意書き］とその内容まで——なにせ,「身なりを整えろ」「金物をはずせ」「クリームをつけろ」とうるさいのだ。料理を供されるどころか, ふたりは奇妙な注意書きに従ってばかり。そもそも,［注文はずいぶん多いでしょうがどうか一々こらえて下さい］という注意書きを,「注文があまり多くて支度が手間取るけれどもごめん下さい」と読み替え, この店が「注文の多い料理店」だととらえたことからこの過程(プロセス)は始まった。身なりを整えるのは貴族が来ているから, 金物をはずすのは料理で電気を使うから, クリームを塗るのはひびを切らさないため。変だなと思っても, 自分たちなりの理由づけをしながら, この店が「注文の多い料理店」で「貴族も立ち寄るような立派な店」であると解釈し, それに見合うような客としてふるまい続けていく主人公たち。そう, 彼らにとっての「現実」はこの店が「注文の多い料理店」であったということだ。当事者たちの主観的な意味づけによって立ち現れる出来事のありようこそが「現実」にほかならないのである。この物語の〈事実〉は, 山猫がこのふたりを食べやすくするように身繕いさせていたことだったが。すなわち, この物語は, 事実がどうであれ, 当事者たちが意味づけ解釈した内容こそが「現実」を構成するという「現実」の持つ特徴を, 私たちに端的に知らせてくれている。

した回答選択肢が用意される。調査票にあらかじめ設定されていない情報は収集できない。対象者の個別的, 個性的, 歴史的な（時間に限定されている, 一過性の)「現実」をとらえるすべを調査票はほと

んど持たないのである。加えて，調査過程そのものの進行スケジュールも研究者側がリードし，対象者1人ひとりの個別的な事情を考慮することがほとんどないのである。

　もちろん，調査票によって収集される情報量は限られている反面，多くの対象者の回答を集めることによって平均的近似的な姿を描き出すことはできる。この点はサーベイの利点であるし，それが描き出す平均的近似的な「現実」も1つの現実なのである。

　他方，私自身が調査票配布の過程で出会った「現実」は，きわめて少数の対象者の，そのとき，その場での個別的な状況や思いに満ちた行為であった。対象者は少数ではあるがその情報量は多岐にわたっている（調査員の私が把握したかぎりにおいてではあるが）。都市生活調査と銘打った，回答選択肢つきの調査票を何部配ったところで，動力ミシンの騒音のなかで何秒かで1足の中敷きを縫い上げるというこの地域独特の生活実態や，見ず知らずの学生を家にあげて「同和運動」への取組みを語る男性の思いはすくいあげることはできないはずである。

　私が体験を通して気づくことになった「現実」は，調査者側の意向に基づく調査票だけではとらえられない，対象者の生活の場における，対象者の視点により近い，包括的な現実であった。すなわち彼らによって「生きられた」現実であったといってよい。それに気づいたからこそ，前述のような違和感を感じたのであった。

　では，そのような「生きられた」現実をさぐる社会調査の方法はどのようなものなのだろうか。

2 フィールドワークという方法

2-1 もう1つの社会調査の経験

サーベイに対する違和感をいだきつつ，10年前にアメリカで社会学を勉強する機会を得た。そこで私は**フィールドワーク**（fieldwork）に出会うこととなった。それは質的調査の1つの方法で，サーベイのように調査票だけで調査対象者に接近するのではなく，また結果を数量で表したり，その統計的処理を至上命令とするのでもなく，人々の日常生活の現場に入り込んで，そのありようをつぶさに「記述する」という方法であった。

その授業の一環で私たち大学院生は「高齢者〔シニア・シチズンズ〕」センターを実習場所として選んだ。その「現場」に入り込んでの研究は，まさしく異文化のバックグラウンドを背負っている私には，見るもの，聞くものすべてが新鮮であった。常設のバザーではどんなものが商品となっているのか，アメリカの片田舎の老人たちがどのような活動をセンターで行っているのか，そのときに何を話し，お互いのことをどう思っているのか等々について，目を見開き，耳をかたむけ，必死でとらえようとした。英語がつたない日本人の私に話しかけてくる人はほとんどなかったので，見ることに力をおき，よくスケッチをしたり，バザーで一緒に仕事を分担することによって知り合いになる機会をつくったりした。彼女たちが使い捨てカップを使ってコーヒーを飲み，ふきんのかわりにペーパーナプキンを惜しげもなく使うことに驚きを覚えた。日本ではこの年齢層の人たちのとる行為とは考えられなかったが，彼女たちにとっては「当たり前」の行為だった。私は「異人〔ストレンジャー〕」の目で，アメリカ人の学生たちには見えないことがらを発見し，報告していった。

また，あるときはバザー商品の値段をめぐって，リーダーのつける数字が低すぎてもうけが少ないのは「彼女が今の値段を知らないからよ」と私に不満を漏らした女性がいた。仲間内には言えないことを思わず私につぶやいたのである。同じ部署で働く仲間として「受け入れて」もらいながら，「部外者」であるがゆえに思わぬ情報(ホンネ)を知りえたのである。すなわち，この調査は，サーベイのように対象者に「暴力的」に接近するのでもなく，調査者側の枠組みで対象を切るのでもなく，彼女たちバザー担当者の「現実」をすくいあげようとするものであった。すなわち，これこそが，当事者にできるかぎり近づいて，彼らの「生きられた」現実，つまり，その主観的意味をさぐる社会調査の方法であることに気づいたのである。

2-2　他者理解としてのフィールドワーク

　フィールドワークは対象者の世界に降り立つところから始まる。そして，対象者の世界を観察し，参加していく。そのプロセスで，フィールドワーカーは対象の現場に対して，さまざまな驚き，とまどい，違和感を感じる。それは，対象の世界が自分にとって「不可解」であることに気づくことであり，かつ，自分が当たり前としていた「見方」がどのようなものであったのかに気づくことである（たとえば，私の場合，「お年寄りは無駄遣いをしない」という見方であった）。つまり，フィールドワークとは，対象者と異なる世界に生きてきた人間が，自身がなじんだ集団や社会の「ものの見方」が通用しない環境に飛び込む活動であると言えよう。

　したがって，それまでの自分の見方に固執しているかぎり，対象＝「現場」は見えてこない。それに，現場に入り込んだフィールドワーカーは，現場の「見方」に従って行為をしていかなければそこにうまく参与していくことはできない。対象者たちの世界では，

人々がどのような「見方」をするのか，と**インテンショナリティ**（志向性）を働かせなければならないのである。

　サーベイが，対象についての知識に基づいてあらかじめ構成された調査票という「問答集」によって対象者にせまるのと違って，フィールドワークでは，対象とのあいだでの「実践的な行為」（相互作用）のなかから「知りたい」ことがわき出てくる。参加し観察するなかでさまざまなことを知りえるが，その過程で生じる，より掘り下げられた疑問を対象者に確認していくことが必須なのである。

　対象に参加し具体的な相互作用をしていくなかで，フィールドワーカーは対象世界の見方を習得していく。言い換えれば，フィールドワーカーは，対象世界でもう一度「社会化」されるのである。しかし，子どもが「社会化」されるのと違って，フィールドワーカーはすでに自身の社会のなかで「社会化」されており，そこで身につけた文化を前提にしている。しかも，彼女（彼）は，対象社会の「生粋」のメンバーになることはない。その結果，自身の社会のメンバーでも，対象者の社会のメンバーでもない，「第三の視点」を持った者に変容する。すなわち，フィールドワーカーは，対象者の生きる世界に寄り添いながらもそれを相対化することによって，対象をよりうまく報告できるようになるのである。

　もっとも，それならばフィールドワーカーがいちいち確認せずとも，対象者自身（のなかの物知り）が一番自分たちのことをよく知っている，と考えるむきもあろう。だが，それはまちがいである。対象者自身は自分の生きている世界に通用している「ものの見方」をあまりにも「当たり前」のものと，まるで空気のように感じている。それは，私たちが，ふだん空気の存在も重要性も感じないのと同じように，自分たちの「ものの見方」がどのようなものであるかについて気づいていないということなのである。

フィールドワーカーも自分のなじんだ世界については同じように感じている。フィールドワーカーは対象の世界に降り立って，その見方がうまく働かないという経験をしているからこそ，対象世界の「ものの見方」は「当たり前」ではなくそれがどんなものかがよくわかるのである。このことを佐藤郁哉は，「方法を知ること」と「内容を知ること」という言葉で説明している。「方法を知ること」は「何かができるということ」，「内容を知ること」は「それについて言葉によって説明すること」である。すなわち，対象者たちは「方法」は知っているけれども「内容」には詳しくなく，フィールドワーカーはその逆で，「方法」は知らなくても「内容」をよく知っているのである（佐藤 [1992] p.150）。だからこそ，フィールドワーカーは対象世界のものごとについて適切に説明できるのである。

このようにフィールドワークの手法自体には，すでに，調査者がなじんだものごととは異なった，異質なものを「理解」するというプロセスが含まれている。このことは，この方法がもともと異文化を研究する人類学の中心的手法であったということは言うまでもなく，社会学においても，「一般的」や「主流」としてくくれない「マイノリティ」研究，あるいは，まだほとんど一般には知られていないことがらを対象とするときに威力を発揮することを示している。

2-3 フィールドワークの方法

フィールドワークの具体的な方法の1つは，**参与観察**である。先の高齢者センターの例で見たように，調査したい現場に入り込んでそこの人々（メンバー）と関わり合いながら，そこで起こる出来事に目をこらし，耳をすませて観察し，メンバーの考え方や行為の仕方を学ぶ方法がこれである。これは，ある出来事（人々の行為）が

まさに目の前で起こる微細な場面をそれが起こる文脈を考慮してそれを解釈する行為である。サーベイのように，調査を始める前から決まっている（調査者側が決めてしまっている）ことがらを観察するのではなく，人々の日常生活における個々の場面で生じる出来事を観察し，その意味を確定する方法なのである。

「参加者」という位置づけは現場の人々と相互作用していることを意味するが，そのあり方は，「直接関わりながら見る」から「関わらずに見る」まで幅広い。もちろん，「見る」作業のなかには，「聞き取る」ことも含まれるのであるが，私のアメリカでの調査体験のように，言葉の通じない状況でも「目をこらす」ことにより詳しく状況をとらえることができる。

フィールドワークにおけるもう1つの具体的方法は，**インタビュー**である。インタビューには，**フォーマル・インタビュー**と**インフォーマル・インタビュー**がある。フォーマル・インタビューは，調査者側が聞きたい項目をあらかじめリストアップしておき，それに従って対象者にインタビューするというものだ。これは，サーベイの回答の仕方と比べれば対象者は自由に答えやすいのであるが，あくまでも質問の主導は調査者側にある。

したがって，フィールドワーカーが行うのは，後者のインフォーマル・インタビューの方となる。それは，インタビューの内容がはじめから厳格に決められておらず，対象者との会話や出来事の流れに沿って，相互作用的に展開するものである。すなわち，質問の主導がつねにフィールドワーカー側にあるのではなく，「聞き手」と「語り手」の立場はときには入れ替わることもある。それにつれて会話の流れ自体が変わり，その結果，思わぬ答えや「語り」へと展開することもある。そして，この過程を通して，相手の表情やしぐさを観察し，それらを話される内容とつきあわせることによって，

答えや「語り」の意味をより深く考察することができる。もちろん、質問の意味がわからなければその真意をたずねたり、対象者の答えが質問の取り違えをしているときには、問いかけの方向を適宜変えたりすることができるのは言うまでもない。

ところで、インタビューのなかで、対象者個人の過去から現在にいたる一生（生活史）を聞き取ることによって対象者の「生きられた」世界を理解するものを**ライフヒストリー・インタビュー**と呼ぶ。これは、聞き手があらかじめ用意した質問に沿ったものでもなく、語り手自身が語ろうと決めたものでもない。むしろ、聞き手の質問や語り手自身の語りに触発されておのずからつむぎだされる対象者の生活史と経験をその主観的意味に即しながら聞き取り、それを解釈し、描き出す作業がライフヒストリー・インタビューなのである。

この方法は、一般には、対象者の過去の出来事を聞き取り、それを時間順に並べ替えて彼らの人生の「年譜づくり」をする自分史の方法と同じようなものとイメージされるかもしれない。だが、これはそのことを主要な目的とするものではない。語り手によって語られる人生は、過去がそのまま再生されるわけではないからである。

たとえば、この章の最初にあげた私自身のサーベイ体験のエピソードだが、これを私のライフヒストリーの一部であると考えることもできる（この場合は、私が聞き手と語り手をかねている）。すると、この「語り」は、現在の私が、いま論じている社会調査論の文脈においてよみがえらせた私の「過去」である。あのおじさんの「同和運動」への思い入れは、現在の私だからこそ十分に理解でき、私は当時のことを思い出すとともに、あのときの出来事にあらたな意味を込めた。つまり、過去のエピソードは、語りの現在において、あらたな意味をもって立ち現れ、語り手は過去の人生をいま現在に生き直すのである。

2　フィールドワークという方法

このような特殊な時間構成を持つ語りに充満している「考え，思い，感情」などを通して対象世界を描き出すためになされるインタビューが，これなのである。当然ながら，この方法は，サーベイのような一方的な関与によっては成立しえない。相手のプライバシーや**アイデンティティ**の奥深くまで入り込むこのインタビューは，聞き手に対する相手の同意と受容なくしては成立しえない。

　また，インタビューや参与観察において聞き取った出来事や発言の意味を理解するときには，その出来事や発言が出てきた前後の文脈におくことが重要であることは言うまでもないが，それらを特定の個人のライフヒストリーの文脈の中におくことによって，その意味をよりいっそう深く考察することができる。たとえば，私のサーベイ体験は，私のライフヒストリーの文脈におくことで，私の研究生活のあり方（研究テーマや方法）を決定づけた重要な出来事だったというあらたな意味をもつ。また，それを明らかにしていくことによって，私の研究生活というライフヒストリーがよりいっそうはっきりと描き出されていく。つまり，私たちにとっての出来事は，人生という大きな流れのなかで意味づけられると同時に人生そのもののあり方を形づくるのである。

3 フィールドワークの「ちから」

3-1　インタビュー過程の管理

　フィールドワークにおけるインタビューは，聞き手/語り手の関係がつねに質問者/回答者であるという一定の関係にあるとは限らないし，語られる内容や質問の内容は，語りの文脈に依存し，サーベイのようにはじめから決まっているわけではない。しかし，だからといって，すべての語りが，インタビューという現場においてま

ったく「自由に」展開されているかというと決してそうではない。語りのその場においても，微細に力関係が働いているのである。

　たとえば，桜井厚は，被差別部落でのライフヒストリー・インタビューにおいて，聞き手が無意識のうちにインタビューの過程を管理(コントロール)しているさまをトランスクリプト（録音したテープを起こして文字で書き表したもの）の詳細な検討から明らかにしている。インタビューを実証的なデータ収集過程としてとらえるのではなく，その過程自体を考察するという作業をしたところ，あまり長く語りたがらない語り手から満足できる回答を得ようと，聞き手が質問を発し続けたり話を長引かせたりすることや，聞き手が語りの途中でそのつど年齢や時代を確認することが語り手の語りを阻害すること，反対に語り手の側も，聞き手に質問をし返したりトピックの転換をリードしてその場を仕切ることなどがわかったという（桜井［2000］pp.122-30）。

　これは，今まさにインタビューがなされている「現場」での相互作用には，聞き手，語り手双方の側が，その場をコントロールすることをめぐって「せめぎあっている」ことを端的に示している。なぜならば，データ収集のあと分析・解釈するサーベイと違って，フィールドワークにおけるインタビューでは，つねにそのプロセスにおいて，聞き手，語り手の双方が相互に解釈し合いそれに基づいて次の行為に移るからである。これは，フィールドワークの醍醐味である。したがって，インタビュー過程を一方的に管理することは，このような利点を殺すことになるのである。

3-2　モデル・ストーリー

　次にインタビューの内容に目を向けよう。もちろん，インタビューに答える語り手の語りの内容は，フィールドに大きく依存するの

であるが，ここでは，ある傾向が見て取れることを指摘しておく。それは，**モデル・ストーリー**と呼ばれるものである。

桜井によると，被差別部落の人たちへのインタビューでは，聞き手は，語り手から被差別体験を好んで聞こうとする傾向が強く，その聞き手の態度に呼応して，「差別－被差別の文脈」という枠内でインタビューの内容が構成されるという。被差別部落は差別されている，だから被差別部落の住民は誰もが被差別体験を持っているはずだ，といった固定観念を持って聞き手がインタビューし，語り手もまた，被差別体験者の1人としてモデル・ストーリーに沿って語るというのである（桜井［2000］p.130）。もちろん，はじめから直截的に「どんな差別を受けましたか」というように聞くことはせず，語り手が語り始めるのを「待つ」のであるが，いつまでたってもそれが出てこないときには聞き手は満足できずに，まわりくどい質問を重ねてモデル・ストーリーを語らせてしまうのである。

また，語り手側の被差別体験の内容は，戦後において，2つの形に収斂していくことに桜井は気づいたという。すなわち，歴史的に早い段階の，「被差別部落の生活環境や生活状況が〈貧困，劣悪，悲惨〉」という表現で表されている語りと，あとの段階に出てくる「〈誇り，たくましさ，アイデンティティ〉ということば」で表される語りの2つである。後者の語りは，前者の語りで表現されるイメージを打ち破るものであり，差別に立ち向かうたくましさや誇りを持った生き方という語りにつながっていく。そして，この2つの語りと関係しない語りは，語り手側において「語るに値しない」語りとして位置づけられてしまう（桜井［2000］p.131）。つまり，聞き手は，被差別というモデル・ストーリーからはずれる語り手個人の生活世界のあり方や見方などには関心をはらわないし，語り手もそれに合わせるかのように被差別体験，抑圧体験のみを語るのである。

聞き手，語り手の双方がそれに囚われるのは，モデル・ストーリーが両者に共有される「常識」に沿った語りだからである。その「常識」は，聞き手と語り手とのあいだに存在するカテゴリーに基づく共通認識に支えられている。研究者は，目の前にいる語り手が「被差別部落の人」だから被差別体験を聞くし，被差別部落の人は，聞き手が「大学の研究者」だから被差別体験を語るのである。そうすることによって，聞き手も語り手も「常識」に沿ったストーリーを「安心して」語り，聞くことができるのである。

　モデル・ストーリーを無意識のうちに志向してしまうことは，被差別部落の人たちは，つねに「差別」の枠組みでしか生きていないという「常識」という名のわなにはまることを意味する。そして，このことは，被差別部落研究だけでなく，多くのマイノリティ研究が陥りがちなことである。もちろん，マイノリティはマジョリティからの排除・差別を経験していることは否定すべきではない。だが，そこで終わってはいけない。それではフィールドワークの持ち味を殺してしまうからである。したがって，まずは，モデル・ストーリーから入ったとしても，聞き手も語り手もそれに固執してはいけない。それを突き破るような語りを引き出すことこそ，聞き手側がめざすべきことであろう。

3-3　啓発する「ちから」

　サーベイが多くの人々が経験している社会事象についての平均的な様相を明らかにするのに対して，フィールドワークは，比較的少数の人々の意味世界を丹念に明らかにする作業である。いきおい，マイノリティとして差別・抑圧されてきた人々の生活をテーマにすることも多くなる。たとえば，被差別部落民，ハンセン病者，同性愛者，移民，精神病者，中国帰国者などがあげられよう（好井

[2000]，鍛治[2000])。フィールドワーカーは，差別などの「問題」状況に直面し，それを何とかして解決しようとしている対象者と接触し，彼らをとりまく状況や「生きられた」現実を明らかにしようとつとめる。その結果，「問題」に対して研究対象者たちの取っている立場（たとえば，反差別など）に自身が立つことも多い。

その結果，一般の人たちがほとんど関心を寄せることのない問題状況にある人々の「生きられた」現実が浮かび上がり，フィールドワーカーによるそれについての記述がそのような現実の存在を一般に明らかにする一助となる。そして，それは，差別などの「問題」状況理解のための絶好の素材と機会を提供する（これは，先に見たモデル・ストーリーの機能ともとらえられよう）。その意味でフィールドワーカーの仕事は「啓発するちから」をもっており，その意義は大きい。

しかし，対象者の立場に立つことに何の疑問も抱かず，むしろ率先して「啓発するちから」に没頭するとき，フィールドワーカーはそのちからに「囚われ」てしまう危険性がある。この危険性は，フィールドワーカーが「啓発」という価値に基づいて，観察やインタビューの対象を限定してしまったり，そのまなざしを固定してしまったりすることだけを指しているのではない。それは，差別などの現象を「問題」として整理し，それを解決するための「処方知」を効率よく提供する「啓発する言説」を生み出してしまうからでもある（好井[2000]。詳しくは，本書第❾章参照のこと）。

3-4　フィールドワークの「ちから」

フィールドワークでは調査者と対象者の役割が可変的であると前述したが，それはたんに役割関係が入れ替わるということにとどまらない。

私はハンセン病者のライフヒストリー・インタビューの過程で，それを感じている。ハンセン病者の多くは，病気の性質上，治癒したあとも顔や手足に後遺症を残していて，その相貌は「異様」である。しかし，インタビューの過程で，聞き手の私のまなざしは，その後遺症による「異様」な相貌を突き抜け，その奥にある心や人格に達していると感じる（蘭［2000］pp.89-90）。それは，私が語り手が語る「語り」にひきこまれ，聞き手の役割を思わず忘れて，語り手と感情をともにしているからであろうか。あるいは，その壮絶な人生の物語を，むしろ，淡々と語るその姿勢に胸打たれるからであろうか。そうなると，私の目の前にいる語り手は，もはや「対象者」や「障害者」といったカテゴリーの枠を超え，人として「生きてある」存在そのものとなる。このような語り手を前に，私自身も，「調査者」や「研究者」という枠をはずれ，思わず自分自身の人格や人間性があらわになっていることに気づかされるからだ。
　また，「こんな話で何のお役に立つかわかりませんが，ありがとうございました」「（病気であることを隠さずにしゃべれて）夢のような時間でした」と語り手のハンセン病者から感謝されることが多い。このようなお礼は調査者側のこちらが言うべき言葉であろう。しかし，多くの語り手がこのように言う。桜井厚も言うように（桜井［1996］209-10頁），これはたんなる儀礼的なあいさつであるとは考えられない。聞き手の質問に誘導されながらも，語り手みずからが語ることによって思わず記憶がよみがえり，それまで抑圧し潜在化していた「現実」があらわになり，そのことであらたな「人生」を生き直すことができたからであろう。また，自身の心情を吐露する機会となったからであろう。おおげさに言えば，語ることによって，語り手自身の人生に対する解釈が変わり，それからの生き方（人生）をも変えうるのである。また，インタビューにおけるこのよう

な語り手側への作用は，ソーシャルワークにおける「回想法」や医療人類学における「病いの語り」，精神医学における「ナラティブ・セラピー」などに見るような「療法」につながっていく可能性を持っている。

　他方，参与観察はフィールドワーカー自身も変容させる。たとえば，「痴呆性老人」ケアの現場でフィールドワークを行っている出口泰靖は，ある施設でケアプログラムの参加者として引きずり込まれ，演武を行うこととなった。この演武は彼の趣味の領域のことで，この現場での「観察」とは直接関係ないことだった。関係があったとしてもケアプログラムを参与観察するための方策にすぎなかっただろう。ところが，それが終わって元職業軍人の老人から「あなたがケガをせんかと，ハラハラする思いで見ておりました。あなたの目はとてもキラキラしていた」と言われたとき，うれしさの反面ショックを受けたと言う。それまで「呆けゆく」人々のかたわらで彼らの声に聞き入る努力をしてきたものの，自分自身を彼らに見せたことがなかったのに気づいたからである（出口［2000］p.208）。「あなたがケガをせんかと，ハラハラする思いで見ておりました」という老人の一言は，「調査者」出口ではなく出口「個人」に向けられた言葉であった。「観察」の手段としての「参与」としてではなく，演武を行うという自分自身をさらけ出しての「参与」が老人をしてそのように言わせたのである。そこには，「掛け値なし」の「わたし」と「あなた」の出会いがあった。このような相互作用の現場で，フィールドワーカーもまた，自分自身の経験と向き合い，あらたな自分を生きるのである。このように調査者と対象者，双方の認識を揺さぶり，変容させるさせる「ちから」がフィールドワークには存在するのである。

4 ソーシャルワーカーにとっての社会調査

　ソーシャルワーカーは「援助者」であり、クライエントは「被援助者」である。だが、これまで繰り返し述べたように、その役割に視点が固定化されてしまうとクライエントの生きている現実が見えなくなるおそれがある。固定化された見方を相対化する1つの方策がフィールドワークの視点にある。たとえば、久田則夫は、施設職員向けの「インフォームド・コンセントに基づいた利用者主体の援助プログラムの勧め」と題して、このフィールドワークの手法（久田の表現では「**質的調査法**」）を日常業務に積極的に活用することを勧めている（久田 [1996]）。ルーティーンワークとなってしまいがちな対人援助のプロセスに社会調査法の視点と作業(ワーク)を持ち込むとによって、それまで気づかなかった施設利用者の意味世界を発見し理解できるようになることを、具体的な事例にふれつつ明快に解説しており、ソーシャルワーカーにとってきわめて示唆に富んでいる。

　以上、社会調査の2つの手法であるサーベイとフィールドワークを取り上げ、フィールドワークに重点をおいて述べてきた。それは、ソーシャルワークの本質が、ソーシャルワーカーがクライエントと出会い、その人を理解するプロセスそのものであり、まさにフィールドワークと重なり合うものであると考えているからである。もちろん、業務によっては、サーベイが得意とする全体的・平均的な状況を社会福祉領域において把握することも必要だろう。しかし、私は、読者にフィールドワークの方をより理解してほしいと思う。なぜなら、フィールドワークは、ソーシャルワーカーには欠かせない、人間同士が出会う開かれた関係性へと導いてくれる可能性を持つからである。

● 演習問題 ●

1 フィールドワークを行うときに,フィールドワーカーは,「現場」やインタビューの相手との関係で,どのようなスタンスをとればよいか,まとめてみよう。

2 きょう一日,あるいは数時間でもよいが,あなたのまわりの人々について観察して,それをノートに書き留めよう。そして,その作業をして気づいたことを確認してみよう。

3 あなたの身近な人にライフヒストリー・インタビューをしてみよう。そして,エピソードの展開の仕方に注意をはらい,それぞれのエピソードを聞き取っているときの自分の気持ちをさぐってみよう。また,インタビューの結果,語り手がライフヒストリーを語ることによってどのような変化を経験し,自分をどのように思ったのか,そしてその人に対するあなたの理解が変化したかどうかなど,話し合ってみよう。

引用文献

蘭由岐子［2000］「ハンセン病療養所入所者のライフヒストリー実践」好井裕明・桜井厚編『フィールドワークの経験』せりか書房

岩永雅也・大塚雄作・高橋一男編［1996］『社会調査の基礎』放送大学教育振興会

鍛治致［2000］「中国帰国生徒と高校進学」蘭信三編『「中国帰国者」の生活世界』行路社

桜井厚［1996］「ライフヒストリー・インタビューにおけるジェンダー」谷富夫編『ライフ・ヒストリーを学ぶ人のために』世界思想社

桜井厚［2000］「語りたいことと聞きたいこととの間で」好井裕明・桜井厚編『フィールドワークの経験』せりか書房

佐藤郁哉［1992］『フィールドワーク』新曜社

盛山和夫・近藤博之・岩永雅也［1992］『社会調査法』放送大学教育振興会

出口泰靖［2000］「『呆けゆく』人のかたわら（床）に臨む」好井裕明・桜井厚編『フィールドワークの経験』せりか書房

西田春彦・新睦人編［1976］『社会調査の理論と技法』川島書店

久田則夫［1996］『施設職員実践マニュアル』学苑社

好井裕明［2000］「『啓発する言説構築』から『例証するフィールドワー

ク』へ」好井裕明・桜井厚編『フィールドワークの経験』せりか書房

〔付記〕 桜井厚『インタビューの社会学』(せりか書房,2002年),佐藤郁哉『フィールドワークの技法』(新曜社,2002年)など,フィールドワークに関する好論が最近あいついで出版されたが,本稿は2001年3月に脱稿しており,参照することができなかった。

9章 社会問題と差別

整理する知から実践する知へ

▶ハンセン病国家賠償訴訟，熊本地裁で勝訴（01年5月11日。共同通信社提供）

本章で学ぶこと

「社会問題と差別」というタイトルからどのような内容が浮かぶでしょうか。何かお説教を受けるような，こわばった印象でしょうか。もし，そうであるならば見事に，あなたは硬直した社会問題という言葉のイメージに，「問題」としての差別に囚われています。ここでは，その囚われがいかに社会問題と差別という出来事とあなたとの出会いを殺してしまっているのかを述べてみます。社会問題を見る見方にどのような形があるのか。差別をたんに否定すべきこととして見るのではありません。いわゆる啓発的なメッセージを超えて，もっと豊かな何かを与えてくれる出来事として，差別の見方をどのように転換をすればいいのでしょうか。もっと言えば，日常をより人間らしく生きるうえで，大切な「手がかり」として差別という出来事をどのように活用できるのでしょうか。そのためのヒントを述べてみます。

1 「実態・状態」としての社会問題

　本章のテーマは社会問題と差別である。このテーマで何を語ることができるのだろうか。社会問題の詳細な現状か，それとも差別をめぐる実態だろうか。もちろんそうした現状把握はとても大切だ。ただこの課題を十分語るには本章のスペースは限られている。ということで以下，社会問題と差別というテーマをめぐり，私がとても大切だと考えている"ものの見方"を中心にして語っていくことにする。

　まずは「社会問題」から。社会問題とは何だろうか。人々は何をもって「社会問題だ」「社会の問題だ」と理解し語っているのだろうか。この問いは，簡単に整理できるものではない。ただ，私たちがふだん，暮らしのなかで，テレビを見たり，新聞や週刊誌の記事を読んだり，さまざまなことをしようとするとき，"ただの問題"と「社会問題」と分けて考えていることが事実のようである。

　たとえば「今晩のおかずを何にしようか」と考えるとき，まさかその問いが「社会の問題」を考えることになるとは思っていない。しかしおかずの材料がどこでどのようにとられるのか，あるいは生産されているのか，または材料にどのような添加物が含まれているのか，などが自然と気になってくるとき，そこにはすでに"ただの問題"を超えた社会問題への〈まなざし〉とでもいえる動きが立ち現れている。社会という言葉が曖昧ならば，「他者」「他の環境」「他の世界」への〈まなざし〉と言い換えてもいい。

　ふだんの暮らしでさまざまなトラブルに直面する。私たちは何とかしてトラブルを解決したり，回避したりしようとする。そのとき，自分の利害にのみ専心するのではなく，あるいは仮に自分の利害の

みに専心するとしても,どこかで「他」への志向,「他」への気がかりがあるならば,私たちは社会問題を〈まなざす〉場に立っているといえる。この「他」へのベクトルこそ,社会問題を考えていく基本なのである。

さて,社会学では,社会問題は主要な関心領域である。暮らしと学問的営みを切り離し,いわば机上でのみ社会とは何か,社会がどうあるべきかなどを構想する"書斎の社会学者"はいざ知らず,普通,社会学研究者は,どこかで,何らかの関心から具体的な人々の暮らしと関わりを持とうとする。そして暮らしのなかで人々が痛み,苦しみ,何とかして変革したいとさまざまに試みる現実,そこまでいかないとしてもつねに"違和感"をもち,居心地のよくない現実を調べ解読し変革のための指針を示そうとする。その意味で,実践を志向する社会学研究は,どこかで社会問題の社会学の様相を帯びることになる。

では,これまで社会問題の社会学は,どのように社会問題を見てきたのであろうか。

1つは,**実態・状態としての社会問題**というとらえ方である。何よりもまず問題となる現実が"そこに在る"という考え方である。人々は何らかの形で,その現実と関係し,痛み,苦しむ。人々の味わう痛み,苦しみは,主観的な心情という個人的次元を超えて,「他」とつながり,共有する痛み,苦しみとなる。それは該当する人々にとって"被害"となり,"被害"を引き起こす原因が問題となる現実にある。言い換えれば"被害"を引き起こすからこそ,引き起こす可能性が十分考えられるからこそ,ある実態・状態が社会問題的な現実として解読できる対象となる。いわば実態・状態として社会問題的な現実がまず客観的に存在する,誰が見てもわかるという形で取り出しうるという見方である。

1「実態・状態」としての社会問題

この見方は，伝統的な公害研究から現在の環境社会学の根底に流れている。たとえば，新幹線公害をめぐる優れた社会問題研究を紹介しておきたい（舩橋ほか［1985］）。

たとえば，いま，私たちは新幹線の何が問題だと考えるだろうか。開業し30年以上たった現在，おそらくトンネル内のコンクリートブロック落下事故報道などから老朽化を問題だと思うだろう。「いつ何時ブロックが落ちるかわからないとしたら，安心して新幹線など乗っていられない。安心して乗れるようにきちんと点検してほしい」と。こうした思いはごく普通でよくわかるものである。ただ私たちは，この"普通の思い"の背後にある自明な前提に気づくことはまずない。

自明な前提とは「新幹線は速い。速いは便利」というものである。「のぞみ」を使えば広島から東京まで5時間かからずに行ける。たしかに「速い」と思う。しかし，それを「すごい」と思わなくなっている自分がいる。「速いことは当たり前で，より速く移動できる方が便利だ」という思い。いわば高速文明に慣れきってしまっている自分の姿がある。しかし，「高速に人々やモノを移動させる」技術が，いかに人々に被害を与えていたのか。「高速文明の社会問題」が，ある実態・状態から語られることになる。

新幹線公害とは何か。「新幹線の走行にともなう騒音，振動，電波障害，砂利や水などの飛散，日照妨害等が相乗しながら沿線住民にあたえている生活妨害，睡眠妨害，精神的被害，健康被害の総体をいう」（舩橋ほか［1985］p.i）。

この研究で，舩橋たちは，名古屋新幹線公害問題に焦点をあてている。1964年10月に開業した東海道新幹線。これは日本の経済成長の象徴であり，国際的に日本の威信を示すためにも東京オリンピックまでに必ず完成させるという国家事業であった。ただ当時，環

境への配慮や開業することで生じる負荷への対応という発想はほとんどなかった。そのため沿線住民を悩ませるさまざまな被害が生じ，その最も深刻な形が名古屋の住宅密集地域を通過するところで起こったのである。

研究では被害の発生，沿線住民の散発的な抗議行動からより大規模な住民運動へ，公害差止めを求めた訴訟，訴訟の推移と，丹念に社会問題の自然史的な流れを追っていく。さらに国鉄（当時），政府，国会，裁判所，労働組合，地域社会の諸組織，住民運動など，多様な主体の公害問題への関連を明らかにし，それぞれがどのように対応したか，などを詳細にまとめている。社会問題の社会学的研究としては，かなり充実したものである。

私が読んでいて，やはり最もおもしろいと思うのは，「**受益**」「**受苦**」という公害問題を分析する枠であり，「**公共性**」が個別住民に「苦」を与えるとき，その「苦」をどのようにして実践的に埋め合わせることができるのか，という発想である。公共的な施設や機関に起因する公害問題の多くは，圧倒的に大多数あるいは大規模な「受益」層と個別的で限定された「受苦」層というアンバランスが問題となる。名古屋新幹線公害問題でも，新幹線は「公共的」機関であり，関連産業の利益，駅周辺での開発効果だけでなく圧倒的で大多数の匿名の利用客という「受益」層が存在するのに対して，騒音振動で「苦しみ」を受けるのは沿線に住む人々という限られた層なのである。

「公共性」を損なわず，いかにして「苦しみ」を減らすことができるのか。いかにして「受益」層から「受苦」層へ「益」を還流させることができるのか。もちろん，埋合せとして「益」をもらっても「苦」そのものが消え去るわけでもない。しかし被害を救済する処方として，この枠は，さまざまな実践的な解決の形を考えること

ができる。

　こうした研究の大前提となっているのが，先に述べた「実態・状態」としての社会問題というとらえ方である。騒音で身体的，精神的に被害を受けることは実際に存在する状態であり，抗議行動や住民運動も事実として，そこに存在している。人々が恣意的にいだく思いでも，気のせいでもないし，捏造されたつくりごとでもない。この場合，実態・状態のできるだけ詳細かつ客観的な把握が重要な作業となる。そして，社会問題を考えていくうえで，この見方はやはり基本と言える。

2　「活動・言説」としての社会問題

　いま1つの見方に移ろう。それは構築主義と呼ばれる社会問題への社会学の新しいアプローチである。このアプローチを提唱したキツセとスペクターは社会問題の定義をめぐり次のように語っている。
　「われわれは，社会問題を定義するにあたって，社会のメンバーが，ある想定された状態を社会問題と定義する過程に焦点を合わせる。したがって，社会問題は，なんらかの想定された状態について苦情を述べ，クレイムを申し立てる個人やグループの活動であると定義される。(中略) 社会問題の理論の中心課題は，クレイム申し立て活動とそれに反応する活動の発生や性質，持続について説明することである」(Spector and Kitsuse [1977] 訳書, p.119)。
　日本で構築主義的な社会問題研究を積極的に紹介している中河伸俊の言葉を借りれば，「社会問題研究の対象を『問題とされる状態』から『問題をめぐる活動』へシフトしよう」(中河 [1999] p.21) という提起となる。
　なぜ，状態から活動へ，社会問題をめぐる見方を転換するのだろ

うか。1つは研究者が果たす役割，実際の仕事への反省である。状態として社会問題を見るとき，たとえば被害は客観的な事実として存在し，研究者は被害救済をめぐり研究することになるのだが，そこにはどうしても専門的な見地から実践的な解決を提示するために状況を診断する者という営みが滑り込んでしまう。もちろん，専門的な診断者としての役割がなぜ問題なのか，という意見もあるだろう。ただ社会問題研究をよりトータルに考えようとすれば，診断者（あるいは救済者）という場にいることで社会問題を見る見方にある傾きが生じる危険性がある。

いま1つは，**社会問題をめぐる人々の解釈活動**，人々が生み出すさまざまな**言説それ自体のありよう**への注目である。社会問題は，それを問題だと感じ考える人々が，具体的に声をあげ，他に向かって活動するからこそ，社会問題として世の中に示すことができる。そのとき，問題だとされる状態が，本当に問題であるのか否かは，研究者は問わない。問題だと語る活動，言説，それに反応する人々の活動のみを解読の対象とするわけである。これは，逆に研究者は「問題の是非」「問題が本当に"社会問題"といえるのか」など問題への診断はしないという姿勢である。クレイムを申し立てる人々の活動のなかに自分が入り込むことなく，傍らから活動の様子を眺め，それがどのように行われているのかを冷静に解きほぐしてみせる。いわば，傍観する解読者という印象を受ける。

もちろん実際の社会問題研究に携わるとき，研究者は，専門的な診断者，傍観する解読者という形できれいに二分されるものではない。また傍観する問題の中身にもよるのだが，傍観している「私」がその社会問題を構築する1人でもあるとき，研究者は，みずからが生活者として生きているふだんの暮らしのさまざまな営みも傍観するという「私」の解読作業にも手をつけることになる。問題を生

きようとしている「私」の姿を研究する「私」が詳細に解読しようとするわけである。研究する「私」と生きる「私」が相互に影響を与え，いわば螺旋を描き，「いま，ここ」の現在を少しずつ動いていく。研究と暮らしをめぐる，こうした相互のやりとりはとくに，この見方だけに限られるものではない。暮らしに根ざす社会問題研究を志向すれば，なかば自然のうちに螺旋を描き始めてしまうのでは，と私は考えている。だから，私は，どちらの見方が社会問題研究として優れているという評価にも加担しない。

そんなことより実際の興味深い研究を簡単に紹介しておこう。たとえば中河伸俊は，有害コミック規制をめぐる反対，賛成の言説をもとに，そこで語られるレトリックを分析している。青少年の健全な育成にとって，過剰，過激な性表現が充満しているコミックがいかに有害であるのか。有害であると決めつけて語ることが，いかに表現の自由，芸術，民主主義を侵害しており，子どもの自由な権利を規制しているのか。「喪失のレトリック」「権利のレトリック」「危険のレトリック」「没個性のレトリック」など。問題とされているコミックが，「問題」であるのかを問わず，それに関連して是非を語る言説に固有の，あるいは共通するレトリックを中河は取り出している（中河・永井［1993］，中河［1999］第3章，第4章）。有害コミックは必要なのか否か，それはこうした研究を読む「私」が判断することになる。

また，草柳千早は，夫婦別姓という問題を取り上げ，暮らしの根底にまでおりたち，どのようにしてそれが，別姓を志向する者にとって「他」に対してクレイムを申し立てる社会問題として立ち上がってくるのか，あるいは社会問題として立ち上がり「他」に対してクレイムを申し立てることに差し障りが生じていくのかを，丹念に解読しようとする（草柳［1998］［2000］）。草柳の研究は，とても興

味深い。なぜなら"**人々の営み**"が社会問題をつくるという事実を考えるとき、暮らしのなかで"まだ明確に「××問題」だという名が与えられていないさまざまな苦悩、違和感"こそ、まさに解読の対象となるからである。私たちが、暮らしのなかで社会問題の言説を醸成していく契機が、そこにあるからである。

　まとめておこう。私は構築主義的な見方がとてもおもしろいと思うのは、やはり"**人々の営み**"それ自体に注目した点である。"**人々の営み**"が社会問題をつくる。ふだんの暮らしを生きる人々が社会問題をつくり、語り、批判し、語ることからさらに暮らしを変容させていく。この事実をきちんと社会学研究に定位させた点である。問題とされる状態が存在するかどうかはまずは関係なく、人々が問題だと「他」に向かって語りかけるさまざまな実践、実践で生み出される言説が、社会問題をつくりあげる。だからこそ"**人々の営み**"それ自体を注目し、その編成のありように焦点をあてる営みが、社会問題を考える基本なのである。

3 「問題」としての差別

3-1　差別をめぐる2つの見方

　さて、差別という現象を考えていくうえでも、大きく分けて2つの見方がある、と最近、私は考えている。1つは、差別を「問題」として整理し、みずからが暮らしている**生活世界**からいったん切り離していく見方である。いま1つは、差別をみずからが暮らしている生活世界とつねに何らかの形で関連しあう現象として解釈し、「**生きる手がかり**」として暮らしのなかで利用していこうとする見方である。

　もちろん、この2つの見方は、きれいに区別できるものではない。

また差別をめぐる具体的な中身やそれに対する私自身が感じる現実感の厚みや距離によっても微妙に見方は変動をきたすだろう。さらに，私は2つの見方のうち，どちらか一方を選択すべし，と主張したいのでもない。もちろん，後者のほうに圧倒的なおもしろみを感じつつ論じていることは確かだが，前者の見方を私たちが決して失うことはないであろうと思っているし，また差別という生活の根底に流れる事象をよりトータルに，より批判的に生きるうえで，どちらの見方も私たちはバランスよく，保つ必要があるとも考えている。

では，なぜ，あえて2つの見方を分けて論じようとするのか。それは，端的に言って，私たちがふだん，差別という事実，差別をめぐる言説と出会うとき，なかば無意識的にとってしまう〈こわばり〉や〈硬直した身体・意識〉を何とかしたい，〈こわばり〉をより柔軟な〈ゆらぎ〉へ，そして起こっている現象を受け止め，みずからが変わっていくという〈変容し続ける身体・意識〉に変えることができないだろうか，という関心が私のなかから，つねにわいてくるからである。こうした関心から差別をめぐる私たちの姿を語ることにする。

いま，世の中には差別をめぐり，さまざまな形で，さまざまな知識が流布されている。印象だけで語れば，以前に比べ，その動きや知識の質量ともに，確実に大きなものになってきているだろう。この変化だけを見れば，差別を考えること，人権を考えることはより私たちの日常に近づき，日常に影響力を及ぼしているといえる。ただ問題なのは差別をめぐる知識の日常への"近づき方"であり"影響力"の中身なのである。

3-2 硬直した啓発言説

「差別はいけない」という決まりきった，その意味で硬直した啓

発言説は,いま効力を失いつつある。

　たとえば,いま手元に毎年12月の人権週間に合わせて発行したある自治体の新聞折込み広報がある。「部落差別をなくそう」「女性の地位を高めよう」「子どもの人権を守ろう」「高齢者を大切にする心を育てよう」「障害のある人の完全参加と平等を実現しよう」「アイヌ民族に対する理解を深めよう」「在日外国人に対する理解と交流を深めよう」「HIV感染者に対する偏見をなくそう」「刑を終えて出所した人に対する偏見をなくそう」。これらは見開き4頁広報の一面に列挙されたスローガンだ。これらの語り方に共通する特徴,問題点は何だろうか。

　もちろん4頁広報の内容を熟読すれば,そこで何を伝えたいのか,人権について広報を読むあなたが何をどう考えるべきなのかに関して,一定の完結した主張や論理を読み取ることができる。差別をしてはいけない理屈が,いわば自治体広報という啓発ワールドのなかで目いっぱい鳴り響いているわけである。しかし,仮に鳴り響いている内容を私が納得するとしても,スローガンの語られ方の問題は解消しない。問題とは何か。

　端的に言えば,**差別する－される**という**伝統的な2分法**を前提としたうえで,「差別するはずのない私」がその2分法に含まれる「私以外の人々」を傍観できる余裕を十分に含み込んだ語られ方なのである。どういうことなのか。

　まず被差別部落,女性,子ども,高齢者,障害のある人,アイヌ民族,在日外国人,受刑者と差別されているカテゴリーが列挙されている。これを読み,私たちは差別という「問題」で苦しんだり,不当な扱いを受けている人々が実際に存在していること,あるいはすでに「問題」を知っているならば,あらためて「問題」であることを確認することになる。ここで差別や人権は"実際に差別を受け

ているあの人々"の「問題」であるわけだ。

　スローガンは次にその「問題」の解決をめざし「なくそう」「高めよう」「守ろう」「心を育てよう」「実現しよう」「理解を深めよう」「偏見をなくそう」と語りかける。私がまさに問題だと考えるのは，主語が語られていない点だ。「なくしたり」「高めたり」という解決をめざす営みをいったい誰がするのか。スローガン自体には何も語られていない。広報を読んでいる「あなた」に向かって語られているのだから，当然「あなた」という主語が省略されている。素直に考えればそうなるだろう。ただ，なぜ「あなた」という主語を省略してしまうのか，あるいは語らなくても問題ないと考えてしまうのか。そこにこそ重要かつ基本的な問題が埋め込まれている。

　仮に個別の差別事象へとても現実感があり，ふだんから何とか自分の暮らしを変えたいと思っている「あなた」であれば，主語のないスローガンであっても，そこに「私」をあてはめることで，スローガンの意味が「私」のなかに浸透していくだろう。

　しかし，世の中にある「問題」の1つとして，気の毒で，許せないが，"差別を受けているあの人たち"の「問題」として理解しているとき，主語のないスローガンをいくら反復して聞いたとしても，私たちは，「問題」が"自分の暮らしの問題，自分が生きていくうえで向き合うべき必須の問題"として腑に落ちることは，まずない。

　たとえば「私は部落差別なんか，するはずがない。そんな差別をする人が問題であって，するはずのない私はこの問題には関係がない」と考えた瞬間，スローガンが語りかける差別をなくすための営みは"実際に差別をするあの人々"が何とかすべき出来事となり，「あなた」に語りかけようとするスローガンの意味は完璧に"空洞化"してしまう。

　つまり，差別する−受けるという伝統的な2分法を遵守する啓発

的言説は,「問題」として,もっと言えば「差別する,されるにしろ,あの人たちの問題」として整理し,理解しようとする私たちの見方を壊すことはないし,不安にさせることもない。言い換えれば,こうした啓発的言説が充満し続けるかぎり,差別を「問題」として整理し距離をおく私たちの見方が,安心して生き続けられるのである。

　もちろん,だからといって,安易に「あなた」が,と主語を確認するだけで伝統的啓発の問題が解決するものでもない。とりあえず,いまは「私」の日常に突き刺さることのない,突き刺さることをあらかじめ回避している啓発的言説の問題を指摘しておくことにする。

3-3　差別を限定して語ったり,曖昧にしたりする言説

　一方,いま差別という現象をできるだけ限定して理解しよう,できるだけ特別な例外的な出来事として考えようという言説が増殖しつつある。

　1つは,**福祉的言説**のある部分に含まれた力である。これは,おそらくは大半の人々が"いいこと""価値あること"として評価しているがゆえに,よけいに厄介で,執拗で,見えにくい言説の力である。最近,私が感じたことから例証してみよう。

　『さようならCP』(原［1972］)のビデオを見た。これは1970年代初期公開当初,大きなインパクトを見る者に与えたドキュメンタリーである。当時,重度障害を持つ子の介護に疲れた親が,自分の子を殺すという事件が起こる。子殺しという重大事件なのだが,介護する苦労を配慮すべきという,子殺しをした親への減刑嘆願が起こる。こうした動きに対して脳性マヒ者の運動団体である青い芝の会は,「障害者は殺しても当然なのか」とみずからの存在をかけ障害者を平然と差別,排除する健全者社会を告発し,解放運動を展開し

ていくことになる。健全者社会の支配的な価値を正面から否定し，価値の変革を訴える青い芝の会の行動綱領がある（横塚［1981］）。ここでその検討に深入りする余裕はないが，明らかにドキュメンタリーの根底には行動綱領の思想が流れている。

　ドキュメンタリーは脳性マヒ者である彼らの活動にカメラを向ける。車イスを降り，みずからの身体を動かしくねらし横断歩道を渡るシーン。街頭でのカンパのシーン。カンパを呼びかける脳性マヒ者たちの語り。それを遠巻きに見ながらバスを待つ人々。子どもに金を渡し，カンパをさせようとする親。カメラを興味深そうにながめこむ子どもの表情。「なぜカンパしましたか」というドキュメンタリーをつくる側の問いかけ。「とても，かわいそうで，かわいそうで」「私にも同じくらいの子どもがいまして，みんな健康なのがありがたくて」とストレートに障害者を哀れみ，同情し，貶める人々の声がかぶさっていく。酒をくみかわしながら運動のこと，自分の性のことを語り，論争し，口論する障害者の姿。地下街でみずからがつくった詩を朗読する障害者の姿，など。ドキュメンタリーは，脳性マヒ者の存在や語りからいっさい目をそらさず，これでもかと直視する。

　たしかに迫力のある映像である。見ながら，何かいわく言いがたいが，自分の腹の底あたりから"しんどいが，向き合って自分がその意味をいま一度考え直さなければ"と思ってしまう，ある感情の塊が，そろそろとわきあがってくる。健全者社会を当たり前に生きていることの裏にはりついた障害者を当たり前に排除し差別してしまう"価値"への違和感かもしれない。

　ただ，ドキュメンタリーの力を十分認め，味わいながら，私は別のことを考えていた。はたして，いま，多くの人がこのビデオを見たとき，どう思うだろうか，と。「なぜ，わざわざ車イスを降りて，

Column ⑨ 映画から差別を考える

　本文の中で述べた『さようならCP』は，やはり必見のドキュメンタリーだ。いま，見た人がどのような印象，感想を持つかが気になる。同じような1970年代障害者解放運動の"熱"が伝わってくるものとして『カニは横に歩く』『何色の世界――ある在日朝鮮人障害者の証言』『ふたつの地平線――養護学校はもういやだ』がある（いずれも，障害者問題資料センターりぼん社，06-6323-5523, http://www.hi-ho.ne.jp/soyokaze/video.htm で購入可能）。最近見た印象深い映画もいくつかあげておこう。『ビヨンド・サイレンス』『アイ・ラブ・ユー』。いずれもろう者が主人公の映画だが，前者は映画に通底する"静寂"の音がすばらしく，後者は「ろう文化」宣言の優れた内容を持つ。映像の中で語られる手話の動きがとても美しい。『在日――記録映画・戦後在日50年史』（具徳洙監督作品，映画『戦後在日五〇年史』製作委員会，03-3485-2935）。これは歴史編，人物編に分かれ2巻で4時間半の大作だ。戦後50年在日朝鮮人の生きてきた歴史が分厚くまとめられている。同性愛というテーマでは，やはり同性愛者の生活，人権を掲げ，みずからサンフランシスコで政治に関わり，最後は銃弾に倒れた人物のドキュメンタリー『ハーヴェイ・ミルク』があげられる。また，女性になりたいと頑固なまでにわが道を行く男の子が巻き起こす騒動をとても軽妙かつまじめに撮った『ぼくのバラ色の人生』（アラン・ベルリネール監督作品）がとてもおもしろく，おすすめだ。『アタック・ナンバーハーフ』『GO』など他にもあげだしたらきりがないほど差別を考えるうえで優れた映画がある。"差別の日常"を充実して生きるセンスを身につけるためにも，ぜひ，こうした映画をどんどん見よう。

道路を渡るのか。誰かに頼んで押してもらえば，もっと楽に渡れるのに。いまは，あんなことはしないよ」「街頭カンパなんかする必要があるのかな。もっと他のやり方があるのに」「今はもっとかっこよく自立している障害者がいるよ。乙武さんを見習ったら」「たしかに昔はこうだっただろう。でも今はノーマライゼーションも進んでいるし，バリアフリーも進んできたし，障害者の福祉もかなり充実してきたよ。だから障害者を差別するなんて，ないよ」「こんなに対立せずに，もっとみんなで楽しく生きることを考えればいいのに」などなど，こんな感想が私のなかに響いてくる。

たしかにドキュメンタリーが語る1970年代から現在にかけて，障害者をめぐる状況は大きく変動してきた。**自立生活運動やノーマライゼーション**の運動の成果がいろいろな形で語られている。障害者問題における啓発的な知識も豊かになり，日常，テレビメディアなどで示される障害者イメージもかなり多様になってきた。哀れみ，同情の対象としての障害者という偏狭なイメージはどこかで壊れてしまっているのかもしれない。

ただ，私がどうしても問題だと考えることがある。誤解を恐れずに言えば，「**福祉的言説**」は差別に向き合う「私」の力を曖昧にするということである。福祉を考えるときに，私たちが思わずはまってしまっている常識的な前提がある。ハンディがある人をよりよい状態にしてあげる，あの人たちのためにあるのが福祉だという発想。障害者問題を「**福祉的言説**」の世界に回収するとき，私たちはあまりにも安易に「してあげる」側に立ってしまわないだろうか。「してあげる」側に立つとき，考えるべき，感じるべき出来事は，すべて基本的に「あの人たち」のためにあることになる。そのとき，「私」が思わず知らずはまってしまっている障害者差別という現象があるとしても，現象自体への〈まなざし〉は，障害者という「他

者」を経由して「私」に戻ってくることはない。「福祉的である私」が障害者を差別などするはずがないからである。もちろん，福祉がまったくいけないといっているのではない。「福祉的言説」がなかば自然に持ってしまっている"他人事の仕組み"が問題であるわけだ。

　いま1つは，国家，ナショナリズム，民族などの別様の理屈を持ち出すことで，差別や排除という出来事を「なかったこと」にしたり，正当化していこうとする言説である。たとえば，日本がアジアに行ってきた戦争を介したさまざまな差別行為への反省を，自虐的だとして非難し，そうした行為を解釈しなおそうとする一連の言説がある。これは端的にみずからが犯した行為が持つ差別主義の正当化である。**差別主義的な言説**に私たちはどのように向き合えるのか。私たちは，日本という国で生きることに自信を持つうえで，まさに「他」を排除することで成り立つ理屈のおかしさを実感できるかぎり，こうした確信犯的な差別を隠蔽する言説には対抗できる。

　まとめておこう。硬直した啓発言説。差別を積極的に正当化する言説。「福祉的言説」に孕まれる"**他人事の仕組み**"は，いずれもやはり差別を「問題」だとして，私たちの常識的知識という戸棚の奥深くに整理してしまう。たしかに，差別をめぐる知識を理解し，適切に保持することは大切なことである。ただそうした知識をどのようにして，私たちは日常暮らすなかで，生かすことができるのだろうか。そのためにも，差別をめぐるいま1つの見方を考えることにしよう。

3　「問題」としての差別

4 「生きる手がかり」としての差別

4-1 "差別の日常"を実感するセンス

差別を「問題」，自分の暮らしからは離れた，どこかで起こっている出来事として，やはり，私たちは理解しようとする。自分の暮らしのなかで，できるなら起こってほしくないこと，起こるはずのないこととして理解しようとする。なぜ，私たちはそんなにも，差別という出来事を邪険に扱うのだろうか。おそらく理由はさまざまに考えられるだろうが，大きなものは，"とりつくろうことのしんどさ"であろう。

誰かから「あなたはこれこれの差別をした」と指摘される。自分にはまったく身に覚えがないし，なぜ指摘されるのかがわからない。でも指摘には応えなければならないとする。そのとき，私たちは差別に対して"とりつくろう"ことに専心してしまう。世の中に流れている差別をめぐる常識を，または差別だと指摘する誰かや組織が持っている差別への処方を丸呑みし，たとえば"反省しているふり""変革しようとするふり"を相手に見せようとする。自分が納得していないところで"とりつくろう"とすれば，やはりとてもしんどい営みだろう。その"しんどさ"の恨みが，指摘する誰かや組織，そして差別という現象それ自体へ向かい，ますます自分の暮らしから差別を遠ざけようとする。このとき，「私」は差別という現象それ自体にいっさい向き合うことはなく，ただ差別はあらゆる意味において否定すべきものという理解だけが強化されていく。そして，差別という現象は，自分の暮らしのなかで"起こってはめんどうなもの""起こるはずのないもの"という憶断がさらに確認されてしまうのである。

もちろん、こうした"とりつくろい"がなぜ起こるのかを解読する作業はとても興味深い。たとえば、私は「**差別の社会学**」の課題の1つとして、世の中に流布している差別をめぐる言説の内容を分析し、個別の内容がどのように私たちの常識的知識に浸透し、序列化されつつ、私たちの暮らしを緩やかに拘束しているのか、を解読する作業を考えている。ただ、ここで問題にしたいのは、差別を"めんどくさいこと""やっかいなこと"として自分の暮らしからはずしていこうとする、私たちの差別に対する否定的評価であり、否定的な営みである。私はこうした評価を差別に対する不当なバッシングではないだろうか、とも考えている。

　差別と「私」がどう、生産的に向き合えるのか、そのことをしばらく考えてみたい。"**差別の日常**"というテーマがある。もちろん、これはよく知られたテーマではない。これまで、私が「差別の社会学」をいろいろと志向し実践してきて、いま、とても大切なテーマだと考えているものである。

　差別あるいは人が他の人をほとんど意識することなく分け隔てていく営みは、私たちの日常に充満している。言い方を変えれば、私たちはふだん、差別的な日常を生きている。いろいろな瞬間、差別的な出来事が「いま、ここ」で起こったとしても、それとは気づかず、あるいは気づくとしても「とりたてて騒ぐほどのことではない」として、やりすごしている日常が私たちの暮らしの大部分をつくりあげている。日常が差別的な出来事で満ちているという見方をするとき、ものの見え方がおそらくはひどく異なって見えてくるだろう。

　そして"**差別の日常**"をより生産的に生きるうえで、必要な営みのひとつは、差別をめぐる"生きた声""生きた語り"を実感できること、そうした"声"や"語り"と向き合うとき、"声"や"語

り"から身をそらせずに,そこに込められた充実した意味を十分に感得できることだと,私は考えている。

以前,ビデオデータをもとに,大学生が男女に分かれて性差別をめぐり議論する姿を解読したことがある(好井［1999］第11章)。解読の詳細については,その論考を読んでいただきたいが,いま,私は,男子学生と女子学生が議論し合うときの語りの"落差"のことを思い出している。

性差別をめぐり,いろいろなことが議論されるが,たとえばレイプがトピックとなったとき,男子学生たちは,レイプの問題性を一般的に批判し否定しつつ,「自分たちはやらん」「俺たちは"レイプやったらあかん派"よ」と言明し,みずからの生活圏内にこの「問題」を持ち込み,語ることを回避しようとする。一方,ある女子学生は,自分はこれまでつねにレイプされるかもしれないという恐れを抱いてきたことや,そのなんともいえない恐ろしさや日常暮らすうえでの不安感を率直に語る。この2つの語りは,やりとりのなかで見事にすれちがう。

見ず知らずの男が,深夜,街の暗がりのなかで女性の身体を暴力的に襲うという,安づくりのアクション映画やテレビドラマに出てくる,あまりにも典型的で狭隘なレイプ・イメージ。男子学生はこのイメージに準拠し,女子学生の語りをなかばからかいつつ語る。そんなステレオタイプなレイプが自分の暮らしのなかで起こるはずがないし,自分もするはずがないと。このイメージの狭隘さ,そして,このイメージに囚われている姿を何とも感じない男子学生の姿は,やはり大きな問題だろう。

ただ,"**差別の日常**"を実感するセンス,それをどう生産的に生きるのか,という視角から考えれば,やはり,目の前で展開する女子学生の語りに込められた"生きている意味"を聞こう,理解しよ

うとせず,からかうことでそこから逃走しようとする男子学生のやりとりが問題なのである。「なぜ,そこまでレイプに対してふだんから不安を抱き,恐れているのか。恐れや不安を語るあなたは,私に何を伝えたいのだろうか」「こうした語りに対して,自分はどのように応えればいいのだろうか」「自分の暮らしのなかで,何を手がかりとして考えていけばいいのだろうか」などなど。語りに「いま,ここ」で向き合い,語りを受け止め,わからないところを疑い,それにどう応えようかと志向するなかで,"差別の日常"を生きている自分の姿も少しずつ実感されてくるはずなのに。

「問題」としての知識を無批判的に整理し,適宜それを自分の暮らしにあてはめ,自分の生活する姿がその「問題」とは無関連で「問題」に汚染されていないと主張する姿。他方,それは,まさにふだん生きていくうえでの「問題」であり,どのようにふるまい暮らしていくのかを決定づける,まさに「**生きる手がかり**」として差別をとらえ,つねに考えながら暮らしている姿。彼らの語りには,この圧倒的な"落差"がある。

4-2 "差別する(かもしれない)私"を評価すること

"差別の日常"を実感できるセンスを養うこと,差別をめぐる"生きた語り"に出会うとき,「私」の身をそむけず,まっすぐに向き合い,語りの意味を感得し,自分が生きるうえで意味ある"手がかり"として暮らしのなかに取り入れようと努めること。差別という現象を"否定すべきこと"としてのみ解釈するのではない。"**差別の日常**"をいま,私たちが暮らさざるをえないとすれば,それを逆にみずからの暮らしに役立つよう,他の人々との日常的な関わりをより充実したものにするうえで,積極的に利用できないだろうか。こんな発想の転換から,私はいま,これを書いている。

でも，どのようにすれば「**生きる手がかり**」として差別と出会うことができるのだろうか。これだ，という明快な答えはいま，ない。ただ言えること。それは"**差別する（かもしれない）私**"の姿を「いま，ここ」で素直に認め，評価すること，そして「問題」として整理された差別をめぐる世の中の知識に囚われることなく，できるかぎり「私」を開け広げること，たとえば，"差別する私"の姿に向けて「いま，ここ」で語られる他の人々の批判的な語りを"風"として受け止め，"寒さ""暖かさ""爽やかさ""うっとうしさ"など，そこで感じ取る感触や情緒に素直に反応すること，ではないだろうか。

　「人の立場」に立って差別のことを考えろ，差別される人の痛みを想像しろ，などとよく啓発的な言説は語る。また，啓発的な言説，福祉的な言説が意味を持つ多くの空間で，思いやり，共感，共生が語られる。私たちは，わりとたやすく，そうした主張を評価し納得する。しかし，そんなに安易に納得できるものなのだろうか。

　この主張を字句どおりに受け止めれば，簡単にはいかないことがわかる。「人の立場」にはそう簡単には立てないからである。また人の痛みや苦しみをそうたやすく共感などできないからである。しかし，だからそんな主張に耳を貸さず，あきらめろとも思わない。他の人々の思いに共感したい。だが簡単にはできないとき，その共感できない「私」の姿をどのように詳細に自分に納得させたうえで，差別を考えることができるのか。「私」のなかにある"他者と向き合う，あるいは向き合わない姿"を，どのように生活するなかで反省的にとらえ，批判することができるのか。そして，感じた自分に対する批判を，次の「いま，ここ」で，どのように実践できるのか。

　"差別する私"の姿をいくら丹念に反省してもそれだけで意味はない。なるほど，私の暮らしのここを変えれば，以前に比べて，他

の人とこんなにも豊かにつながることができるのか，と実感し，次の現在で「私」を少しずつ変えてみる。

「生きる手がかり」として差別を考え，活用していくきっかけは，そんな営みをする自分を心地よく感じるかにかかっているのではないか。

5 差別から社会問題を見抜くこと

実態・状態という事実を前提として，問題の解決に向けて専門的な診断を行おうとする見方。"人々の営み"が社会問題をつくるという事実に焦点をあて，問題をめぐる活動・言説のありようを解読しようとする見方。「問題」として常識的知識の片隅に整理し，ふだんの暮らしに生かそうとしない差別の見方。"差別の日常"を生きていることを実感しつつ，"差別する（かもしれない）私"の姿を評価し，「生きる手がかり」として差別を積極的に活用していこうとする見方。社会問題と差別というテーマで，とりあえずこうした見方があることを論じてきた。最後に「と」の意味を少しだけ語っておきたい。

社会問題「と」差別。このテーマは本書の編者からいただいたものなのだが，やはり，なぜ社会問題に差別を並べて語ろうとするのかが，私はとても気になっている。ここまで論じてきて，もちろんたんに2つの出来事が並列して存在するなどとは考えていない。たとえば，部落問題，在日韓国・朝鮮人問題，障害者問題という形で世の中では差別が語られている。とすれば差別は社会問題のジャンルの1つなのか。一般的にはそのとおりだろう。でも与えられたテーマは「差別という社会問題」ではない。

差別と社会問題との関連は何だろうか。そのことを端的に語って，

とりあえずこの章を終わりにしよう。

　先ほど"差別の日常"のことを述べた。私たちの暮らす日常は，差別的な営みで満ちている。「問題」として差別が語られるし，「問題」になる以前の，いわば"問題の・ようなもの"として，私たちは自分を含めた「他」に対して差別を行い，差別と出会う。そしてその多くは，泡のごときものであり，瞬間気になるものの，次の瞬間には消え去っている。泡沫のごとき日常の差別。そんなささいな出来事，いちいち気にしても仕方がない。それよりも，もっと大きな差別のことを考えろ。たしか，ずっと昔，まったく別の文脈で誰かからこんな批判を受けたことを思い出す。差別に大きいも小さいもあるか，当時そう思い，批判に対して憤然とやり返した記憶がある。いまは，"憤然と"ではなく，冷静に，ごく自然に"差別の日常"から始める意味を語ることができる。

　私たちのふだんの暮らしで，「自分を含めた（他）」をないがしろにし，分け隔て，微かではあるが確実に傷つけていく泡沫としての差別。あることが社会問題として形をなしていく根幹で，こうした泡が無数に沸き起こっては消え，を繰り返している。社会問題を考えるとき，この泡を真摯に，あきらめず，執拗に見つめるほかはない。こうした意味において，差別は社会問題を考える基本なのである。

● **演習問題** ●
1 「差別」という言葉をめぐり，あなたはどのようなイメージを持っているのか。思いつくかぎり，考え，書いてみよう。
2 それらのイメージが，あなたの中で，どのようにしてつくられてきたのか，たとえばあなたがこれまで生きてきた歴史をひもときながら考えてみよう。
3 「生きる手がかり」として「差別」を考えるとき，あなたの暮らしや

常識的知識が,どのように変革しうるのか,考えてみよう。そして実行してみよう。

4 個別の社会問題の中に潜んでいる差別的な要素を考えてみよう。

■ 引用文献
草柳千早[1998]「『問題経験』の語られ方」『社会学年誌』39号
草柳千早[2000]「『社会問題』という経験」好井裕明・桜井厚編『フィールドワークの経験』せりか書房
立岩真也[2000]『弱くある自由へ』青土社
中河伸俊[1999]『社会問題の社会学』世界思想社
中河伸俊・永井良和編[1993]『子どもというレトリック』青弓社
原一男[1972]『さようならCP』疾走プロダクション(2000年,紀伊國屋書店よりビデオとして販売)
舩橋晴俊・長谷川公一・畠中宗一・勝田晴美[1985]『新幹線公害』有斐閣
横塚晃一[1981]『母よ! 殺すな』増補版,すずさわ書店
好井裕明[1999]『批判的エスノメソドロジーの語り』新曜社
Spector, M. B. and J. I. Kitsuse [1977], *Constructing Social Problems*. Cumming Pub.(村上直之・中河伸俊・鮎川潤・森俊太訳[1990]『社会問題の構築』マルジュ社)

10章 社会的価値の変遷と人権保障

▶1956年,日本は80番目の国として国際連合に加盟した。(国連ビル前に掲揚される日の丸。共同通信社提供)

本章で学ぶこと

社会福祉実践に携わるということは,人間の幸不幸に思いをめぐらすことであり,「あるべき」価値を明確にして取り組む行為です。しかし,現実には,求める価値そのものが,文化,社会,時代によって多様であり,また,人々の立場によっても多様です。このような現実にあって,第2次世界大戦後,人類において守るべき譲れない価値が明確にされました。それは「人間の存在」そのものに最高の価値をおくものであり,そのことによって,個人の価値を剥奪する行為や状況に対して,人々は異議申立てすることの根拠を与えられました。それが人間としての権利,すなわち人権です。ところで,社会学の知見は,価値を剥奪するのは,個人や集団の権力だけでなく,場に潜む権力性でもあることを明らかにしてきました。

本章では,社会福祉実践に携わる人々がみずからを内省し,人権に基づく社会福祉実践を創造していくための基本的知識を手に入れることをねらいとしています。

1 福祉国家の新潮流

1-1 福祉国家の成立と第2次世界大戦後の歩み

現在，福祉国家政策のあり方はさまざまであっても，その必要については先進工業諸国では当然とされているが，実際に「福祉国家」という言葉が使われはじめたのは，1930年代の終わりから40年代，ヨーロッパを戦場と化した第2次世界大戦中のイギリスにおいてであり，遠い過去のことではない。経済不況に苦しむ市民の福祉について考える民主的な政府への関心の高まりが，「福祉国家」という語を創出させた。それは，第2次世界大戦におけるナチス・ドイツに対し，イギリスの戦後再建のビジョンを「福祉国家」におくことで，ファシスト指導者らのいわゆる「権力国家」との違いを強調するためであったと言われている（Bruce [1968]）。本格的な福祉国家への歩みは戦後に始まるが，それ以前から，ヨーロッパでは現代の福祉国家政策につながる萌芽はすでに存在していた。

現在の福祉国家の基本的な柱をなす社会保障制度は，とりわけ18世紀後半のイギリスの産業革命に端を発する「**産業化**」による「**共同体の解体**」や，それに伴う大量の都市労働者の発生ならびに人口の増大という新しい状況のなかで，**人々の劣悪な生活**が社会問題化し，そのような社会問題を解決するために，それまで村落共同体がはたしていた伝統的な相互扶助的機能を，人為的な形で国家が代替するものとして登場してきた（広井 [1999]）。

[1] 2つの視点から福祉国家の発展をとらえる このような由来を持つ**福祉国家の発展**がいかなるものであったかをとらえようとするとき，2つの視点から見ることが可能である。1つは，貧困からの脱出，生活条件の改善という社会経済的な視点であり，い

ま1つは,社会正義の追求という人権保障の視点である。

まず,社会経済的な視点から福祉国家の発展を見ると,福祉国家の基本となる社会保障制度のなかでも,疾病保険,労働災害保険などの「社会保険」のシステムがはじめて登場したのは,急激な産業化・工業化を遂げつつあった19世紀後半のドイツ・ビスマルク時代であった。産業化の後発国ドイツ,後発国であったため労働者の窮乏状態もより悲惨で,労働者はより強く保護的施策を必要としたが,イギリスのような民間資本の発達が十分でなく,国家が産業化を推し進めていくためには労働者の保護的施策を「官営事業」として実施する必要があったからであった。このように草創期の社会保険は,産業化ないし開発に向けての,国の「産業政策」としての役割を担っていた。したがって,たぶんにパターナリスティック(温情主義的)な性格を持っていた。

ところで,社会保障制度には,個人が保険料を出しあって「集団でリスクに備える」ことを基本とする**「社会保険」という原理**に基づく制度と,税を財源として「所得の再配分」を基本とする**「福祉」という原理**に基づく制度とに分けられるが,福祉国家以前の「社会保険」の起源は,海上保険,火災保険,生命保険などの近代的な「民間保険」の誕生と発展に見ることができ,「福祉(公的扶助)」の例としてはイギリスのエリザベス救貧法に見る国家による弱者への救済という慈善的・恩恵的な施策があげられる。

20世紀に入り産業化の進展とともに,生産力も向上し,経済が安定し成熟してくると,需要不足が経済の抑制要因となってきた。大量の失業者を出した1930年代の世界大恐慌を背景に,各国では経済を発展させるために,失業に対処しようと政府が積極的に介入し,有効需要(実際の貨幣の支出に裏付けられた需要)の創出を促すケインズ政策が採られるようになり,各種社会保障制度が発展するよ

うになった。そうした国家政策によって,「社会保険」の守備範囲は拡張していき,制度は,労働者を対象とするものから,その家族,さらに自営業者・農民を含む,より普遍的なものになっていった。

また一方,人権保障の視点から福祉国家の発展を見ると,「福祉」の方はエリザベス救貧法のような慈善・恩恵的施策から脱皮し,むしろ**「社会権」「生存権」**として,国民の積極的な権利として位置づけられるようになった。その背景には,貧困の原因を個人の性格に帰す見方から,貧困の主たる原因は資本主義体制が必然的に生み出すものという見方へ,つまり,19世紀の社会思想を通じて,貧困に対する見方が個人的貧困観から社会的貧困観へと理解が進んだことがあげられる。

こうした歴史的過程において,出自の異なる「社会保険」という原理の制度と「福祉」という原理の制度が,「社会保険」は対象とする守備範囲が拡張され,「福祉」は権利とされることによって対象者が拡大され(普遍化し)て,両者は近づき,国民はなんらかのかたちで保障されることとなり,その結果,福祉国家の柱となす生活を保障する公的な制度,すなわち**社会保障制度**の姿が立ち現れてきた(広井[1999])。

第2次世界大戦後の1950年代になると,世界経済は好調をきわめ,欧米先進資本主義諸国は高度経済成長を開始し,**「豊かな社会」**を実現させていった。こうした背景のもと,ケインズ政策に基づいた公共事業をはじめとする政府の積極的な財政政策,それによる完全雇用の実現や社会保障のための改革がより進められ,ビジョンであった国民の幸福追求に積極的に関わる国家,すなわち「福祉国家」の存在が現実のものとなった。各国は「社会支出」という社会保障のための公共支出を飛躍的に伸ばした結果,社会支出が一定水準に到達した国が福祉国家であるという考えが生まれ,また,社会

の構成員全員にその豊かさを分け与えるのが福祉国家であるとの理解が生まれた。このような福祉国家の「黄金時代」は60年代へと続き，そして世界経済が失速する70年代初めまで続くことになる。

[2] 国際連合の結成と「世界人権宣言」の意義　　　ところで，先に，福祉国家の発展とともに「福祉」が慈善から権利へ，すなわち国民の社会権，生存権として積極的に位置づけられてきたと述べたが，人権保障としての福祉国家の発展を振り返るとき，第2次世界大戦後の**国際連合（国連）の結成**（1945年），および国連での48年「世界人権宣言」の採択，そしてその後の人権諸条約の成立が，国際社会では国際人権保障（国際人権）の制度化において重要な意味を持ち，また国内的には福祉国家政策に重要な影響を与えていることを見落としてはならない。

国連は，人類の営みすべてを破壊する戦争への反省，平和の希求より誕生し，また国連成立の趣旨から生まれた「世界人権宣言」は，第2次世界大戦中のホロコースト（ナチスによるユダヤ人大虐殺）などの戦争による重大な人権侵害に対する反省から着手され，その起草作業は，政府代表からなる国連人権委員会や国連総会第3委員会（社会・人道・文化問題を扱う）などの場で行われた。

国連は，**国連憲章**で「人種，性，言語又は宗教による差別なくすべての者のために人権及び基本的自由を尊重するように助長奨励する」ための国際協力を目標として掲げた（第1条3項）が，その具体的内容を規定していなかった。そのため，国連人権委員会は，当初，人権宣言，人権規約および実施措置の3つの文書からなる「国際人権章典」起草をめざした。しかし，文化・宗教・思想・政治的背景を異にする政府代表たちの意見がまとまらず，立法義務を加盟国に課す条項は「規約」で扱うことにして，「道徳的義務を課すが法的には何ら拘束力はない」という見解がとられ，「世界人権宣言」

が採択された（山崎［1997］）。

「**世界人権宣言**」は前文と30条からなり，生命・自由・身体の安全，法の前の平等，逮捕・拘禁・追放の制限のような**市民的・政治的権利（自由権）**と，社会保障，労働権，教育に対する権利，文化生活に関する権利のような**経済・社会・文化的権利（社会権）**などが規定された。世界に住む人々にとってとりわけ重要なことは，世界人権宣言は地球規模で採択された「基本的人権」に関するはじめての法的文書であり，「すべての人民とすべての国とが達成すべき共通の基準」（前文）として国際社会に宣言された点である。その後，世界人権宣言を出発点として，国際的に承認された人権基準（**国際人権基準**）の制定が行われることになり，世界人権宣言の内容をさらに具体的なものにし，諸国を法的に拘束するためのさまざまな人権条約が成立することになる。

日本の第2次世界大戦後の国際社会への新たな出発は，1945年9月2日，日本政府に対し降伏後に国民の「基本的人権」を尊重することを求めた，連合国による「**ポツダム宣言**」を受諾し，調印することから始まった。その結果，GHQの指導による草案から練り上げられて，47年に施行された日本国憲法には，基本的人権の保障が盛り込まれた。そして，日本政府は56年に80番目の国として国連に加盟することにより，戦後日本は，国際的にも民主主義国家をめざすことになった。締結は必ずしも平坦な道のりではなかったにせよ，日本政府は現在までに，国家に対し法的拘束力のある国連の人権諸条約，すなわち社会権規約（1979年），自由権規約（1979年），女性差別撤廃条約（1985年），子どもの権利条約（1994年），人種差別撤廃条約（1995年）などの人権条約に批准・加入している。

Column⓫　オランプ・ドゥ・グージュ

　中世封建社会の身分的拘束から個人を解放し，すべての人間の普遍的な「人権」の保障が国家の責務であることを宣言した，フランスの1789年『人権宣言（人および市民の権利宣言）』は，近代的人権の出発点とされる。

　しかし，フランス人権宣言の成立の直後から，『人権宣言』やその「人権の普遍性」に対してさまざまな批判が出てきた。「すべての市民」の政治的権利の行使によって権力を民主化することで「人権」を守るという構造が定められたにもかかわらず，実際にフランス革命期の諸法制を見ると，そこでは「すべての人」や「すべての市民」の権利という「普遍性」や「全体性」の特徴が虚偽のものであることが，しだいに明らかになった。その証拠の1つとして，「人」「市民」のなかに女性は含まれていなかった。

　1791年『女性および女性市民の権利宣言』を著したオランプ・ドゥ・グージュは，『人権宣言』が，女性の諸権利を保障していないことを最初に批判したことで有名である。

　彼女は，『人権宣言』が「人＝男性」の権利宣言にすぎないことを鋭く見抜き，当時の女性の未権利状態，女性の権利の無視に対する批判を込めて，『女性および女性市民の権利宣言』を発表したのである。グージュの宣言は，フランス革命前夜からすでに問題にされてきた女性の教育や職業，財産，離婚等への要求を，はじめて体系的に集約したものとして高く評価される。

　しかし，1793年秋に恐怖政治が開始され，多くの指導者が反革命容疑で処刑・弾圧された。その中にはグージュ（同年7月逮捕，11月処刑）も含まれていた。その後フランスでは，女性の参政権や政治的表現の自由は，一貫して否定された。フランスで女性参政権が認められたのは，1944年，第2次世界大戦中のことである。

1-2　市民社会の成熟と1970年代の大転換

　1971年のドル・ショック（国際通貨危機）や，73年の第1次石油ショックを契機に，先進諸国はインフレと経済停滞の併存するスタグフレーションの時代に入り，世界経済は大きく減速した。加えて，市民の間に，国家予算の社会支出費の増大を生む福祉国家政策への反動（福祉バックラッシュ）も生まれ，社会経済的な視点から見ると，経済成長を前提としていたそれまでの福祉国家政策は危機に瀕し，大きな転換を迫られることになった。そして80年代は**「福祉国家の再編」の時代**となり，各国政府は，その経済危機に対応して独自の政策を採った結果，それまで自明とされ，同じ方向を向いていたと思われていた「福祉国家」が，現実には多様なタイプが存在することが明らかになっていった。なかでも，福祉国家再編のモデルとしては，サッチャー政権が行った，社会支出を抑制し，できるだけ市場化していくという新保守主義的再編の「イギリス・モデル」，社会政策に関する政府・労働者・使用者による3者の合意を形成していくというコーポラティズム的再編の「スウェーデン・モデル」が有名である。その後イギリスでは，過度の民営化傾斜への弊害を自覚し，ブレア政権においては，公的責任のもと官民一体となって取り組む新たなビジョン「第三の道」政策が進められている。

　ところで，人権保障の視点から見ても，1960年代，70年代は重要な時代であり，さまざまな市民運動によって福祉国家政策は大きな転換を迫られ，現代の**福祉国家の新潮流**とも言える人権保障の基盤をつくることになる。

[1]「新しい社会運動」からの異議申立て

　1950年代のアメリカ黒人解放運動（公民権運動とも呼ばれるが，運動は勝利し，黒人だけでなくすべてのマイノリティに対し市民権を実質的に保障する1964年公民権法として結実した）を発端として，60，70年代には，ヨーロッ

パにおいても，社会の現実，社会のあり方に対し異議申立てを行うさまざまな当事者運動，マイノリティ運動からなる，市民運動が盛んとなった。それらは，たとえば消費者運動や環境運動，セルフヘルプ運動，そして脱医療・セルフケア運動や，障害者運動と言える脱施設，ノーマライゼーション，メインストリーミング，自立生活運動（Dejong [1983]），女性運動などであり，各市民運動はいずれも60年代以降の異なる社会問題を淵源としているが，互いに影響を与え合い，既存の制度・価値観に異議申立てを行うという点において共通性を持っている。その点から，かつての労働者による階級闘争という意味での社会運動と違い，既存の制度，価値観では認められない新しい価値観に基づく個人の新しいライフスタイルを社会に承認させていくという目的と併せ，それまで個人の問題とされた問題の原因は社会の側にあると訴えて社会的に問題解決を求めていくという運動方針から，それら市民運動は総称して「**新しい社会運動**」と呼ばれる。

これらのうちマイノリティ運動が求めてきた当然の帰結として，福祉国家政策のあり方に，たんに経済的保障，社会福祉サービスの充実だけでない，新しいレベルでの人権保障，すなわち，国家の政策，制度のなかの人権の中身，保障の質を問うという考え方が生まれてきた。

すなわち，アメリカの黒人解放運動の発端がそうであったように，黒人たちはリンカーン大統領の奴隷解放宣言によって解放された存在であったが，現実には，社会の主流を担う**マジョリティ**（この場合，白人）に対して**マイノリティ**（この場合，有色人種）と位置づけられ，実質的に差別され，市民権を行使して幸福を追求することはできなかった。運動はそのような社会のしくみを問い直し，あるいは市民権を行使できるように社会的な保障を要求していった。それと

同じように,「福祉」は慈善ではなく権利とされても,現実には受給者はスティグマを付与され,十分な質の高いサービスを受けることはなかった。このような現実を変えていくことが新しい運動の重要な課題でもあった。たとえば,障害者運動では,障害者の施設収容への批判,施設内での非人間的な福祉サービスへの批判を通して,社会に福祉制度のあり方を問い直させ,そのような扱いをする社会に対し,同じ人間として認めさせていくことを,あるいは同じ人間であることを保障する制度を求めていったのである。

それぞれの運動が,当事者に共感を呼び,理論的に洗練されることによって,運動の成果は,多くの人々の支持を得て,さらに国連の世界人権宣言を具体化するさまざまな人権宣言,人権条約として結実していった。そうして形成された**国際人権基準**は,福祉国家政策のなかに,人権保障を強く求めていくことになる。このことは現在までに,福祉国家としてつねに問い直されるべき価値,また追求されるべき価値として,社会経済状況が変わろうとも揺るぎない価値観を世界に確立してきたといえよう。

[2] 日本における「新しい社会運動」　ところで,日本においても,世界の潮流と重なって1970年代に,それ以前の運動を下敷きに,さらにそれ以前の運動を乗り越えるように新しい社会運動の波が生まれ,その後の日本社会に大きな転換を生み出す異議申立て運動として開花した。なかでも,女性運動と障害者運動は,国際連帯の強さ,その後の日本社会への影響力からいっても特筆される。

女性運動について1970年代以前のそれとの違いを見ると,国際的にも,男性と同等の法的平等を求めて婦人参政権獲得をめざした戦前の女性運動(第1波フェミニズム運動)は,女性参政権が日本でも戦後の日本国憲法で認められ,運動の目的はほぼ達成されたが,

第2波フェミニズム運動と呼ばれる70年代の女性運動は、**近代社会の抑圧性**（これまで築かれてきた性別役割分担を前提とする「近代家族」、また家庭の役割を女性の役割とする「女らしさ」の抑圧性）にはじめて目が向けられ、第1波フェミニズム運動では無条件に肯定された「近代」それ自体を問題視する見方が登場したことが特徴的である。

　この運動の新しい、とりわけ重要な点は、女性に対する抑圧が、単純な目に見える差別にとどまらない、目に見えない複合的な構造を包摂していることを明らかにしたことである。**性差別**は、法律、教育制度、宗教、言語に至るまでのあらゆる社会制度に偏在しており、しかも相互補強的に機能していること、また社会信念のうちに男性の優位性と女性の従属性を補強していることを明らかにした。したがって、性差別を克服するには、社会のしくみ、制度そのものの変更が必要となることを訴えた点である。

　60年代アメリカ社会でのウーマン・リヴ（女性解放運動）の発端となった、ベティ・フリーダンのベストセラー『フェミニン・ミスティーク（女らしさの神話）』に描かれていた郊外に住む中産階級の妻（専業主婦）の不安と不満に表れていた高度産業社会における女性の抑圧と疎外は、日本においても、60年代の高度経済成長期を経て70年代において現実のものとなり、一見平等なタテマエの陰でなぜ女性の抑圧がなくならないのかという問いが発せられるようになっていた。そして日本の女性たちの運動は、**1975年国際婦人年**を契機に、さらに盛り上がった。その当時の女性運動の強さは、**女性差別撤廃条約**が、日本政府が批准した差別撤廃条約のなかでは最も早く85年に批准されていることからも理解されるであろう。そして、同年、条約の理念を十分に反映していないという批判を受けながらも男女雇用機会均等法が成立し、その後、国際的な運動の深

まりとともに97年改正男女雇用機会均等法，そして99年男女共同参画社会基本法の成立に結実していく。

次に，**障害者運動**の日本の展開を見ると，強制的に家族から引き離され出自を抹消されて療養所に隔離収容するという政府の差別政策によって，人間の尊厳を剥奪されたハンセン病者たちによる人権回復運動であった「らい予防法改正運動」に取り組んだ「全国療養所ハンセン氏病患者協議会（全患協）」を除けば，70年代以前の日本の運動の主体は，障害を持つ当事者ではなく，親あるいは，医師，教師，学者，施設関係者などの「専門家」に主導された運動だった（杉本［2001］）。したがって，当然のことながら，健常者の価値観に基づいて，障害者をいかに既存の社会に適応させていくかというものであり，健常者中心の社会のあり方を問い直すものではなかった。欧米先進諸国では脱施設化へ向かった70年代，日本では，親たちの声に押されるように巨大コロニーが建設されていった。その時期，「障害児殺しの母親への厳正裁判要求運動」や「車イス利用者へのバス乗車拒否に対する闘い」など，脳性マヒ（CP）者による「青い芝の会」という重度障害者のグループが一般社会へ向けて活発な運動を展開していった（横塚［1975］）。そのことによって「会」の存在は一躍有名となり，運動の主張だけでなく，実力行使といった戦術からも注目されるようになった。

既存の社会のあり方，障害者観を問い直すという「青い芝の会」の運動は，障害者の"社会からの排除"を当然のこととしてそのことに何の疑問も持たない健常者中心の社会のあり方に対して，当事者が正面切って告発した点，障害者の人間としての尊厳を主張した点において画期的なものであり，日本社会に大きな衝撃を与えたのみならず，障害を持つ当事者の障害の種別や程度を超えて障害者の自立と解放を求める運動が，その後，日本各地において本格的に展

開される契機となったのである。またさらに、障害者への差別意識を取り除いていかないかぎり、問題の本質的な解決はありえないとした活動の理念や、その後、障害者みずからが地域での自立生活を推進するなど、それまでの日本の障害者運動を180度変えることになる大きな転換をもたらした。

この障害者運動は、さらに障害を持つ当事者の大きな連帯を促して日本全国に広がり、**1981年国際障害者年**を経て、またアメリカの障害者差別禁止法である90年「ADA法」(障害を持つアメリカ人法)成立に刺激を受けたことから、さらに国際的な連帯を増し、あらたなステップとなる93年「障害者基本法」の成立へと導く大きな流れとなるのである。

[3]「日本型福祉社会」政策の問題

しかし、福祉国家としての日本の発展を考えるとき、1970年代はその後の歩みに大きな影を落とす選択をした時代でもある。

60年代の高度経済成長期を経て、日本政府がいよいよ「福祉国家元年」を宣言する時を迎えた73年は、皮肉にも、世界経済を減速させた第1次石油ショックが起こった年であった。他の先進福祉国家の政策対応を見て、日本政府は、福祉国家政策の見直しを求める声に押され、いわゆる「福祉国家」への道を断念した。結局、日本社会は欧米諸国が経験した福祉国家の黄金時代を迎えることなく、三世代家族や家事労働を担う女性を日本の「福祉の含み資産」とした**「日本型福祉社会」政策**を導入する。この日本政府が導入した社会政策の味方を得て、80年代に日本は、「ジャパン・アズ・ナンバーワン」と呼び称された日本的経営によって経済危機を乗り越え、**「企業中心社会」**をつくりあげた。しかしながら、奇跡的な成功に酔っていた80年代のバブル期に十分な社会資本を構築してこなかった結果、現在、日本は福祉国家としての「成熟」という課題を残

したまま，他の先進諸国と共通の「**持続可能な福祉国家**」建設という福祉国家の「成熟後」の課題を2つ同時に背負う（武川［1999］）こととなり，福祉国家運営のよりむずかしい局面にいるといえよう。

ただ一方で，そのような状況にもかかわらず，現在，新しい社会運動の歩みによって導かれた市民による国際連帯の動き（**NPO，NGOの活動**）はさらに成長し，国連の宣言，人権条約，さまざまな国際会議など，人権保障を求める声を，着実に，社会へと反映させ，日本政府を突き動かしていく力となっている。

2 人権の視点から福祉の場の何が問われたのか

2-1 当事者が問いかけたこと：パラダイムの転換

ところで，新しい社会運動は，何を異議申立てしたのであろうか。ここでは，社会福祉領域において関わりの深い障害者運動を取り上げ，なかでも実践的アプローチにおいて，世界的に大きな影響を与えた**アメリカの自立生活運動**を例にとってみていきたい。

自立生活運動の発端は，大学から遠く離れた施設に住んでいた4人のイリノイ大学アーバナ・シャンペイン校の障害学生が，キャンパス近くに共同で改造住宅に住み，そして大学を自由に移動できるようにキャンパスを改造するなどの障害学生コントロールによる「障害学生プログラム」を1962年に大学当局に実施させたことからといわれている（Dejong［1983］）。

[1] リハビリテーション・パラダイムと自立生活パラダイム

地域の**自立生活センター**（**CIL**）を拠点として活動しアメリカ社会に影響を与えていった自立生活運動は，すでに述べたように，同時期に発生したさまざまな「新しい社会運動」と互いに影響しあいながら，障害者が健常者と同じく一市民として地域社会で生きるた

めの条件を整えるうえでの理念的枠組み,すなわち「**自立生活パラダイム**」を形成していった(Dejong [1983])。それは,それまでの障害者福祉の主流であった「**リハビリテーション・パラダイム**」と発想をまったく異にするものであった(表10-1参照)。とりわけ,両パラダイムの最も大きな相違は,「克服すべき障害はどこにあるか」という点についての考え方にあり,「リハビリテーション・パラダイム」は「個人にある」とし,「自立生活パラダイム」は「社会にある」とする点にある。

こうした「自立生活パラダイム」に基づき,障害者たちはCILを中心として,地域に住む障害者のサービス・ニーズの掘起しや,障害者に必要な介助者の教育訓練や介助者のスケジュール調整など,実際行われるさまざまなサービスの内容を障害者みずからがコントロールしていった。そうすることによって,「リハビリテーション・パラダイム」に基づく従来の,健常者の立場から考えられた,専門家による,社会復帰を目的とするお仕着せメニューによるサービスを,障害者が地域社会で生活し活動するために必要とするサービスに変えていき,そのCILが提供するサービスを,行政に認めさせ公的サービスに組み入れていったのである。

このようなCILはまた,次のような組織構成上の特徴を持つ。すなわち,**専門家コントロール**によるサービス提供機関である通常の福祉サービス機関では,専門家,ボランティア,クライエント(サービス受給者)との間に序列が成立し,サービスを提供・配分する専門家が最も高い位置にあり,ついでサービス提供を助けるボランティア,最下位にサービスを受け取るクライエントが位置づけられるというヒエラルヒー的構造が成立しがちなのに対し,**障害者コントロール**に基づくCILでは,障害者に優先権があり,しかも障害者は自身の障害のことをよく知っているという意味で「専門家」で

表10-1 自立生活運動による障害者福祉のパラダイム転換――「リハビリテーション・パラダイム」から「自立生活パラダイム」へ

項　目＼パラダイム	リハビリテーション・パラダイム（医学モデル／個人モデル）	自立生活パラダイム（社会モデル）
問題とは何か	・身体的損傷 ・職能の欠如 ・心理的不適応 ・動機づけおよび共同の欠如	・専門家・親戚・他者への依存 ・不十分な援助サービス ・道路，建物などの建造物障壁 ・経済的な妨げ
問題の所在	障害者個人のうちに存在	・社会環境に存在 ・リハビリテーション過程に存在
障害者の社会的役割	患者／クライエント	消費者
問題の解決	医師，理学療法士，作業療法士，職業カウンセラーなどの専門家の介入	・ピア・カウンセリング[1] ・権利擁護 ・セルフヘルプ，消費者コントロール ・障壁の除去，やる気をなくすものの除去
コントロール主体	専門家	消費者（障害者本人）
望まれる結果	・ADL[2]を最大にする ・就労する ・心理的適応 ・動機づけの改善 ・完全な治療	・障害者本人が方向づけをする ・環境の制限をできるだけ少なくする ・社会的・経済的な生産性

（注）1）ピア・カウンセリング：同じ立場にいる仲間（障害者）が自分の体験を通してカウンセリングする
　　　2）ADL：日常生活動作能力
（出所）Dejong [1983] p.23. （　）内：著者注。

あり，また実際に，資格を持つ障害者がCILで働いたりボランティアをしたりしており，逆に，健常者の専門家は，地域で障害者と一緒に生活することによって障害者から学ぶ存在であるなど，専門家，ボランティア，クライエントの地位構造は固定化せず，混合しており，ヒエラルヒー的構造をとらないという特徴が見られる。

また，障害者コントロールを重視するCILの特徴は，さらにそ

の組織運営についても見ることができる。まず、運営には当事者の意見が反映されなければならないことから、CILの組織の職員や運営委員には障害者が含まれることが必要条件とされ、とくに運営委員は、半分以上が障害者でなければならないことになっている。このような組織運営上の特徴は、福祉サービス受給から生まれる障害者自身の卑屈感や依存性を取り除き、また障害者へのスティグマを除去することを可能とする。

[2]「自立生活パラダイム」が生み出された背景

ところで、こうした「自立生活パラダイム」が生み出された背景には、次のような現状があったのである。つまり、従来の障害者福祉制度の基本にある「リハビリテーション・パラダイム」の問題点は、結局のところ、障害者を差別し排除する社会システムを肯定してしまうことにあった。「リハビリテーション・パラダイム」の目標である社会への適応とは、**健常者をモデル**にして、「健常者を中心に構築された社会」へ適応することを障害者に求めていることにほかならず、努力しても現存の社会システムに適応できない障害者を「社会人として不適格な人々」としてしかとらえることができない。障害者を、健常者を基準とした能力尺度で分けることを不可避とする。その結果、今までの歴史で明らかなように、障害者に対する非人間的な対応までもが肯定される可能性を持つ。また日本のみならず欧米でも、「リハビリテーション・パラダイム」に基づく制度では、労働力を持つ可能性のある障害者のみが援助の対象となっていたことは歴史的事実が証明している。そのような社会では、障害者は人々からスティグマを付与された、憐れみか、蔑みの対象でしかなかった。

一方、**新しい障害者観**を持つ「自立生活パラダイム」では、障害者が変わるというよりも、障害者が依存的にならざるをえない社会

のあり方そのものを変えること,環境を変化させることに,より力点がおかれている。つまり,障害者にとって問題なのは,ひとりの人間として認められていない状況,すなわち,劣った人々として認識され,他の一般市民が持つのと同等の市民としての権利を行使できない状況こそが問題であるととらえる。したがって,市民権を行使できるように,また,障害者自身が自分のライフスタイルを自分で選択できる(**自己決定権,主体的存在の確認**)ように,障害者を受け入れることができる社会のシステムに変更すること(**障害者を受け入れる社会制度の整備,バリアフリー環境整備**)を要請する。このことは,「人間としての尊厳」を持つ権利を,障害があるなしにかかわらずすべての人に保障する社会(**障害者差別禁止法の制定**)があってはじめて可能となる。日本においてはまだ,アメリカのADA法に見るような障害者差別禁止法は制定されていない。

しかしながら,以上の「自立生活パラダイム」に基づく運動実践のノウハウは,日本においても「青い芝の会」の運動によって受容される土壌が築かれていた。そして81年の国際障害者年を契機に日米の交流がさらに進むことによって,アメリカでの自立生活を実際に体験した日本の障害者たちからリーダーが育っていき,日本の各地で自立生活センター的な場がつくられ,91年には,「全国自立生活センター協議会」(JIL)が発足するまでになっている。

2-2 福祉国家のなかの「官僚制」と「専門職化」から生じる問題と「場の権力性」

以上の障害を持つ当事者による福祉政策のパラダイムの転換要求を,別の角度から整理してみよう。

福祉国家はもともと人々の不幸な現実をいかに解決していくかという,幸福追求を目的として建設されたが,社会的価値観が変化し,

時代とともに,福祉受給者への非人間的な側面が明らかにされ,そのあり方が見直されてきた。すなわち第2次世界大戦前後,「福祉」は慈善・恩恵から権利とされるようになったのもその1つの表れであり,劣等処遇問題,スティグマ付与の問題などが議論された。そして,**1970年代の大転換**では,そもそも当事者を排除してしまう社会構造や,当事者の尊厳を剥奪する社会福祉サービスのあり方が問われたのである。

ここで指摘しておかなければならない重要な点は,70年代に問われた問題は福祉国家のあり方や,官僚制と専門職化という福祉国家に内在する問題でもあるという点である。

[1] 官僚制と専門職化から生まれる問題 まず第1に,障害を持つ当事者が生活者として異議申立てを行った,個人の尊厳を剥奪する状況とは,社会から排除されることであった。社会から排除されるということは,人間として,市民として生きることを否定された状態である。障害者を劣ったものとして差別・排除し,他の市民の目から隠され収容され保護(管理)されることへの批判から,地域で生活することを保障させる**脱施設運動**が始まった。同じように,現在では福祉分野のさまざまな領域へ適用されることになった理念,すなわち,障害を持つ人々を特別視し排除して成り立っている社会が異常(アブノーマル)であり,障害を持つ人々も地域社会のなかで一市民として当たり前に生活できる正常(ノーマル)な社会に変革していかなければならないという「**ノーマライゼーション思想**」も,障害者を施設に囲い込み管理するという発想に基づいて非人間的な処遇を行っている隔離収容主義の福祉国家政策に対する批判から生み出されたものである。

さらに施設収容の問題だけでなく,対人福祉サービスを担う専門家による非人間的対応も問題とされた。すなわち,サービスの受給

者(当事者)は,つねに専門家に従属させられ,当事者が求める尊厳ある対応とは反するサービスが一方的に行われることが問題とされた。

ところで,近代社会の組織は官僚制によって運営されている。本来**官僚制**は,組織に働く人々が仕事を合理的,効率的にまた公正に処理するために生み出されたものであるが,その反面,公正さを保つための規制の厳守からもたらされる管理という発想に陥りがちで,柔軟な発想を取りにくいという欠点を持つ。現代の福祉国家は,まさに,国家による事業経営を日常的に行うところであり,運営のための管理は,巨大な権力機構を必要とし,**中央集権型の国家**が管理度をより強めるものともなっている。

また,福祉国家は,適切な仕事を効果的,効率的に行おうとすると,専門家を不可欠なものとする。**専門家**,つまり有資格者は,専門的知識とそれを用いた専門的行動によって,無資格者(素人)と区別され,同一の有資格者が集まるプロフェッショナルの世界のルールで仕事をしている。それゆえ,専門家は,専門的知識という情報の独占によって,サービス受給者(素人)に対しつねに優位な立場にいる。さらに,現場の行政の専門官は,サービスを認定・供給するという裁量権のなかに,自覚するしないにかかわらず,利用者に対し生活を左右する権力を持つことを意味している。一方,サービス受給者になるということは,管理される存在でもあり,またプライバシーを侵される存在になるということでもある。以上のことは,通常のサービス供給過程には,サービスを必要とし,それなくしては一市民として自立した生活を送れない,もともと弱い立場にいる当事者の人間の尊厳が否定されやすくなる「**場の権力性**」が存在することを意味している。

つまり,当事者ではない人々からは,放置するのではなく処遇す

るのだからよいのではないかと思われがちで，なぜ問題なのかが一見理解されにくい，福祉国家のなかの**パターナリスティック（温情主義的）なあり方**の問題が，当事者の批判から明らかにされてきたのである。福祉国家は，障害者を地域社会から排除して施設に集め隔離・管理し，収容者は施設のなかの専門家によってつねに受け身であることを強いられる。そうしたことが，当事者の人間の尊厳を否定してしまうことへの反省が迫られたのである。

[2] **当事者コントロールと社会参加**　専門家によって一方的になされるこのようなサービスを否定し克服するための当事者からの提案は，サービスを必要とし利用する立場にある消費者こそが適切なサービスを要求し選択する立場にあるという「**消費者コントロール**」の発想であった。つまり，そのことによって専門家の独壇場であったサービス供給の意思決定過程から排除された当事者（消費者）が，むしろその意思決定過程に積極的に参加することを明言した。そうして現実に参加することによって当事者は，適切かつ必要なサービスを手に入れることが可能となったのである。

同時に，従来は福祉サービス対象者あるいは受給者（クライエント）と呼ばれていた言葉を，この発想に基づいて，「**ユーザー（利用者）**」という言葉とその言葉の意味する内容に置き換えることを，当事者たちは主張した。「利用者」という言葉は，サービスの送り手と受け手が「与える-与えられる」「専門家-素人」というパターナリスティックな上下関係ではなく，対等な関係であること，またサービス提供者は，利用者の意見を尊重しなければならないことを表現しているからである。

このようにして，障害の原因を個人に帰し，**官僚主義**や**専門主義**によって，当事者に一方的な依存状態を強いる「リハビリテーション・パラダイム」（医学モデル/個人モデル）では，当事者が無視され，

個人の尊厳を剥奪される状態を強化させてしまう。そのため，当事者から，変わるべきは障害者の側ではなく障害者を排除する社会の側であり，障害者が社会参加することを支援するのが福祉サービスであるという，当事者の個人の尊厳に基づく新たな「自立生活パラダイム」（社会モデル）が提起されたのである。

現在，福祉実践の場にさまざまな新しい概念が生まれているが，それは以上述べてきた社会政策や福祉実践の場での反省から生まれてきた概念である。たとえば，**当事者性の尊重**，**バリアフリー**，**ノーマライゼーション**とは，当事者の「排除」を防ぎ，いかに社会へ「参加」していくことを保障するかということと関係があり，また，**自己決定権の尊重**とは，本人の意思を一方的に無視する状況を防ぐためにある。そして，以前からある**不服申立て制度**は申請主義ゆえに有名無実であったが，**アドボカシー（権利擁護）**や**エンパワーメント**という新たな概念は，弱い立場にいて自己主張するという力を持たない当事者の力を引き出し発揮させ，実際に自己尊重，自己決定を促していくことへの配慮と関係がある。そして，**インフォームド・コンセント**や**情報公開**は，専門家が情報を独占することによる専門家支配の独走を防ぐためだけでなく，当事者が自己決定するためにも必要とされている。

また，官僚制との関わりでは，専門機関が適切で公正な仕事をしているかどうかを監視するためにある**オンブズマン制度**は，官僚制がもたらす権力機構に阻まれている市民の力を取り戻すための機関でもある。また，中央集権化から**分権化**への流れも，サービスの画一化を防ぐという意味だけでなく，国家がますます巨大な権力を持ち，官僚制の問題が深まることを防ぐ意味からも必要とされる。

以上のような概念を実質的に意味あるものとしていくことが，これからの社会福祉実践の課題であろう。

3 人権の視点から福祉政策の何が問われるのか

3-1 男性中心的な社会政策の問直し

 ところで，政府は政策を具体化していくための社会制度を立案するが，制度を設計する際，モデルとなる人間像，家族像，女性像が暗黙の前提としてある。すでに述べたように，従来の障害者福祉制度は，健常者をモデルにした障害者観を前提としていた。では，そのほかの制度では，どのようなモデルが前提とされているのだろうか。福祉国家政策において重要な位置にいる女性の視点（ジェンダーの視点，男女共同参画社会構築という視点）から見た問題点を指摘しておきたい（要田［1999］）。

 1973年から始まった世界経済の不況を乗り切るために日本政府が導入した福祉国家政策とは，社会保障・福祉の担い手として，行政部門ではなく民間部門により重点をおく政策であった。したがって，社会保障政策は，国家が責任を持って推進するというよりは，大企業を中心とした企業福祉により重点がおかれ，福祉の担い手としては，家族に責任を持たせる**「家族の自助原則」**を基本とした。

 そもそも60年代の高度経済成長期に，政府は，「家庭保育を原則」とする保育行政のもと，女性の働き方として「パートタイム雇用」や「中高年になってからの職場復帰」を推奨してきた。その流れで，さらに70年代に日本政府は，育児，介護の家事労働を担う女性を**「福祉の含み資産」**とする**「日本型福祉社会」**政策を導入したのである。とりわけ，**「家庭基盤充実策」**という名のもと80年代から導入された家族政策は，パート所得の特別減税制度，贈与税・所得税の配偶者特別控除制度，「主婦の年金権」を保障した基礎年金制度などの，「家庭を基盤とする主婦」を重視する政策であった。

このことから，日本の社会保障制度は「**新・性別役割分担**」(男は仕事，女は家事，育児，介護を中心に，さらに仕事も)に基づく近代家族モデルをもとにつくられていることが理解されよう。

これらの政策は，一面では，女性を擁護する政策ではあるが，女性の社会的進出を保障する制度もないままに，夫または老親の介護の担い手として期待できる専業主婦，あるいは低賃金労働をも期待できるパートタイム労働に従事する主婦という立場に対して，社会保障制度のなかで「相応の評価」を与えたことによって，結果的に，女性の間に専業主婦願望を募らすという別の効果をもたらし，家族，社会における性別役割分担を強化する政策でもあった。

このような**近代家族モデル**を単位とする制度構築には，女性がひとりの人間として尊厳ある対応が保障されているかという視点から見ると，次のような問題をはらんでいるといえよう。つまり，医療保険制度の「世帯単位」や，被用者年金保険制度の「夫婦単位」に見るように，「家庭を基盤とする主婦(妻)」の立場は，被保険者(夫)の扶養家族として位置づけられ，つねに夫に従属した立場であり主体的に制度に参画するものではない。また，被用者年金保険に加入している夫を持つ妻は年金保険料を払わなくてよいとした「主婦の年金権」は，世帯主(夫)に庇護される扶養家族としての主婦の立場を擁護したパターナリスティックな制度であることを象徴しているといえよう。

日本政府の「**家庭基盤充実策**」は，明らかに，家族の機能を支えるための援助を目的とする政策ではなく，国家の期待に一定の役割(福祉を担当する)を家族に果たさせるための家族政策であり，ここにヨーロッパの家族政策との違いが指摘される。たとえば，本来家族の機能からして最も重視されるべき「子育て支援」の眼目である児童手当制度の未熟さがそれを物語っている。このようにして，80

年代に完成されたとする「企業中心社会」を生み出した日本の社会保障制度の基本的性格は,「家族だのみ」「大企業本位」「男性本位」と特徴づけられると指摘されている（大沢［1993］）。

この性別役割分担に基づく近代家族モデルは,女性差別撤廃条約の理念が持つ家族像,すなわち,男女ともが対等な関係で仕事,社会に参加し,かつ家事,地域活動に参加して,育児においては両性が家庭責任を持つとした家族像に反しているともいえよう。ただし政府も,女性差別撤廃条約批准以降,男性も取れる育児休業制度や介護休暇制度構築に取り組んではいる。しかし,近年創設された公的介護保険制度では,いまだに女性への負担が重い家族介護を前提としているなど,いまだ諸制度間の連携が十分とれておらず,制度設計の根幹にズレがあるかぎり十分な効果は期待できないだろう。今後は,男女共同参画社会基本法に基づく総合的な社会政策を進める努力が必要であろう。

ところで,女性を「福祉の含み資産」とした社会保障制度を持つ日本政府が,これまで社会福祉制度の対象としてきた女性たちとは,いわゆる「近代家族」の妻の座からこぼれ落ちた女性としてカテゴリー化された「母子世帯」（母子及び寡婦福祉法）と「婦人保護事業の女性」（売春防止法）に限定されてきた。つまり,女性は一人前の存在としてみなされず,家庭領域へ排除されて夫（男性）に依存することが当たり前とされる一方,福祉制度を利用する女性はスティグマを付与され,また,生活保護制度利用者への「夫」探しに見るように,プライバシーも無視される。このことは,全体社会での女性がおかれた地位の問題を問われることなく,女性たちは,社会からも家族からも二重に排除されていることを示しているといえよう。

さらに,この状況は,社会が大きく変動し,家族のあり方も,女性自身の価値観も大きく変動している現在,既存の社会保障制度の

不都合が大きくなるだけでなく，家族内の問題や女性特有の問題はなかなか社会問題化せず，理解も進まず，新たな福祉的対応を迫る問題に対して，たとえば「近代家族」のなかで発見された**ドメスティック・バイオレンス（DV）**問題や**子ども虐待**の問題などへの公的な責任による福祉サービスが十分でない現状をもたらしている。

3-2 国民国家を基礎とした社会政策の問直しと人権保障

21世紀に入り，とりわけ顕著になってきた社会問題は，**経済のグローバル化**によって引き起こされる問題と，これまでの産業のあり方から引き起こされた**環境問題の深刻化**である。このような社会状況のなか，どの国もその諸問題への対応を考えていかなければならない時代に入ったといえよう。それにともない福祉国家は，新たな展開を期待されている。つまり，従来は，国家のなかの国民の問題に取り組んでいたのが福祉国家であったが，人類を視野に入れ，かつ人間社会を取り巻く地球自然環境をも視野に入れる時代，否，入れなければならない時代に入ったことを意味する。

現在，経済成長を前提とした福祉国家運営は再考を迫られる一方，一時期は肯定されたかに見えた**市場経済至上主義**は，放っておくと，環境問題の悪化を招き，解決することができずに，地球を破滅に導くおそれが少しずつ明らかになってきた。そのなかで，資本主義社会が必然的に抱え込む市場経済の負の側面への対応を行ってきた福祉国家政策は，新たな課題に取り組むことが期待されている。

また，経済のグローバル化は，福祉国家政策にさまざまな影響を与えるが，その1つとして，国家が対応する人々の範囲の問題がある。先進諸国の少子化傾向は国外からの労働力を必要とし，国境を越える人々をつくり出す。つまり，多くの国々で地域住民には外国人を含むことが当たり前となる。したがって，福祉国家は自国の国

民だけを対象としていては、人権保障の点から問題を抱えることになる。福祉国家も、**国民国家の枠組み**を再考する必要が生まれてきた。とりわけ、人の移動は、貧しい国から豊かな国へと向かうものであり、豊かな国ではあらたな市民層からマイノリティとされる人々をつくり出すと同時に、人材の移動で貧しい国はますます貧しくなるという構造も持つ。つまり、国家益ではなく人類益として、福祉国家内での外国人問題への対応だけでなく、福祉国家政策の一環として、必然的に南北問題、すなわち、地球規模の貧困問題解決に国境を越えて対応していかなくてはならない時代となっている。

このようにますます国際化が進む時代状況にあって、日本社会において一定の範囲の外国人に対して国民の枠を超えて、住民としてさまざまな社会保障制度参画の権利を制度として保障すること、また、子どもたちに対して**多文化教育の保障**が必要であろう。そのためには、未解決のままである定住外国人を含め、**外国人に対するさまざまな制度保障**、権利の限界に対しては早急に解決が図られる必要がある。

ところで、日本では1990年代から進められている**社会福祉基礎構造改革**において、従来は省みられることの少なかった、当事者への選択権の保障や、自己決定権、権利擁護などサービス利用者への配慮が求められるようになってきた。しかしながら、この社会福祉構造改革において、選択権の保障や権利擁護など利用者への一部配慮が求められるようになったのは、あくまで、「**利用契約制度**」というサービス利用者の主権を「契約」概念を導入して成立させるためのものであり、基本的な人権の保障をめざしたものではない。今後、人権に基づくニーズの保障を福祉の現場で実質的に保障していくためには、公的責任におけるサービスの充実、マンパワーの育成および質、量の確保という人材供給システムの再構築、そして基盤

整備のための行政の関与，およびサービスの質を高めるための**監視的第三者機関**は不可欠であろう。その意味でも，今後さらに公的責任における基本的な福祉サービス供給システムの再構築を含む**福祉基盤整備**の議論を進めていく必要があろう。

4 人権に基づく社会福祉実践を創造する

　欧米において国家が社会保障制度を発達させる以前，民間の慈善団体が救貧活動を行っていた時代，民間団体のアプローチのなかに，団体を率いるリーダーの思想によって個人改良志向と社会改良志向の2つの流れがあった。その後時代が下り，社会保障制度の発達により経済的援助を国家が保障することによって，民間団体の福祉的活動のなかから，行政へサービス・プログラム策定を促す「ソーシャル・アクション」，居住地域を再活性化させる「コミュニティ・オーガニゼーション/コミュニティ・ディベロップメント」，そしてまた，個人の変革を促す「グループワーク」や「ケースワーク」といった専門的知識，技術を磨くことによって，専門職としてのソーシャルワーカーが成立した。現在では，ソーシャルワーカーは個人と社会資源を結びつける人間援助の存在として位置づけられている。

4-1　新しいソーシャルワーク実践

　しかしながら，1-2［1］で述べてきたような，1960，70年代の市民運動のうねりや数々のセルフヘルプ・グループがアメリカで生み出された背景を考えると，それまでの専門職による人間援助のあり方には問題があったことを自覚しなくてはならない。もしすべての社会サービスや人間援助サービスがうまく機能していたならば，また諸サービスが当事者から求められるものであったならば，当事

者たちが支え合うセルフヘルプ・グループが必要とされることはなかった。それまでの専門家によるサービスは，当事者の，コミュニティの一員であり続けるというニーズや，自主活動，自己信頼，自己管理の重要性は，無視されていた（Katz [1993]）。結果として，人間としての尊厳を剥奪するものであった。

その原因は2-2 [1] で述べたように，専門家によるサービスには，専門家がサービス利用者の直面する問題の定義，診断，治療のやり方を一方的に独占する傾向があり，そのことにより利用者の依存性や受動性を助長させるという問題があった。では，どのようにしたら専門家たちは，その罠から逃れることができるのであろうか。

近年の**ソーシャルワーク実践**には，1970年代以降の新潮流の影響を受けて，利用者個人の人間としての尊厳をいかに支援するかを考える「**ストレングス・パースペクティブ**」と呼ばれる新しい動向が生まれている（狭間 [2000]）。その特徴は，利用者の持つ前向きな力・生きる力の重視，実践プロセスにおける利用者とソーシャルワーカーとの協働に基づく対等な関係の構築および対話の重視，そして目標設定における未来性志向とコミュニティへの帰属を重視する共同性志向にある。

薬害によるエイズ感染被害を受けた，ある日本の血友病患者は，専門家との関わりについて次のように語っていた。「当事者は，スティグマを受けやすい立場にあるだけでなく，情報を専門家に独占されているため専門家とパターナリスティックな関係をもたざるをえない立場にいる。さらに当事者は差別や偏見のもと日常的に多くの問題や心配事を抱えるにもかかわらず，自らの心配事を語れない状況におかれている。むしろ自らの心をかたく閉ざしていく。しかし，そのような当事者が『共感的理解力のある第三者』に出会うとき，つまり，ひたすら耳を傾けるという誠実な共感的態度を持つ人

に出会うとき，自ら"語る主体"になることができる。また，その人が専門家であれば，当事者が望むなら自らに必要な専門的知識を自らのものとすることが可能となる」(日本保健医療社会学会大会，2001年での発言)と。すなわち，当事者にすれば，このような態度を持つ人との出会いが，生きる勇気をもたらすことになるという。

専門職としてのソーシャルワーカーは，ともすれば道具的，パターナリスティックになりがちな制度やサービスを，人間化していくこと，つまり，専門分化された制度を，利用する個人の立場に立って，制度の欠陥を埋め個人の尊厳に配慮するよう運用させていくことが必要である。そのため，当事者と問題解決に向けて尊重し合える関係を構築し，みずから脇役として当事者と協力し当事者の生きる力を支援することが，これからめざすべき方向であろう。そのためには，ソーシャルワーカー側が，当事者はむろんのこと，当事者団体やセルフヘルプ・グループを尊重し，協力しうる関係を持てるか，また，人権擁護のための地域活動を支える専門的知識を保持するだけでなく，当事者の活動を支える脇役に徹することができるかが重要な鍵を握るであろう。

4-2　社会福祉制度・社会サービスを人間化する社会システムの必要

ところで，これまで専門職者と当事者との関わりにおける問題点を指摘してきたが，ソーシャルワーカーが**制度・サービスの人間化**をめざすならば，人権保障の視点から見ると，ソーシャルワーカーがそのような役割を社会で果たすことを可能とする社会システムが整っているか否かが問われなければならない。また，ソーシャルワーカー自身の人権が働く場で保障されるシステムとなっているかに目が向けられなければならない。

まず，ソーシャルワーカーが，専門職として機能するためには，専門職集団に成員みずからの行動を律する倫理規定，および専門職者が倫理規定に違反したときの懲罰権を持つ「**専門職身分団体**」が必要である。専門職者は利用者に対して権力を持つゆえに，それをコントロールするための**職業倫理**が必要であり，そうして社会正義を実現するのである。つまり，専門職が自治を行うためには，専門職集団の倫理綱領と懲罰権は不可欠である。そして，それを有効なものとするためには，ソーシャルワーカーが仕事に就く際には必ず地域の専門職身分団体に加入しないと仕事ができないしくみが必要であろう。

　また，行政などサービス供給を立案する側とサービス供給を担う専門職者側とは自立した関係でなければ，利用者のみならず専門職者の人権も保障することができない。つまり，行政に対抗して，専門職からの意見表明をする立場になければ意味がない。なぜなら，問題解決に対し，時として行政側と意見が対立しても，否，対立すればこそ専門職者からの意見を表明する必要があるからである。そのための職能団体として，先の「専門職身分団体」が機能する。

　一方，専門職者の立場からすると，「専門職身分団体」は，雇用される団体，機関の働く場において，その組織の官僚制下におかれ弱い立場にいる職能団体成員の人権を擁護する立場になければならない。とりわけ，福祉専門職者が働く場は，女性的な仕事とされてきたため女性が多い職場である。しかし，管理職には男性が多い。専門職身分団体は，専門職者および機関内部にあるセクシズム（性差別）をなくすべく，自己管理していくことも今後の課題である。そのためには，職能団体によるリカレント教育によって，性差別に限らずさまざまな**人権に対し敏感な専門職者**を養成しなければならないし，そのための職能団体自体が社会に開かれた民主的組織運営

を心がけなければならない。すなわち,職能団体は,積極的な情報公開やみずから監視的第三者機関の審査受入れを行う必要がある。

以上の視点から見ると,日本の現状のシステムはまだそのようになっていない。今後検討されなければならない課題であろうが,以上のような専門機関の人権擁護の仕組みがあってこそ,ソーシャルワーカーなど福祉専門職者の1人ひとりが,より優れた**人権に基づく社会福祉実践を創造する**ことが可能となる。

● 演習問題 ●

1 社会経済的視点と人権の視点から,これまでの福祉国家の発展についてまとめてみよう。また,人権を保障する社会システムとはどのようなものかについて考えてみよう。

2 ソーシャルワーカーと当事者との関わりでつねに意識しなければならないことはどのようなことか考えてみよう。そして,人権を保障する社会福祉実践で用いられる新しい概念を取り上げ,その概念が意図するところはどのようなものか具体的に考えてみよう。

3 これからの福祉国家政策に何が求められるのか,女性の視点から,その他のマイノリティ(社会的少数者)の視点から,また環境問題の視点から考えてみよう。

4 制度・サービスの人間化とはどのようなことを指すのか考えてみよう。

■ 引用文献 ■

大沢真理[1993]『企業中心社会を超えて』時事通信社
杉本章[2001]『障害者はどう生きてきたか』ノーマライゼーションプランニング
武川正吾[1999]『福祉社会の社会政策』法律文化社
狭間香代子[2000]「自己決定とストレングス視点」『社会福祉学』40巻2号
広井良典[1999]『日本の社会保障』岩波新書
山崎公士[1997]『国際人権』解放出版社
要田洋江[1999]『障害者差別の社会学——ジェンダー・家族・国家』岩

波書店

横塚晃一［1975］『母よ！　殺すな』すずさわ書房

Bruce, Maurice [1968], *The Coming of the Welfare State*, 4th ed. B.T. Batford.（秋田成就訳［1984］『福祉国家への歩み』法政大学出版局）

DeJong, Gerben [1983], "Defining and Implementing the Independent Living Concept." Nancy M. Crewe and Irving K. Zola et al., *Independent Living for Physically Disabled People*. Jossey-Bass Publishers.

Katz, Alfred H. [1993], *Self-help in America: A Social Movement Perspective*. Twayne Publishers.（久保紘章監訳［1997］『セルフヘルプ・グループ』岩崎学術出版）

◆ *Seminar* 社会福祉士試験過去問題 ◆

1 最近のわが国の夫婦に関する次の記述のうち，誤っているものを一つ選びなさい（第11回）。

1 自営業主・家族従事者を含めて有配偶女子の就業者は，約5割である。
2 夫の所得が高くなるほど，妻の有業率は，下がる。
3 離婚の申立て動機を見ると，妻の方が「性格の不一致」をあげるものが多い。
4 夫の家事関連時間を見ると，他の世代と比較して，60歳以上の高齢者層で長くなっている。
5 離婚件数は，平成年代に入ってから減少傾向を見せている。

学ぶポイント 夫婦に関連する事象から，家族の動向や女性の社会進出について考える。

解 説
1 正しい 学卒直後の女性や子育て後の女性が働くM字型雇用の影響で，結婚している（有配偶）女性の半数前後は働いている。
2 正しい 夫の年収が上がるほど，夫の労働時間の長さや妻からの収入への期待の薄まりなどがあって，妻の有業率は低下する傾向がある。
3 正しい 夫婦の離婚申立てにおいて，夫・妻とも「性格の不一致」を理由にあげるものが多いが，その比率は妻において，より高い。
4 正しい 「男子厨房に入らず」と言われて育ってきた現在の男性高齢者であっても，定年後は時間的余裕などから多少は家事を手伝うようになり，他の世代よりは時間が長い。
5 誤り 1980年代前半に離婚は件数・比率において増加し，80年代後半において一時低下したが，平成に入っての1990年代以降着実に増加してきている。

解 答 5

2

大都市地域の変動過程についての概念に関する次の記述のうち，正しいものを一つ選びなさい（第14回）。

1 アーバニズムとは，大都市圏における人口と諸機能の周辺部への離心化に伴い，郊外に形成される特徴的な生活様式をいう。
2 サバーバニズムとは，人口量が大きく，密度が高く，社会的に異質な人々の集落としての都市から生ずる特徴的な生活様式をいう。
3 スプロール現象とは，専門職，管理職などの高所得層を郊外から呼び戻すことによる大都市衰退地区の再活性化現象をいう。
4 ジェントリフィケーションとは，都市の市街化地域が無秩序に拡大して工住混合地域が発生するなど，都市周辺部が蚕食されていく現象をいう。
5 インナー・シティ現象とは，企業流出，人口減少，高齢化，施設老朽化などにより，大都市中心部の周辺地域が衰退化する現象をいう。

学ぶポイント 都市社会学の基本概念の説明を検討しながら，大都市の特性とその変化について学ぶ。

解説

1 誤り　説明はサバーバニズムについてのものとなっている。アーバニズムとは，ワースによって都市に特徴的な生活様式と定義されたものであり，人口量の大きさ・高密度・人々の異質性の高さから作り出されるさまざまな特徴のことである。
2 誤り　説明はアーバニズムについてのものである。サバーバニズムはホワイトカラー上層や中産階級が良好な居住環境を求めて郊外に移り住む現象や，そのことで形成される生活様式のことである。
3 誤り　説明はジェントリフィケーションのものとなっている。スプロールとは手足を使って虫がはいすすむことであり，工住混合地域の生成，道路体系の混乱，公共施設の不足など，都市周辺部が無秩序に開発・浸食されていくことである。
4 誤り　説明はスプロール現象についてのものである。ジェントリフィケーションは大都市衰退地区の再開発によって作り出された高級住宅街に中流上層が多く居住し，当該地区の評価は格上げされるが，都市下層住民が追い

出されたりすることである。
5 正しい　サバーバニズムの進展と都心外周地域でのビルや住居の老朽化が進むことによって，都心部（インナー・シティ）でのいっそうの居住者離れや犯罪の多発化・不法入居などが起こり，その地域が衰退していく現象をさす。これに対して，都市の再開発が起こり，今度はジェントリフィケーションの特徴を示すことになる。

解　答　　5

3

ジェンダーをめぐる次の用語とその説明との組合せのうち，適切でないものを一つ選びなさい（第12回）。

1　ダブル・スタンダード ――――― 同じ行為に対する評価が男女で異なる
2　セクシズム ――――――――― 法的次元における性的平等
3　セクシャル・ハラスメント ―― 性的いやがらせ
4　ジェンダー・トラック ――――― 職業進出をあらかじめ水路づける構造
5　シャドウ・ワーク ――――――― 産業社会に不可欠だが賃金が支払われない労働

学ぶポイント　ジェンダーの問題に関する認識と男女共生社会への期待は徐々に高まってきており，この領域での基本的理解が十分に求められる。

解　説
1　正しい　2つのグループごとに異なる判断基準が設けられ，同じことをしてもグループによって評価が大きくわかれたり，もともと異なる期待がなされたりすることをいう。「女のくせに」という形で評価がおとしめられたり，「女だから仕方がない」という形で評価が甘くなるような例が該当する。
2　誤り　セクシズムは性に関わってさまざまな差別が存在する性差別を示す言葉であり，2の記述は適切でない。
3　正しい　セクシャル・ハラスメントは，お互いの地位や断りにくい関係を通じて，性的ないやがらせやなんらかの強要が行われることをさす。性的行為を求めるなどの対価型の問題や，職場などで働きにくい雰囲気を作る環

境型の問題などがある。
4 正しい　男女が、各々男らしく、女らしく育てられることを通じて、学業達成や職業選択などにおいて無意識に性別ごとに決められた道筋（トラック）を歩んでしまうことを示している。
5 正しい　性別役割分業が浸透し、公（企業）と私（家庭）の社会的分離が確立した社会において、家事労働は賃金の支払われない（unpaid work）、影の労働として位置づけられるが、これによって労働力の再生産がなされ、産業社会が維持されることになる。

解　答　　2

4 差別撤廃的措置、積極的優遇などと呼ばれる政策がアメリカやイギリスで実施されてきた。アメリカにおけるアファーマティブ・アクション（affirmative action）に関する次の記述のうち、最も適切なものを一つ選びなさい（第13回）。
1 その目的は、属性主義の観点から機会の平等を実現しようとするものである。
2 その措置は雇用・就業上の問題に限られ、それ以外の教育制度における就学上の優遇措置などがとられることはなかった。
3 公民権運動などを通じ具体化されてきたもので、その措置は少数民族であることを理由とするものに限られている。
4 その考え方は業績主義に立つものであることから、機会の平等を図ろうとする政策意図に矛盾すると批判されている。
5 その措置が少数民族や女性を採用・昇進等で優遇することは「逆差別」だという批判もあり、訴訟が起こされることもある。

学ぶポイント　差別問題に対する政策的対応の諸側面を検討することで、その考え方や有効性について目配りする態度を養っていく。

解　説
1 不適切　本人の実力・能力を優先する業績主義は機会の平等を主張しがちであるが、その確保が現実的には容易でないということが属性主義の観点

から論じられ，結果を平等に向けて是正していくことも必要であると唱えられる。
2 不適切　格差の再生産を初期の段階から是正しようということで，雇用・就業上の措置にとどまらず，教育制度においても黒人入学者の割合を規定するなど法的な対応も試みられている。
3 不適切　黒人への差別撤廃を求めた公民権運動から具体的な政策対応が引き出されてきたが，そこでは少数民族にとどまらず，不平等な扱いを受けている女性・老人・障害者などにも，その考え方は適用されている。
4 不適切　その考え方の基本には業績主義がもたらす不平等な結果に対する，属性主義からの批判が根底にある。
5 適切　個人主義と業績主義を基礎とするアメリカの基本的考え方から見れば，アファーマティブ・アクションによって，不平等を他者に強いているとみなされるグループの方で，逆に不利益を被る人々が現れ，彼らの機会の平等が確保されていないと批判されることになる。

解　答　　5

5

福祉国家や福祉社会に関しての代表的な論者とその主張との次の組合せのうち，誤っているものを一つ選びなさい（第11回）。

1 ミュルダール（Myrdal, G.）────国際的視点より，ナショナリズムに基づく福祉国家を批判した。
2 マーシャル（Marshall, T.）────福祉国家の成立にとって，市民権の発達が重要であると説いた。
3 ロブソン（Robson, W.）────福祉社会の構築が，福祉国家の質に関わると説いた。
4 フリードマン（Friedman, M.）────マネタリストの立場から，今日の社会福祉プログラムを非難した。
5 ティトマス（Titmuss, R.）────国家の役割よりも，市民の自助努力を強調した。

学ぶポイント　福祉国家・福祉社会をめぐる社会政策研究者の主要な論

点を押さえることを通じて，その背後にある国家と市民社会の関係のパターンについて理解を深める。

解説
1 正しい　ミュルダールは福祉国家が持ちがちな自国中心の見方を批判し，福祉世界の可能性について提唱した。
2 正しい　マーシャルは市民権が歴史的に公民的権利・政治的権利・社会的権利の3層構造として発達してきて，社会政策の形成を促してきたと整理した。
3 正しい　ロブソンは福祉国家をとりまく福祉社会が存在し，かつ福祉国家を支えるために必要であり，両者の相互補完関係の中で福祉の質が決まると考えた。
4 正しい　フリードマンは戦後の福祉国家を支えてきたケインズ理論の有効性を疑問視し，市場機構の活用と公的社会サービスの減少こそ人々の選択の自由をもたらすと主張した。
5 誤り　ティトマスは利潤追求を目的とする経済的市場に対して，愛他的連帯に基づく社会的市場の存在を問題提起し，そこでの福祉活動は社会的に分業され，国家や社会政策の役割もきわめて重要であることを指摘した。

解答　5

6 社会調査に関する次の記述のうち，適切でないものを一つ選びなさい（第10回）。

1 社会事業，社会政策を目的とする都市貧民の調査が，19世紀ヨーロッパにおいて行われた
2 アメリカ社会学において，学問的な目的のために調査が行われるようになるのは，1920年代からである。
3 わが国において，社会調査が盛んになるのは，第2次世界大戦後である。
4 統計的方法は，大量の標本に対して時系列的に行う調査である。
5 事例研究法（ケーススタディ）は，少数の標本について記述的な方法を用いるものである。

学ぶポイント　人々の意識や行動について具体的なデータを収集する社会調査は，生活問題や福祉活動をより深く理解するためにも必要な方法論である。

解説

1　適切　社会調査の形成は19世紀のヨーロッパに重要なモデルがあり，イギリスのブースやロウントリーの貧困調査などはその後の調査活動に大きな影響を与えた。
2　適切　19世紀末から20世紀初頭に急速に形成されたアメリカの諸都市では，都市化による社会問題への関心が高まり，シカゴを中心に一連の都市社会調査が1920年代から活発化し，やがてシカゴ学派と呼ばれる都市社会学の形成へとつながっていった。
3　適切　日本の主要な社会調査の源流として，1920年開始の国勢調査，社会事業的意図を持った都市部での社会踏査，他に農村調査・家計調査などをあげることができるが，学問上の位置や調査の規模・数などの点でその本格化は戦後にゆだねられたと言えよう。
4　不適切　統計的方法は多数の人々の回答から集合的に現れる特性を数量的に把握することを目的とし，母集団から標本抽出を行い，調査票を用いるなどしてデータが収集・解析される。その場合，時系列的な関心や方法を持って調査が行われることは必ずしも前提ではない。
5　適切　事例研究法は比較的少数の調査対象について，詳細で多面的なデータを収集して，その内部関係や構造，当事者への意味などを記述・説明していこうとする調査方法である。

解答　4

◆ より深い学習のために ◆

① 森下伸也・君塚大学・宮本孝二**『パラドックスの社会学』**新曜社，1998年

「パラドックス」をキーワードに，日常生活の具体的な事実の理解を深め，それを通じて社会学の「常識破壊ゲーム」としての基本的な考え方を楽しく学んでいこうとする入門書。

② 春日キスヨ**『家族の条件』**岩波現代文庫，2000年

家族は愛情と幸福にのみ彩られた世界なのではない。そこには，安らぎと葛藤，喜びと負担が併存しているのである。著者はさまざまに問題をかかえる家族の人間模様と感情のひだに，深い理解と鋭さを持って迫り，豊かな時代の家族の諸側面を描き出す。

③ 井上俊・上野千鶴子・大澤真幸・見田宗介・吉見俊哉編**『ライフコースの社会学』**（岩波講座・現代社会学 9）岩波書店，1996年

人々の一生を，社会的歴史状況と人間関係に規定された人生行路として説明していこうとするライフコースの諸論点の検討と，子ども・若者・中年・老年という加齢による世代経験の分析がなされている。

④ 直井道子**『幸福に老いるために』**勁草書房，2001年

高齢期を生きるうえで家族と福祉活動からのサポートは重要な要素であるが，子どもや夫婦の関係のあり方，介護の担い手の違いなどが，どのようにサクセスフル・エイジングを規定していくかをデータ分析した老年社会学研究。

⑤ 町村敬志・西澤晃彦**『都市の社会学』**有斐閣，2000年

現代都市は他者との遭遇が繰り返される違和に満ちたローカルな場所であるとともに，ヒト・モノ・カネのグローバルな移動が具体的に現れる場所であり，両者の側面に潜む都市の〈社会的なるもの〉を，社会学の基礎的な理解とともに読み解こうとする試み。福祉問題と福祉活動の分析に都市社会の理解は欠かせない。

⑥ 山崎喜比古編**『健康と医療の社会学』**東京大学出版会，2001年

健康と病気という一見生物学的にのみ見える現象にひそむ社会性に焦点をあてることを目的に，保健医療における病気行動や病人役割，患者－家族－医療者の人間関係や相互作用，保健医療の組織・政策・文化を社会学的に考察した

保健医療社会学の入門書。

⑦ 安立清史『**市民福祉の社会学**』ハーベスト社，1998 年

社会福祉を全体社会の社会変動との関係でとらえるべく，その重要な要因たる市民活動に着目し，具体的なボランティア，NPO 活動が地域社会をどのように変えてきているかを社会学的に検討している。

⑧ 野口裕二『**アルコホリズムの社会学**』日本評論社，1996 年

アルコホリズムという現象の背後にある諸要因を，共依存の問題や AA（アルコホリック・アノミマス）というセルフヘルプ・グループ活動の社会学的意味などを通じて明らかにし，そこに〈近代〉の乗越えの可能性を読み解こうとする試み。

⑨ 安積純子・岡原正幸・尾中文哉・立岩真也『**生の技法**』（増補改訂版）藤原書店，1995 年

これまで障害者が親元で暮らすことに内在していた家族間の葛藤をあぶりだし，経済的自立と精神的自立の狭間で，親元から離れて自分たちの力だけで暮らそうとする障害者の自立生活でのさまざまな経験を描き出す。

⑩ 大村英昭・野口裕二編『**臨床社会学のすすめ**』有斐閣，2000 年

社会学が他の臨床科学にどのような貢献ができ，また社会学自身が社会を生き抜く力としてどのように応用可能なのかを，「臨床社会学」という旗印の下で多面的に検討している。姉妹編である，野口裕二・大村英昭編『**臨床社会学の実践**』有斐閣，2001 年も参照。

⑪ 三重野卓編『**福祉国家の社会学**』東信堂，2001 年

福祉国家・福祉社会が 20 世紀にどのような姿としてあり，21 世紀にどのように変化していこうとしているのかを，親密性・共同性・公共性の再編，グローバリゼーションの影響などに視点をあてて分析した共同研究である。

⑫ 石川淳志・佐藤健二・山田一成編『**見えないものを見る力**』八千代出版，1998 年

社会調査研究を，見えない現実を論理と実証によって解き明かす行為としてとらえ，それに必要な認識枠組み，思考方法，問題の焦点化，分析手法などを丁寧かつ脱常識的に解説している好著。

⑬ 好井裕明・桜井厚編『**フィールドワークの経験**』せりか書房，2000 年

その現場に直接みずからが臨み，そこでのさまざまな行動やコミュニケーションを通じて情報をえてくるフィールドワークという調査方法を，たんに方法にとどめることなく，ある種の人間的経験のあり方としてとらえ，各領域の事

例を多面的に描き出す。他に，質的研究法での技法や態度について深めたものとして，佐藤郁哉『**フィールドワークの技法**』新曜社，2002年，桜井厚『**インタビューの社会学**』せりか書房，2002年も参照。

⑭ 中河伸俊『**社会問題の社会学**』世界思想社，1999年

近年の社会問題研究の重要な理論的視点である，「問題だ」という異議申立てが〈社会問題〉をつくりあげるという「構築主義」の立場を的確に説明し，いくつかの社会問題分析に応用した研究。

⑮ 副田義也編『**死の社会学**』岩波書店，2001年

貧・病・争の遠くなった現代社会において，人々の目から隠されポルノグラフィー化したとされる死の意味を，さまざまな死別経験，みずからの死後献体，慰霊という死者との交わり，葬送儀礼の変容などから，社会的・文化的に究明する労作。人の生と死に関する鋭敏な感覚は福祉問題の理解にも必要なものである。

索 引

● 事項索引 ●

● アルファベット

AA 183
「ADA法」（障害を持つアメリカ人法） 265
ISO14001 113
IT 82
NGO 121,266
NPO 71,168,171,266
ODA 121
PPP 113
QOL 17

● あ 行

アイデンティティ 176,216,218
青い芝の会 239,264
アソシエーション 155
新しい社会運動 261
新しい障害者観 269
アダルト・チルドレン（AC） 191
アドボカシー（権利擁護） 274,279
アラノン（AL-Anon） 187
アルコール依存症（者） 182,184
アンペイドワーク 16,175
家 68
イギリス・モデル 260
生きる手がかり 235,247-49
育児休業制度 277
医師-患者関係 99
意思決定過程 273

依存症 188
逸脱行動 105
意図せざる結果 178
居場所 76
いま，ここ 194,245
医療保険制度 276
インターネット 80,82,91-93,160
インタビュー 214,216,217
インテンショナリティ 212
インナーシティ問題 62
インフォーマル・インタビュー 214
インフォームド・コンセント 101,274
ウェルビーイング 12,45,46
ウーマン・リヴ 263
エリザベス救貧法 255
エンパワーメント 192,274
汚染者負担の原則 →PPP
オンブズマン制度 274

● か 行

階級 140
介護 12
介護休暇制度 277
外国人に対する制度保障 279
介護保険制度 277
改正男女雇用機会均等法 264
階層 140
回答選択肢 202

299

カウンター・カルチャー（対抗文化）　188
隔離収容主義　271
仮　説　202, 203, 207
家族周期論　26
家族（的）責任　21, 50
家族の自助原則　275
語　り　216, 217
価　値　2, 10
家庭基盤充実策　275, 276
カテゴリー　207, 221
加　齢　38
環境 ISO　113
環境運動　261
環境基本法　127
環境権　116
環境的公正　127
環境問題の深刻化　278
監視的第三者機関　280, 284
患者役割　104
感情と目標の共有　186
管理社会　162
官僚主義　273
官僚制　156, 271, 272, 274
企業中心社会　265, 277
基礎自治体　164
基礎年金制度　275
逆機能　156
逆都市化　62
共依存　187
共通の問題　186
共同体　188
　　──の解体　254
巨大コロニー　264
儀礼的無関心　6

近代家族モデル　276
近代社会の抑圧性　263
クライエント　223
グループ　184
グループワーク　280
グローカリゼーション　136
グローバリゼーション　63, 134
グローバル社会　132
ケ　ア　12, 46
　　──のジェンダー化　15, 17
　　──の社会化　15, 17
　　市民の権利としての──　20
ケアマネジメント　172
ケアマネジャー　172
ケア役割　14
ケアラー　19
経済・社会・文化的権利（社会権）　258
経済のグローバル化　278
計算可能性　156
形式合理性　156
啓　発　220
啓発言説　236
ケインズ政策　255
ケースワーカー　166
ケースワーク　280
ゲゼルシャフト　155
ゲマインシャフト　155
現業職員　165
顕在的機能　10
現　実　203, 206, 207, 209, 211, 221
検　証　203
健常者モデル　269
言説それ自体のありよう　233
現代社会論　4

現代的貧困　115
現　場　210
権利擁護　→アドボカシー
広域自治体　164
公害から自然環境問題，そして地球環境問題へ　113
公害国会　116
公害輸出　120
公共性　117, 231
構築主義　232
高度経済成長期　263, 265, 275
公民権運動　260
高齢化　66
高齢化社会（aging society）　30, 66
高齢化率　66
高齢社会（aged society）　66
国際社会　132
国際障害者年（1981年）　265, 270
国際人権基準　258, 262
国際婦人年（1975年）　263
国際連合（国連）の結成　257
黒人解放運動　260
国民国家　132
　——の枠組み　279
国民文化　133
国連憲章　257
国連人権委員会　257
国連総会第3委員会　257
個人主義　138, 148
個人的貧困観　256
子ども虐待　278
子どもの権利条約　258
コーホート　36
コミュニティ　61, 155
　包摂する——　77

　問題別の——　192
コミュニティ・オーガニゼーション　280
コミュニティ形成　75
コミュニティ・ディベロップメント　280
孤立無援感　191

● さ 行
作業仮説　202
支え合い　186
サービス産業化　84
サブカルチャー　133
サーベイ　202, 203, 205, 207, 209, 210, 212, 214, 216, 217, 219, 223
差　別　219
　——の社会学　245
　——の日常　245-47
差別主義的な言説　243
差別する-されるという伝統的な2分法　237
"差別する（かもしれない）私"　248
「さようならCP」　239
産業化　80, 254
産業革命　83, 254
産業化社会　161
産業都市　59
三全総　64
サンドイッチ世代　32
参与観察　213, 222
ジェンダー　14, 49, 142, 175
　——に敏感な視点　16
シカゴ学派　60
自己決定　177, 270
自己決定権　279

――の尊重　274
自己評価　193
市場経済至上主義　278
施設の社会化　178
自然の権利　118
持続可能な発展　120
持続可能な福祉国家　266
自治　75
自治会　72
実質合理性　156
実証主義　207
実践知　3
実態・状態としての社会問題　229
質的調査法　223
質問項目　202
質問紙　202
実用的・実践的知識　194
シティズンシップ　20
指導-協力モデル　106
児童手当制度　276
自発性　169,186
嗜癖問題　188
市民的・政治的権利（自由権）　258
社会からの排除　264
社会権　161,178,256,257
社会権規約　258
社会構造　7
社会支出　256
社会集団・組織　7
社会調査　4
社会的学習　194
社会的行為　7
社会的実験室としての都市　60
社会的属性　204,206
社会的貧困観　256

社会福祉基礎構造改革　279
社会福祉施設　176
社会福祉施設-地域社会コンフリクト　72,176
社会変動　56,58
社会保険という原理　255
社会保障制度　256
社会問題をめぐる人々の解釈活動　233
シャドウ・ワーク　16
「ジャパン・アズ・ナンバーワン」　265
自由権　178
自由権規約　258
集団　154
集団主義　138,148
受益　231
受苦　231
主体的存在の確認　270
主婦の年金権　275,276
循環型経済　113
準専門職　174
障害者　190
　――を受け入れる社会制度の整備　270
障害者運動　261,264
障害者基本法　265
障害者コントロール　267
障害者差別禁止法　270
生涯発達理論　26
少子化　66
常識　219
少子・高齢化　30
消費者運動　261
消費者コントロール　273

消費の個別性　162
消費文化　139
情報化　82, 90
情報化社会　90, 95
情報技術　82
情報公開　274, 284
職業倫理　283
女性運動　261, 262
女性解放運動　263
女性差別撤廃条約　258, 263, 277
自律性　187
自立生活　76
自立生活運動　242, 261
　アメリカの――　266
自立生活センター（CIL）　266
自立生活パラダイム　267, 274
自立的依存　77
新幹線公害　230
人権週間　237
人権に対し敏感な専門職者　283
人権に基づく社会福祉実践　284
人種差別撤廃条約　258
新・性別役割分担　276
新全総　64
身体障害　190
心的外傷（トラウマ）　192
スウェーデン・モデル　260
スキル・ミックス　172
スティグマ　262, 269, 271
ストリート・レベルの官僚　165
ストレングス・パースペクティブ　281
ストレンジャー・インタラクション　6
スラム　62

生活課題　39, 56
生活環境　56
生活構造　57
生活時間　89
生活世界　235
生活文化　56
生活様式　56
　――としてのアーバニズム　61
　――の都市化過程　69
政策決定過程　163
政策実施過程　163
性差別　246, 263
生産の共同性　161
生殖家族　37
精神障害　190
生存権　161, 256, 257
「生存者」（サバイバー）　191
制度・サービスの人間化　282
制度の改革　190
世界資本主義システム　120
世界人権宣言　258
世界大恐慌　255
世代　142
世代間倫理　127
摂食障害者　190
セルフヘルプ運動　261
セルフヘルプ・グループ　182, 280
ゼロ・エミッション　113
1970年代の大転換　271
専業主婦願望　276
全国自立生活センター協議会（JIL）　270
全国総合開発計画（全総）　64
全国療養所ハンセン氏病患者協議会（全患協）　264

潜在的機能　10
全体的・包括的知識　195
選択権の保障　279
専門家　272
専門家コントロール　267
専門主義　273
専門職　173
　——としてのソーシャルワーカー　282
専門職化　271
専門職支配　177
専門職身分団体　283
相互作用　212
相互参加モデル　106
相互扶助の思想と形態　188
創造的実践　4
「想像の共同体」　133
創発特性　8
属　性　203
組　織　154
　——のコンティンジェンシー理論　158
組織間関係論／組織連関論　158
ソーシャル・アクション　280
ソーシャルワーカー　223
ソーシャルワーク実践　281

●た　行
第1次集団　155
第1次石油ショック　260,265
第1波フェミニズム運動　262
体験的知識　194
体験の語り合い　195
「第三の波」　58,83
第三の道　260

対等な関係　186
第2次集団　155
第2波フェミニズム運動　263
大量生産→大量消費→大量廃棄　125
脱医療・セルフケア運動　261
脱工業化社会　81,167
脱施設（運動）　261,271
縦割り行政　159
他人事の仕組み　243
多文化教育の保障　279
断酒会　190
男女共同参画社会基本法　264
男女雇用機会均等法　263
地　位　154
地域管理の機能　75
地球規模で考え，地域レベルで行動する　126
地球サミット　120
知的障害　190
地方政府　164,171
痴呆性老人　190
中央集権型の国家　272
中央政府　171
調査項目　202
調査対象　202
調査票　202-04
長寿化　30
町内会　72
定位家族　37
適応のラセン　193
テクノクラート（官僚）　93,165
統計的調査　203
当事者　186
当事者性の尊重　274
同心円地帯理論　61

都市化　63
都市型社会（urbanized society）　68
都市的生活構造　57
都市的生活様式　56
都市問題　59
ドメスティック・バイオレンス（DV）　278
トランスクリプト　217
トランスナショナル社会　132
ドル・ショック　260
奴隷解放宣言　261

●な　行
内発的発展　119
名古屋新幹線公害問題　230
ナラティブ・セラピー　195
難病　190
21世紀の国土のグランドデザイン　64
日常知・学問・科学　3
「日本型福祉社会」政策　265, 275
ネットワーク　159, 172
脳性マヒ者　240
能動-受動モデル　106
ノーマライゼーション（思想）　71, 242, 261, 271, 274

●は　行
配偶者特別控除制度　275
売春防止法　277
パーソナル・メディア　90-92, 94
パターナリズム　104, 177, 273
発達課題　38
パート所得の特別減税制度　275
場の権力性　272

バリアフリー　10, 274
バリアフリー環境整備　270
ハル・ハウス　60
バーンアウト症候群　174
非営利組織　→NPO
ヒエラルヒー　158
非人格性　156
ビスマルク時代　255
人々の営み　235
人々の劣悪な生活　254
非分配原則　169
ヒューマン・サービス　175
被用者年金保険制度　276
標準的出来事　39
標本抽出　203
貧困線　60
フィールドワーク　210-13, 219, 222, 223
夫婦別姓　234
フォーマル・インタビュー　214
不確定性　107
福祉基盤整備　280
福祉国家　161, 254
　──の黄金時代　257
　──の新潮流　260
　──の発展　254
福祉国家元年　265
「福祉国家の再編」の時代　260
福祉情報化　172
福祉多元主義　163
福祉的言説　239, 242, 243
「福祉」という原理　255
福祉の含み資産　275
福祉バックラッシュ　260
不服申立て制度　274
文化　132

索　引　305

文化階層　141
文化システム　132
文化制度　132
文化的グローバリゼーション　135,145
分権化　164,274
平均寿命　30
ペイドワーク　16
ヘルパー・セラピー原則　192
母子及び寡婦福祉法　277
母集団　203
ポスト青年期　41
ポツダム宣言　258
ポピュラー・カルチャー　144
ホロコースト　257

● ま　行

マイノリティ　213,219,261
マクドナルド化　167
マジョリティ　261
マスメディア　90-94
マッピング　61
慢性疾患　190
ミドルタウン調査　61
無償性　169
命　題　202,207
迷惑施設　71
メインストリーミング　261
メンバー　213
モデル　193
モデル・ストーリー　218
物　語　195

● や　行

薬物依存症者　190
役　割　154
ヤンキー・シティ研究　61
有害コミック規制　234
ユーザー（利用者）　273
豊かな社会　256
ユニバーサル・デザイン　11
四全総　64
四大公害訴訟　115

● ら　行

ライフコース　13,26
ライフサイクル論　26
ライフスタイル　136
　アジア的——　146
　アメリカ文化的——　146
　西欧文化的——　146
ライフステージ　38
ライフヒストリー　215,216
ライフヒストリー・インタビュー　215,221
らい予防法改正運動　264
リハビリテーション・パラダイム　267,273
リプロダクティブ・ヘルス/ライツ　121
利用契約制度　279
量的調査　203
理論仮説　202
臨床社会学　60
レイプ　246
劣等処遇　271

● わ 行
ワーディング　202

● 人名索引 ●

● あ 行
アダムス（Jane Addams）　60
アンダーソン（Nels Anderson）　61
ウェーバー（Max Weber）　167
ウォーナー（William Lloyd Warner）　61
エルダー（G.H. Elder, Jr.）　26

● か 行
カッツ（Alfred H. Katz）　187
ギャルピン（Charles J. Galpin）　27
草柳千早　234
久保紘章　186
クーリー（Charles H. Cooley）　155
ゴフマン（Erving Goffman）　176

● さ 行
ズナニエツキ（Florian W. Znaniecki）　60
スラッシャー（Frederic M. Thrasher）　61
ゾーボー（Harvey W. Zorbaugh）　61
ソローキン（Pitirim A. Sorokin）　27

● た 行
テンニース（Ferdinand Tönnies）　155

トフラー（Alvin Toffler）　83, 95
トマス（William I. Thomas）　60
富永健一　80

● な 行
中河伸俊　232

● は 行
バージェス（Ernest W. Burgess）　61
ハーマン（Judith L. Herman）　192
ヒル（Rubin L. Hill, Jr.）　27
ブース（Charles Booth）　59
フリーダン（Betty Friedan）　263
ベル（Daniel Bell）　81, 93, 95, 97

● ま 行
マズロー（Abraham H. Maslow）　45
マッキーヴァー（Robert M. MacIver）　2, 155
ミード（George Herbert Mead）　60
モア（W.E. Moore）　80

● や 行
矢野眞和　89

● ら 行
リッツァ（George Ritzer）　167

リプスキー（M. Lipsky） 165
リンカーン（Abraham Lincoln） 261
リンド夫妻（Robert S. Lynd & Helen M. Lynd） 61

ロウントリー（Benjamin S. Rowntree） 27

●わ 行

ワース（Louis Wirth） 61

■ **編者紹介**(五十音順)

岩上真珠(いわかみ ますみ) 聖心女子大学文学部教授
主著 『未婚化社会の親子関係』(共著)/『新・保育士養成講座11 家族援助論』(編著)

川崎賢一(かわさき けんいち) 駒沢大学文学部教授
主著 『情報社会と現代日本文化』/『アーツ・マネジメント』(共著)

藤村正之(ふじむら まさゆき) 上智大学文学部教授
主著 『福祉国家の再編成』/『社会学の宇宙』(共編著)

要田洋江(ようだ ひろえ) 大阪市立大学大学院生活科学研究科助教授
主著 『障害者差別の社会学』/ "New Views on Disabilities and the Challenge to Social Welfare in Japan." *Social Science Japan Journal*, 5 (1).

ソーシャルワーカーのための社会学
Sociology for Social Workers 〈社会福祉基礎シリーズ⑬〉

2002年10月10日 初版第1刷発行

編者　岩上真珠
　　　川崎賢一
　　　藤村正之
　　　要田洋江

発行者　江草忠敬

発行所　株式会社 有斐閣
東京都千代田区神田神保町 2-17
電話 (03)3264-1315〔編集〕
　　　3265-6811〔営業〕
郵便番号 101-0051
http://www.yuhikaku.co.jp/

印刷・製本 大日本法令印刷株式会社　Printed in Japan
© 2002, M.Iwakami, K.Kawasaki, M.Fujimura, H.Yoda
落丁・乱丁本はお取替えいたします。

★定価はカバーに表示してあります。

ISBN4-641-05537-8

Ⓡ 本書の全部または一部を無断で複写複製(コピー)することは,著者権法上での例外を除き,禁じられています。本書からの複写を希望される場合は,日本複写権センター(03-3401-2382)にご連絡ください。